AF556279

आधुनिक हिन्दी कविता

आधुनिक हिन्दी कविता

विश्वनाथप्रसाद तिवारी

लोकभारती प्रकाशन

लोकभारती प्रकाशन
पहली मंजिल, दरबारी बिल्डिंग, महात्मा गांधी मार्ग
प्रयागराज-211 001

वेबसाइट : www.lokbhartiprakashan.com
ईमेल : info@lokbhartiprakashan.com

शाखाएँ : 1-बी, नेताजी सुभाष मार्ग, दरियागंज
नई दिल्ली-110 002
अशोक राजपथ, साइंस कॉलेज के सामने
पटना-800 006
1, अनमोल सोराबजी संतुक लेन, धोबी तलाव,
मरीन लाइंस, मुम्बई-400 002

पहला संस्करण : 1977
पहला संशोधित लोकभारती संस्करण : 2010
तीसरा संस्करण : 2024

मूल्य : ₹595

बी.के. ऑफसेट
नवीन शाहदरा, दिल्ली–110 032 द्वारा मुद्रित

ADHUNIK HINDI KAVITA
by Vishwanath Prasad Tiwari

ISBN : 978-81-8031-533-6

अनुक्रम

राष्ट्रीय नवजागरण की सांस्कृतिक चेतना : मैथिलीशरण गुप्त 7

देशप्रेम, स्वतन्त्रता और जन चेतना का काव्य : रामनरेश त्रिपाठी 14

विषमता की पीड़ा और समरसता का दर्शन : जयशंकर प्रसाद 21

एक भारतीय आत्मा का काव्य : माखनलाल चतुर्वेदी 34

वह एक और मन रहा राम का जो न थका : सूर्यकान्त त्रिपाठी 'निराला' 45

एक काव्य-यात्रा की सीमाएँ : सुमित्रानन्दन पन्त 68

अस्तित्व की जिज्ञासा का काव्य : भगवतीचरण वर्मा 92

कविता का लोक राग : सुभद्रा कुमारी चौहान 98

प्राण रहने दो अकेला : महादेवी वर्मा 105

कविता का निजी संसार : हरिवंशराय 'बच्चन' 113

नरत्व और नारीत्व का अनुपात : रामधारी सिंह 'दिनकर' 121

व्यक्तित्व और स्वातन्त्र्य की खोज : सच्चिदानन्द हीरानन्द वात्स्यायन 'अज्ञेय' 129

परम्परा की स्वीकृति का काव्य : नरेन्द्र शर्मा 142

राष्ट्रीय नवजागरण की सांस्कृतिक चेतना

—मैथिलीशरण गुप्त

मैथिलीशरण गुप्त (1886-1964 ई0) की जन्मशती पर उन्हें याद करना एक रस्मअदायगी मात्र नहीं है, बल्कि उन उच्चतर मूल्यों के प्रति सम्मान प्रकट करना है, जिन्हें उन्होंने अपने व्यक्तित्व और कृतित्व में पूरी निष्ठा के साथ प्रतिष्ठित करने की कोशिश की। हर व्यक्ति की और हर कवि की अपनी सीमाएँ होती हैं। मैथिलीशरण गुप्त की भी थीं। पर उन्होंने प्रेम और शान्ति के जिन मूल्यों की वकालत की, वे मनुष्यता के शाश्वत चरम मूल्य हैं और आने वाली पीढ़ियों के लिए भी उनकी अर्थवत्ता अक्षुण्ण रहेगी।

गुप्तजी ने अपनी आरम्भिक काव्य-साधना ब्रजभाषा में शुरू की थी और तत्कालीन ब्रजभाषा परम्परा के अनुसार अपना उपनाम 'रसिकेश' रखा था। इस उपनाम से उन्होंने कुछ छन्द भी लिखे, पर बाद में सम्भवतः पं0 महावीर प्रसाद द्विवेदी और श्रीधर पाठक के प्रभाव में वे खड़ी बोली में लिखने लगे और उन्होंने ब्रजभाषा में काव्य-रचना तथा उपनाम दोनों छोड़ दिया। उनकी लम्बी काव्य-यात्रा में उनके काव्यानुभव और उनकी काव्य-भाषा का क्रमशः परिष्कृत होता रूप देखा जा सकता है। उनकी आरम्भिक कविताओं में जो खड़ी बोली अनगढ़ रूप में है, बाद में मजी हुई परिष्कृत होती दीखती है। गुप्त जी का रचनाकाल (1910-64) द्विवेदी युग से लेकर स्वातन्त्र्योत्तर युग तक फैला हुआ है और उनके काव्य में बीसवीं शताब्दी के छः दशकों का पूरा उतार-चढ़ाव प्रतिबिम्बित है। उसमें इस लम्बे समय की सभी प्रवृत्तियाँ सूक्ष्म रूप में मिल जायेंगी, पर गुप्तजी का कवि मानस मुख्य रूप से द्विवेदी युग की काव्य-प्रवृत्तियों से ही बनता है। इसीलिए उनकी कविता में द्विवेदीयुगीन इतिवृत्तात्मकता, उपदेशात्मकता, सुधार भावना आदि विशेष रूप से दिखाई पड़ेगी।

गुप्तजी 'कला कला के लिए' वाले सिद्धान्त में विश्वास नहीं करते थे। वे कविता को सोद्देश्य मानते थे। कविता की शक्ति में, समाज को बदलने में कविता की निश्चित भूमिका में दृढ़ विश्वास रखते थे और स्वयं आदर्शों की स्थापना के लिए, समाज हित के लिए कविता लिखते थे। 'भारत भारती' (1912 ई०) में वे लिखते हैं—

> मृत हो कि जीवित जाति का साहित्य जीवन चित्र है,
> वह भ्रष्ट है तो सिद्ध फिर वह जाति भी अपवित्र है।।
> जिस जाति का साहित्य था स्वर्गीय भावों से भरा
> करने लगा अब बस विषय के विष-विटप को वह हरा।

श्रुति, शास्त्र, सूत्र, पुराण, रामायण, महाभारत हटे,
वे नायिका भेदादि उनके स्थान में हैं आ डटे।।
× × ×
केवल मनोरंजन न कवि का कर्म होना चाहिए,
उसमें उचित उपदेश का भी मर्म होना चाहिए।
× × ×
संसार में कविता अनेकों क्रांतियाँ है कर चुकी,
मुरझे मनों में वेग की विद्युतप्रभाएँ भर चुकी।
× × ×
कवियों ! उठो, अब तो अहो ! कवि-कर्म की रक्षा करो,
सब नीच भावों का हरण कर, उच्च भावों को भरो।।

यह है गुप्तजी की काव्य-दृष्टि और यह है उनकी दृष्टि में कवि-कर्म। इसी काव्य दृष्टि ने उन्हें राष्ट्रीय चेतना का महत्वपूर्ण कवि बना दिया।

हिन्दी की राष्ट्रीय सांस्कृतिक काव्यधारा के विकास में गुप्त जी की कविता का महत्वपूर्ण योगदान है। वे नवजागरण की सांस्कृतिक चेतना के कवि हैं। भारतेन्दु के बाद द्विवेदीयुग की राष्ट्रीय चेतना का व्यापक रूप गुप्त जी की कृतियों में दिखाई पड़ता है। उनमें भारत के गौरवमय अतीत के प्रति स्वाभिमान है, भारत की वर्तमान दुर्दशा के प्रति क्षोभ है और उसके भविष्य के निर्माणं के लिए दृढ़ संकल्प और गहरी आस्था है। 'भारत भारती' इस चेतना का सबसे महत्वपूर्ण उदाहरण है। यह कृति 1911-12 ई० में लिखी गयी थी। जब भारतीय आजादी के लिए संघर्ष तेज होता जा रहा था। बालगंगाधर तिलक कांग्रेस के महत्वपूर्ण नेता के रूप में—"स्वराज माझा जन्मसिद्ध हक्क आहे"—का नारा लगा रहे थे और भारतीय राजनीति के क्षितिज पर महात्मा गाँधी का उदय हो चुका था। इसके पूर्व स्वामी विवेकानन्द पश्चिमी दुनिया को बता चुके थे कि भारत सांपों और हाथियों का देश नहीं है। वह चिन्तन के क्षेत्र में शिखर तक पहुँचा हुआ, मगर राजनीतिक और आर्थिक गुलामी की जंजीरों में जकड़ा हुआ एक अभिशप्त देश है। भारतीयों में आत्मगौरव का भाव प्रतिष्ठित करने का जो महान कार्य अपने समय में विवेकानन्द ने अपने जादुई भाषणों के द्वारा किया, वही कार्य अपने समय में गुप्त जी ने अपनी काव्यकृतियों के द्वारा। राष्ट्रीय स्वातन्त्र्य आन्दोलन में गुप्त जी की कृतियों की वही भूमिका है, जो क्रियात्मक राजनीति में महात्मा गाँधी की। 'भारत भारती' के तीन खण्डों—अतीत, वर्तमान और भविष्यत्—में गुप्त जी ने भारत के गौरवपूर्ण महान अतीत को रेखांकित किया, उसकी वर्तमान दुर्दशा पर चिन्ता प्रकट की तथा उसके भविष्य के लिए उद्‌बोधन किया। यद्यपि यह एक वर्णनात्मक कृति है और काव्य-सौष्ठव की दृष्टि से चाहे उतनी मूल्यवान न हो, पर इसमें जो टिप्पणियाँ की गई हैं वे आज की परिस्थितियों में भी उतनी ही सच हैं। इस समय जब मैं ये पंक्तियाँ लिख रहा हूँ, सारे देश में अलगाववादी प्रवृत्तियाँ सक्रिय हैं। राष्ट्र

खण्ड-खण्ड हो रहा है। एक नयी हीनताग्रस्त, गुलाम मानसिकता विकसित हो रही है। गरीबी, बेरोजगारी और शोषण के नीचे देश चरमरा रहा है और राजनेता वर्ग अपनी कुर्सी बचाने और दौलत बढ़ाने की चिन्ता में मशगूल है। उसके भीतर न किसी प्रकार के राष्ट्रीय गौरव का बोध है, न कोई वैचारिक दृष्टि न देश की कोई चिन्ता। ऐसे में 'भारत-भारती' की निम्नलिखित पंक्तियाँ कितनी प्रासंगिक लगती हैं—

बस भाँड़, भडुवे, मसखरे उनकी सभा के रत्न हैं,
करते रिझाने को उन्हें अच्छे-बुरे सब यत्न हैं।
धारा वचन की, कौन जो उनके सुखार्थ न बह उठे?
है कौन उनकी बान पर, जो 'हाँ हुजूर' न कह उठे?
× × ×
है राष्ट्रभाषा भी अभी तक देश में कोई नहीं,
हम निज विचार जना सकें जिससे परस्पर सब कहीं।
इस योग्य हिन्दी है तदपि अब तक न निज पद पा सकी,
भाषा बिना भावैकता अब तक न हममें आ सकी।।

गुप्त जी ने अनेक पौराणिक आख्यानों को, रामायण और महाभारत के अनेक प्रसंगों को, साथ ही मध्यकालीन भारतीय इतिहास की अनेक घटनाओं को काव्य का विषय बनाया है। इनमें उनकी दृष्टि भी सक्रिय है। गुप्त जी मूलतः अपनी युग-चेतना के वाहक हैं। वे युग की नयी मानववादी दृष्टि से पुरातन को भी देखते हैं और उसे युग सन्दर्भों में प्रस्तुत करते हैं। वे उससे अपने समय के भारत को उत्साह की ऊर्जा देना चाहते हैं। प्रसाद जो लक्ष्य अपने नाटकों द्वारा सिद्ध करते हैं, गुप्त जी वही लक्ष्य अपनी काव्य कृतियों द्वारा। 'साकेत' (1932) में सीता भारत-लक्ष्मी के रूप में चित्रित हैं, जो विदेशियों के यहाँ वंदिनी हैं—

राक्षसियों से घिरी हमारी देवी सीता
वन्दीगृह में बाट जोहती खड़ी हुई है
व्याधजाल में राजहंसिनी पड़ी हुई है।

'साकेत' के राम अलौकिक राम नहीं हैं। वे कहते हैं—

मैं नहीं यहाँ सन्देश स्वर्ग का लाया।
इस भूतल को ही स्वर्ग बनाने आया।।

गुप्त जी जन संवेदना के कवि हैं। 'साकेत' के राम की वनयात्रा जन की ओर यात्रा है—

प्रस्थान-वन की ओर
या लोक मन की ओर
होकर न धन की ओर
हैं राम जन की ओर।

'साकेत' की सीता सामान्य नारी है—

अंचल पट कटि में खोंस कछोटा मारे,
सीता माता थीं आज नई धज धारे।

गुप्त जी ने 'किसान' (1917) शीर्षक काव्य लिखा, जिसमें 'भारतीय किसान की दुर्दशा चित्रित है। किस प्रकार वह गरीबी में पैदा होता है, पलता है और जीवनयापन के लिए अपनी माँ की धरती छोड़कर बाहर जाने पर मजबूर होता है—

प्रभुवर ! हम क्या कहें कि कैसे दिन भरते हैं?
अपराधी की भाँति सदा सबसे डरते हैं।
याद यहाँ पर हमें नहीं यम भी करते हैं
फिजी आदि में अन्त समय जाकर मरते हैं।
बनता है दिन रात हमारा रुधिर पसीना,
जाता है सर्वस्व सूद में फिर भी छीना।
हा हा खाना और सर्वदा आँसू पीना,
नहीं चाहिए नाथ हमें अब ऐसा जीना।

'राजा और प्रजा' नामक काव्य में गुप्त जी ने लोकतंत्र में सदाचार के मूल्य को रेखांकित किया है। यहाँ यह विशेष रूप से उल्लेखनीय है कि गुप्त जी ने अपनी लगभग सभी रचनाओं में राजसत्ता और जन के सम्बन्धों पर टिप्पणियाँ की हैं और राजा को उसके कर्त्तव्यों के प्रति चुनौती भरे शब्दों में सचेत किया है। उनकी चुनौतियाँ आज की सत्ता के लिए भी कितनी जरूरी हैं, इसकी बानगी के लिए एक उदाहरण 'सैरन्ध्री' से देखिये—

तुममें यदि सामर्थ्य नहीं है अब शासन का,
तो क्यों करते नहीं त्याग तुम राजासन का?
करने में यदि दमन दुर्जनों का डरते हो,
तो छू कर क्यों राज-दण्ड दूषित करते हो?

गुप्त जी एक वैष्णव रामभक्त थे, यह उनके कवि व्यक्तित्व की सीमा नहीं शक्ति है। वैष्णवता से गुप्त जी के व्यक्तित्व को एक उदार तरलता मिली। एक समभाव मिला। त्याग, सेवा और प्रेम का उच्चतर मूल्य मिला। गुप्त जी ने अपने लेखन में इन्हीं मूल्यों को प्रतिष्ठित किया। वैष्णव व्यक्तित्व की सरलता उनकी काव्य-भाषा में भी लक्षित होती है। यह आकस्मिक नहीं है कि गुप्त जी महात्मा गाँधी के व्यक्तित्व और विचारों से बहुत गहरे प्रभावित थे। गाँधी का व्यक्तित्व भी एक वैष्णव व्यक्तित्व था। गाँधी की तरह ही गुप्त जी भी सर्वधर्म समभाव में विश्वास रखते थे। उन्होंने 'गुरुकुल' (1928 ई०) तथा 'काबा और कर्बला' (1942 ई०) जैसी कृतियाँ लिखीं। 'गुरुकुल' प्रसिद्ध सिख गुरुओं के बलिदान की गाथा है। 'काबा और कर्बला' इस्लाम के पैगम्बर से सम्बन्धित है। गुप्त जी संकीर्ण राष्ट्रीयतावादी नहीं है। उनके काव्य व्यक्तित्व में एक विराटबोध है। वे गाँधी की तरह ही तत्कालीन भारतीय जीवन की प्रत्येक धड़कन को पकड़ना चाहते हैं।

उनकी दृष्टि उदार मानववादी दृष्टि है जिसमें मनुष्यता के कमाये हुए शाश्वत मूल्य प्रधान होते हैं। गुप्त जी की कविता में भी ये ही मूल्य प्रधान हैं। ये मूल्य प्रेम के मूल्य हैं, शांति के मूल्य हैं, मर्यादा के मूल्य हैं, कर्ममय जीवन और गृहस्थ धर्म के मूल्य हैं। गुप्त जी "वही मनुष्य है कि जो मनुष्य के लिए मरे" की बात करते हैं ओर मानते हैं—

यों तो पशु महीष वराह भी रखते साहस सत्व हैं।
होते परन्तु कुछ और ही, मनुष्यत्व के तत्व हैं।

गाँधी की भाँति ही गुप्त जी की आस्तिक दृष्टि आस्थावादी, आशावादी दृष्टि है—

बुरे काम का कभी भला परिणाम न होगा,
पापी जन के लिए कहीं विश्राम न होगा।
अविचारी का काल भाल पर ही फिरता है,
कहीं संभलता नहीं शील से जो गिरता है।

गुप्त जी ने 'जयिनी' (1950 ई०) शीर्षक से मार्क्स के दाम्पत्य जीवन पर भी एक काव्य-संवाद लिखा है। मार्क्स और उसकी पत्नी जेनी के इस संवाद को गुप्त जी ने मार्क्स दम्पति के प्रति अपनी श्रद्धांजलि कहा है। यह भी गुप्त जी के जनात्मक और उदार मानववाद का एक उदाहरण है।

गुप्त जी नारी स्वाभिमान का चित्रण करने वाले अमर कवि हैं। उनके मन में भारतीय समाज की उपेक्षिता नारी के प्रति गहरा सम्मान भाव है। यही कारण है कि उन्होंने जितने नारी चरित्रों को काव्य का विषय बनाया है, उतने को शायद किसी अन्य कवि ने नहीं। उर्मिला, यशोधरा, द्रौपदी, रत्नावली, विष्णुप्रिया, शकुन्तला आदि महत्वपूर्ण नारी चरित्रों की उन्होंने पुनर्सृष्टि की है। 'अबला जीवन हाय तुम्हारी यही कहानी' कहकर गुप्त जी ने न केवल नारी की करुणा को चित्रित किया है, बल्कि उसके स्वाभिमान की गौरवगाथा भी प्रस्तुत की है। कहना न होगा कि नारी जाति की इस करुण और गौरव गाथा में ही गुप्त जी का श्रेष्ठतम काव्य फूटा है।

आज के आलोचक कहते हैं कि गुप्त जी के काव्य में कलात्मक सौन्दर्य की कमी है। या यह कि गुप्त जी तुकबन्दी करने वाले कवि थे। इस आरोप को एकदम नकारा भी नहीं जा सकता। गुप्त जी ने स्वयं अपने को 'कवि' नहीं 'पद्यकार' कहा है और बड़ी विनम्रता के साथ अपनी अधिकांश पुस्तकों की भूमिकाओं में इसे स्वीकार किया है। 'हिन्दू' (1927 ई०) की भूमिका में वे लिखते हैं, "इस तरह की तुकबन्दियों के लिए साहित्य के शारदा मन्दिर में कोई स्थान है या नहीं? वह हो या न हो, परन्तु इनका एक आदर्श होना ही चाहिए। न तो इनमें आख्यानमूलक रामायण आदि महाकाव्यों का अनुकरण है और न बिहारी सतसई आदि कोष-काव्यों का। 'हमीर हठ' ऐसे खण्ड काव्य और 'कविप्रिया' एवं 'काव्य निर्णय' आदि रीति ग्रन्थों की श्रेणी में भी ये नहीं रक्खी जा सकतीं। विनयपत्रिका आदि का भी एक स्वतन्त्र स्थान है। सारांश, काव्यों की पंक्ति में बैठने का इन्हें

कोई अधिकार नहीं। न सही, परन्तु जैसा ऊपर कहा जा चुका है इनका भी एक आदर्श होना चाहिए। ''गुप्त जी की यह विनम्र आत्मस्वीकृति है। लेकिन इसका यह अर्थ नहीं कि उनमें काव्य प्रतिभा और भाव गाम्भीर्य नहीं है। गुप्त जी के काव्य में मानव और प्रकृति के सौन्दर्य का मनोरम चित्रण हुआ है। जिन नारियों को उन्होंने काव्य का विषय बनाया है, उनका उपयुक्त रूपांकन भी किया है। चाहे वह सीता हों या उर्मिला या द्रौपदी या यशोधरा। इसी प्रकार प्रबन्ध रचनाओं में जहाँ कहीं भी अवकाश मिला है उन्होंने प्रकृति के सुन्दर रूप-चित्र अंकित किये हैं—

वह चकित मृगी-सी रह गई आँखें फाड़ बड़ी-बड़ी,
पर कटी पक्षिणी व्योम को देखे ज्यों भू पर पड़ी।
× × ×
हँसने लगे कुसुम कानन के, देख चित्र-सा एक महान,
विकस उठीं कलियाँ डालों में, निरख मैथिली की मुसकान।
× × ×
कुछ कुछ अरुण सुनहली कुछ कुछ, प्राची की अब भूषा थी,
पंचवटी की कुटी खोलकर, खड़ी स्वयं क्या ऊषा थी।

जीवन के मार्मिक प्रसंगों का—खास तौर से संयोग, वियोग और शोक की दशाओं का बहुत ही मार्मिक चित्रण गुप्त जी के काव्य में हुआ है। नारियों के विरह-चित्रण में गुप्त जी किसी भी कवि से टक्कर ले सकते हैं। 'साकेत', 'यशोधरा', 'विष्णुप्रिया' और 'रत्नावली' के वर्णनात्मक कथा-प्रसंगों के बीच जो गीतात्मक विरहाभिव्यक्तियाँ हैं और उनमें जो तड़प, बेचैनी, समर्पण और कोमल रागात्मक संस्पर्श हैं, वे किसी भी श्रेष्ठ काव्य के साथ तुलनीय हैं—

दीपक के जलने में आली
फिर भी है जीवन की लाली
किन्तु पतंग-भाग्य-लिपि काली
किसका वश चलता है?
—साकेत
× × ×
राहुल पल कर जैसे-तैसे,
करने लगा प्रश्न कुछ वैसे,
मैं अबोध उत्तर दूँ कैसे?
वह मेरा विश्वासी !
आओ हो वनवासी !
—यशोधरा
× × ×
शरद्विजय की यात्रा का यह शुभ हो नया सबेरा,
खग खंजन आ गये लौटकर, कहाँ विहंगम मेरा?

जल-थल-नभ सुप्रभ सब चमचम, यह घर किन्तु अँधेरा,
मेरी वृष्टि रुकी क्या अब भी, तुम्हें कहाँ दूँ डेरा? —रत्नावली

× × ×

झर-झर आँसू बह उठे भर-भर लाये मेह
हर-हर में कहने लगी थर-थर काँपी देह।
वे थे सारी सुध-बुध हारे,
खोये-से रहते हैं प्यारे। —विष्णुप्रिया

गुप्त जी के काव्य में निराला-सा वैविध्य दिखाई पड़ता है। उनमें अनेक विषयों, भावों और काव्य-प्रणालियों का वैभव दिखाई पड़ेगा। एक ओर भक्तिचेतना है तो दूसरी ओर जन संवेदना। एक ओर विरह है तो दूसरी ओर आक्रोश। तुकान्त रचनाएँ भी हैं, अतुकान्त भी। प्रबन्ध भी हैं, मुक्तक भी। काव्य नाटक भी और मार्मिक गीत भी। आचार्य कवि केशवदास के संवादों की बड़ी प्रशंसा की जाती है। गुप्त जी के संवाद अपनी संक्षिप्तता, स्वाभाविकता और विदग्धता में केशव के संवादों से कम नहीं हैं। वैसे तो गुप्त जी के कई काव्यों में संवादों की कलात्मकता देखी जा सकती है, किन्तु 'सिद्धराज' (1936 ई०) तो इस दृष्टि से अद्भुत है।

गुप्त जी की काव्य भाषा में कोई कलात्मक दुरूहता या जटिलता नहीं है। अपनी कविता में वे साधारण जन को सम्बोधित कर रहे थे। अतः सादगी और सरलता ही उनकी विशिष्टता है। सम्भवतः इसीलिए अपने समय के पाठकों में वे लोकप्रिय हुए। उनका निरभिमानी कवि ऐसी सहज, निश्छल शब्दावली में व्यक्त होता है कि पाठक को अपना और विश्वसनीय लगता है। गुप्तजी के काव्य में स्थूलता है, उनकी दृष्टि सुधारवादी—आदर्शवादी है और यह उनके काव्य की सीमा हो सकती है, पर खड़ी बोली काव्य के विकास में और राष्ट्रीय नवजागरण में उनका अवदान अविस्मरणीय रहेगा, इसमें संदेह नहीं है।

●●●

देशप्रेम, स्वतन्त्रता और जन चेतना का काव्य

—रामनरेश त्रिपाठी

पं0 रामनरेश त्रिपाठी का काव्य उनके समय की वास्तविकता का काव्य है। त्रिपाठी जी का युग (1889-1962 ई०) भारत की पराधीनता का युग था। उस समय देश के सामने सबसे बड़ा कार्यक्रम था कि स्वतन्त्रता कैसे प्राप्त हो? त्रिपाठी जी के तीनों खण्ड काव्यों—'मिलन' (1917 ई0), 'पथिक' (1920 ई०) और 'स्वप्न' (1928 ई०)—के केन्द्र में मातृभूमि की स्वतन्त्रता है। 'मिलन' का नायक स्वदेश को पराधीनता से मुक्त कराने के लिए सशस्त्र संघर्ष करता है। 'स्वप्न' का नायक स्वदेश की स्वतन्त्रता के लिए संघर्ष करता है और 'पथिक' का नायक देश को कुशासन से मुक्त कराने के लिए पत्नी, पुत्र सहित आत्मबलिदान कर देता है। देश-प्रेम, राष्ट्रीयता और स्वतन्त्रता त्रिपाठी जी के सम्पूर्ण काव्य की केन्द्रीय चेतना है—

मस्तक ऊँचा हुआ तुम्हारा कभी जाति-गौरव से
अगर नहीं तो देह तुम्हारी तुच्छ अधम है शव से।

× × ×

एक घड़ी की भी परवशता कोटि नरक के सम है
पल भर की भी स्वतन्त्रता सौ स्वर्गों से उत्तम है।

—पथिक

रवि, शशि, उडुगण, गगन, दिशाएँ, हैं गिरि, नदी, मेदिनी जब तक निज पैत्रिक धन स्वतंत्रता को क्या तुम तज सकते हो तब तक?—स्वप्न

यहाँ यह रेखांकित करना प्रासंगिक होगा कि कवि की राष्ट्रीयता का सम्बन्ध भौगोलिक सीमाओं से नहीं होता। उसकी सीमा में तो सारी दुनिया बल्कि मनुष्येतर जगत भी समाहित हो जाता है। आजादी का लक्ष्य मात्र शासन तन्त्र बदलना नहीं, बल्कि जनता को पराधीनता के कुपरिणामों से मुक्त कराना होता है। 'पथिक' काव्य में भारत के अत्यन्त मनोहर प्राकृतिक वैभव का साक्षात्कार करते हुए पथिक सोचता है कि इतनी आकर्षक प्रकृति के बीच भी यहाँ का आदमी उदास क्यों है? किस व्याधि से पीड़ित है वह? फिर अपने देश की वास्तविकता से उसकी मुठभेड़ होती है। घर-घर में भूख की ज्वाला धधक रही है। लोग अस्थिपंजर मात्र रह गये हैं। न अन्न, न वस्त्र, न रहने का ठिकाना। कृषक, मजदूर सभी के मुख से उनका कौर छिन जाता है। प्रजा असहाय है। शासक भक्षक हो गया है। दरिद्रता के कारण लोगों के सद्गुण नष्ट हो गये हैं।

पथिक इस निष्कर्ष पर पहुँचता है कि प्रजा की इस दुर्गति का कारण कुशासन है—

एक व्यक्ति निर्दयी निरंकुश बन बैठा अधिकारी
शासन है कर रहा तुम्हीं पर लेकर शक्ति तुम्हारी —पथिक
× × ×
जब तक इस कुतन्त्र बन्धन से होंगे हम न स्वतन्त्र
तब तक सिद्ध न हो सकता है कोई हितकर मन्त्र। —मिलन

स्वतन्त्रता निर्गुण नहीं होती। त्रिपाठी जी के लिए एक स्वतन्त्र देश का सगुण रूप यह है—

जहाँ स्वतन्त्र विचार न बदलें मन में मुख में
जहाँ न बाधक बनें सबल निबलों के सुख में।
सबको जहाँ समान निजोन्नति का अवसर हो
शान्तिदायिनी निशा हर्ष सूचक वासर हो
सब भाँति सुशासित हों जहाँ समता के सुखकर नियम
बस उसी स्वतन्त्र स्वदेश में, जागें हे जगदीश! हम!! —मानसी

स्वतंत्रता वह जो समता से पुष्ट हो। जहाँ समता नहीं, वहाँ दरिद्रता है और दरिद्रता ही सारे दुर्गुणों का मूल है—

चोरी, जारी, छल, प्रपंच अब, आडम्बर पाखण्ड
बढ़ते जाते हैं जनता में दुर्गुण परम, प्रचण्ड
सबका एक मूल कारण है दरिद्रता विकराल
घर घर में हैं भरे भूत से भूखे नर-कंकाल। —मिलन

यहाँ यह उल्लेखनीय है कि रामनरेश त्रिपाठी के काव्य में किसान, मजदूर गरीब और असहाय के चित्र बहुत आते हैं। प्रकृति के चित्र की ही तरह त्रिपाठी जी के तीनों काव्यों के नायक जनसाधारण के बीच से उभरते हैं। त्रिपाठी जी ने किसी देवता, पौराणिक पुरुष या ऐतिहासिक व्यक्तित्व को अपने काव्य का नायक नहीं बनाया। उन्होंने अपने काव्यों का कथानक भी काल्पनिक रखा। उनके नायक जन्म से नहीं कर्म से महान होते हैं। वे जनता के बीच से निकलते हैं और अपने उत्सर्ग तथा कर्म सौन्दर्य के बल पर उसका नेतृत्व करते हैं। मातृभूमि और असहाय मानव-ये दोनों त्रिपाठी जी के आराध्य हैं। यह बहुत आश्चर्यजनक है कि सगुण ईश्वर में परम विश्वास रखने वाले त्रिपाठी जी अपने ईश्वर का दर्शन गरीबों की आह में करते हैं—

श्रमी किन्तु निर्धन मजूर की अति छोटी अभिलाषा में।
पति की बाट जोहती बैठी, गरीबिनी की आशा में।।
भूख प्यास से दलित दीन की मर्मभेदिनी आहों में।
दुखियों के निराश आँसू में प्रेमीजन की राहों में।।
× × ×

ना मन्दिर में न मस्जिद में न गिरजे के आसपास में।
खोज ले कोई राम मिलेंगे दीन जनों की भूख प्यास में।। —मानसी

त्रिपाठी जी ने अपनी एकाधिक कविताओं में अपने इस भाव को अभिव्यक्त किया है। उनकी 'अन्वेषण' शीर्षक एक बहुत प्रसिद्ध कविता है—

मैं ढूँढता तुझे था जब कुंज और बन में।
तू खोजता मुझे था तब दीन के वतन में।।
तू आह बन किसी की मुझको पुकारता था।
मैं था तुझे बुलाता संगीत में भजन में।। —मानसी

त्रिपाठी जी ईश्वर भक्ति और लोकसेवा में कोई फर्क नहीं मानते—

ईश्वर भक्ति लोकसेवा है एक अर्थ दो नाम।
वन में बस कैसे हो सकता है मनुजोचित काम?
पृथ्वी पर सुख शान्ति बढ़ाना देकर निज श्रम शक्ति
मनुष्यता का अर्थ यही है और यही हरि भक्ति।। —मिलन

यह गाँधी जी के दरिद्रनारायण की कल्पना है। गाँधी ने 'मानवसेवा को ईश्वर सेवा' कहा था। मनुष्य को 'परमात्मा का मन्दिर' बताया था। त्रिपाठी जी ने अपनी कविता में इसी को काव्यात्मक अभिव्यक्ति दी। इस सन्दर्भ में यह उल्लेख कर देना आवश्यक है कि त्रिपाठी जी अपने समय के महान नेता महात्मा गाँधी के विचारों से न केवल बहुत गहराई से प्रभावित थे, बल्कि उनके व्यक्तिगत सम्पर्क में भी थे। उन्होंने स्वाधीनता आन्दोलन में भाग लिया था। गिरफ्तार हुए थे और जेल भी गये थे। उन्होंने किसानों की ओर से जमींदारों के खिलाफ संघर्ष किया था। 1920 ई० में त्रिपाठी जी ने 'गाँधी जी कौन हैं' शीर्षक से एक पुस्तिका लिखी, जिसमें गाँधी के जन्म से लेकर 1920 तक की घटनाओं का वर्णन है। यह वह समय था जब महात्मा गांधी भारतीय राजनीति के आकाश में सूरज की तरह तप रहे थे। वे देश की आत्मा की आवाज बन गए थे। गाँधी जी नैतिक थे, साहसी थे, दृढ़ प्रतिज्ञ थे, कर्मयोगी थे, जन के हितचिन्तक थे, गरीबों के सेवक थे, सत्य और अहिंसा के पुजारी थे। पुजारी भी कभी-कभी ईश्वर का दर्जा प्राप्त कर लेता है। गाँधी जी ने त्रिपाठी जी के मन में ईश्वर का दर्जा प्राप्त कर लिया था—

आखिर चमक पड़ा तू गाँधी की हड्डियों में
मैं था तुझे समझता सुहराब फीलतन में। —मानसी

'पथिक' काव्य में त्रिपाठी जी ने गाँधी को चरितनायक बनाया ठीक वैसे ही जैसे 'रंगभूमि' उपन्यास में प्रेमचन्द ने। इस सम्बन्ध में 'त्रिपाठी' जी अपनी अधूरी आत्मकथा में लिखते हैं, "1920 में मैं रामेश्वरम यात्रा पर गया। वहाँ पहले पहल मैंने समुद्र देखा। उस समय मुझे इतना हर्ष हुआ कि मैं समुद्र में दोनों पैर डालकर एक शिला पर विमुग्ध-सा होकर देर तक बैठा रहा। उसी अवस्था में मेरे मुँह से एक पद्य आपसे आप निकला था जिसे मैंने 'पथिक' के पहले सर्ग में, आरम्भ ही

में स्थान दे दिया है। वहाँ से उठने के बाद मेरे सिर पर इस बात का एक नशा-सा सवार हुआ कि गाँधी जी के सत्याग्रह और असहयोग आन्दोलन से देश को स्वतन्त्रता कैसे मिल सकती है, इस पर मैं एक खण्ड काव्य लिखूँ। मैं इलाहाबाद आया, तब सबसे पहले मैं अपना वह नशा उतारने में लग गया और 21 दिनों तक मकान की छत पर टिन के एक छप्पर के नीचे बैठकर और वहीं खा-पीकर और सोकर भी मैंने 'पथिक' लिख डाला। ''कहना न होगा कि 'पथिक' काव्य पर गाँधीवाद का गहरा प्रभाव है। पथिक के प्रति राजा के अत्याचारों को देखकर जब प्रजा के मन में प्रतिहिंसा का भाव जगता है तो पथिक हिंसा पर उतारू युवकों को उसी प्रकार मना करता है जैसे प्रेमचंद के 'रंगभूमि' का सूरदास। पर यह स्थिति त्रिपाठी जी के प्रथम खण्डकाव्य 'मिलन' में नहीं है। 'मिलन' में प्रजा सशस्त्र संघर्ष करती है और उसके नेता–युवक, विजया और मुनि उस संघर्ष का नेतृत्व करते हैं–

वीर-कर्म है खड्ग हस्त हो जा डटना रण-बीच
उसे न भीरू बना सकती है सखा सहोदर मीच।
× × ×
खड़े हुए निज बैर भूलकर भाई-भाई साथ
स्वतन्त्रतादायिनी खड्ग से भूषित थे सब हाथ। –मिलन

त्रिपाठी जी का काव्य उस सौन्दर्य का काव्य है, जिसे आचार्य शुक्ल ने कर्म-सौन्दर्य कहा है। उनका काव्य सुलाता नहीं गतिशील करता है। जैसे प्रसाद की श्रद्धा मनु को कर्म में प्रवृत्त करती है वैसे ही त्रिपाठी जी के चरित्र भी पलायनवादी निष्क्रिय चरित्रों को कठिन कर्म पथ में संलग्न करते हैं। 'पथिक' काव्य में मुनि प्रकृति प्रेमी गृहत्यागी पथिक को जिन शब्दों में कर्म का सन्देश देते हैं, वह त्रिपाठी जी के जनात्मक सोच का अद्भुत उदाहरण है। मुनि कहते हैं–जिस धरती पर तुमने जन्म लिया है, जिसका अन्न और जल ग्रहण किया है, जिस पर तुम खड़े हुए हो, उस माता तुल्य धरती के प्रति क्या तुम्हारा कोई कर्तव्य नहीं है? जिन्होंने तुम्हें चलना और बोलना सिखाया है, जिनकी कठिन कमाई का फल खाकर बड़े हुए हो, जिनके पैदा किये, बुने वस्त्रों से तन ढकते हो, क्या उनके प्रति तुम्हारा कोई कर्तव्य नहीं है? तुम्हारे भीतर जो मनुष्योचित गुण हैं वे प्रभु की धरोहर हैं। तुमको उन्हें जन के लिए वितरित करना चाहिए। उन्हें चुराकर यदि तुम निर्जन में भागते हो तो प्रभु से विश्वासघात करते हो–

केवल अपने लिए सोचते मौज भरे गाते हो।
पीते, खाते, सोते, जगते, हँसते, सुख पाते हो।।
जग से दूर स्वार्थ साधन ही सतत तुम्हारा यश है।
सोचो तुम्हीं कौन जन जग में तुम-सा स्वार्थ विवश है।।

मुनि का यह कथन पथिक पर ही नहीं आज के आत्मकेन्द्रित, कैरियरिस्ट बुद्धिजीवियों पर भी उतना ही घटित होता है। त्रिपाठी जी का सम्पूर्ण काव्य

व्यक्तिवाद पर कड़ा प्रहार करता है। 'पथिक' और 'स्वप्न' दोनों प्रबन्ध काव्यों में व्यक्ति के निजी सुख-दुख और उसकी आशा-आकाँक्षा का समाज और देश के व्यापक यथार्थ के साथ द्वंद्व होता है और कवि व्यक्तिवाद तथा पलायनवाद की भर्त्सना करता है–

कर्म तुम्हारा धर्म अटल हो, कर्म तुम्हारी भाषा।
हो सकर्म मृत्यु ही तुम्हारे जीवन की अभिलाषा। —पथिक

पं० रामनरेश त्रिपाठी को पढ़ते हुए अचानक हजारी प्रसाद द्विवेदी के उपन्यासों की याद आती है। जैसे 'बाणभट्‌ट की आत्मकथा' में महामाया है, वैसे ही 'मिलन' में विजया। वही भैरवी का रूप। वही उत्साह। वही लक्ष्य :

लिये त्रिशूल हाथ में करने चली देश उद्धार।
गाँव गाँव में लगी घूमने सेवाव्रत उर धार।
× × ×
द्वार द्वार पर जाकर विजया करुणा-प्रेम-निधान।
सबको लगी जगाने गाकर देशभक्ति-मय गान।।

त्रिपाठी जी का काव्य शोषण, भ्रष्टाचार, अन्याय और उत्पीड़न के विरुद्ध विद्रोह और संघर्ष का काव्य है। उसमें जनमत तैयार किया जाता है, आम आदमी को संगठित किया जाता है और उसे सशस्त्र संघर्ष के लिएं भी प्रेरित किया जाता है। कर्ममय जीवन और श्रम शक्ति की महिमा का जैसा गान त्रिपाठी जी ने किया है, वैसा बहुत कम कवियों में मिलेगा। त्रिपाठी जी कलावादी नहीं थे। उनका काव्य अलंकृति का काव्य नहीं है, वह कथ्य और वस्तु का काव्य है। इसीलिए त्रिपाठी जी के प्रबन्ध काव्यों की संरचना कमजोर हो गयी है। इन प्रबन्ध रचनाओं की कथा आकस्मिक घटनाओं और आकस्मिक चमत्कारों से बनती है। कवि ने अपने लक्ष्य के अनुरूप उनकी कल्पना कर ली है। बल्कि कहें कि एक यूटोपियन आशावाद की अविश्वसनीय सीमा तक जाकर उन्हें अपने लक्ष्य के अनुरूप गढ़ लिया है। यह त्रिपाठी जी के काव्य शिल्प की असफलता है। पर त्रिपाठी जी ने ऐसा सिर्फ इसलिए किया है कि उनके सामने कृति की संरचना नहीं, कथ्य है। उनका काव्य मूलतः शक्ति और संघर्ष का काव्य है। त्रिपाठी जी श्रृंगारी कविताओं के विरोधी हैं। उनके अनुसार ऐसी कविताएँ विलासी और अकर्मण्य बनाती हैं। त्रिपाठी जी प्रेम को बहुत महत्व देते हैं। पर उनका प्रेम स्त्री-पुरुष का एकान्त प्रेम नहीं है। इस प्रेम में काम को कोई स्थान नहीं। यह प्रेम विश्व प्रेम है, मानव प्रेम है। इस प्रेम में प्रेमी जन-जन के भीतर अपने प्रियतम का साक्षात्कार करता है। वह सृष्टि के बीच उसका रूप-विकास देखता है। यह प्रेम अकेला नहीं करता बांधता नहीं, मुक्त करता है। त्रिपाठी जी मनुष्य के उच्चतर मूल्यों को रेखांकित करते हैं। निर्भयता, साहस, संकल्प, करुणा, उत्सर्ग आदि ऐसे ही मूल्य हैं। उनका काव्य संकीर्ण प्रेम का नहीं, उत्साह, शौर्य और स्वाभिमान का काव्य है।

लोकमंगल की उदात्त चेतना त्रिपाठी जी के काव्य की प्रमुख चेतना है। वे मानवतावादी कवि हैं। लोककल्याण, समाज सुधार और देशोद्धार की अतिचिन्ता के कारण उनकी कविताओं में जगह-जगह उपदेशपरकता आ गयी है। यह द्विवेदीकालीन कविता की सामान्य कमजोरी है। पं० रामनरेश त्रिपाठी, द्विवेदी युग और छायावाद युग के मिलन बिन्दु पर खड़े हैं। अतः सुधारवादी, उपदेशात्मक और स्वच्छन्दतावादी, कल्पना प्रधान—दोनों प्रवृत्तियाँ उनके काव्य में देखी जा सकती हैं। त्रिपाठी जी का युग राष्ट्रीय जागरण का युग था। भारतेन्दु युग के साहित्यकार इस जागरण का नेतृत्व कर चुके थे। द्विवेदी युग के लेखकों ने भी अशिक्षा, अन्ध ाविश्वास और सामाजिक रूढ़ियों के विरुद्ध जनजागरण का वातावरण बनाया। इस सन्दर्भ में त्रिपाठी जी के बाल साहित्य का उल्लेख प्रासंगिक होगा। अपनी सुधार भावना के ही कारण त्रिपाठी जी ने श्रेष्ठ बाल साहित्य की रचना की। साम्प्रदायिक एकता को विषय बनाकर उन्होंने 'बफाली चाचा' शीर्षक प्रसिद्ध कहानी लिखी। बाद में इसी शीर्षक से लिखित उनका नाटक भी बहुत चर्चित हुआ। नारी जागरण की ओर भी त्रिपाठी जी का ध्यान गया। उन्होंने वीरता और बलिदान को चरितार्थ करने वाली महान नारियों को अपने उपन्यासों का विषय बनाया। इस सन्दर्भ में 'वीरांगना' (1911), 'वीरबाला' (1911), 'मारवाड़ी और पिशाचिनी' (1912), 'सुभद्रा' (1917) तथा 'लक्ष्मी' (1924) शीर्षक उनके उपन्यास उल्लेखनीय हैं। पर उपन्यासकार और कहानीकार के रूप में त्रिपाठी जी को ख्याति नहीं मिली। अपनी लोक प्रतिबद्धता और जनचेतना से प्रेरित होकर त्रिपाठी जी ने ग्राम गीतों का अद्‌भुत संकलन किया। इस महान कार्य के लिए उन्होंने लगभग सम्पूर्ण भारत की यात्रा की और हिन्दी के साथ ही मराठी, गुजराती, राजस्थानी आदि के ग्राम गीतों का भी संग्रह किया। इस प्रकार का ऐतिहासिक कार्य करने वाले वे पहले साहित्यकार थे।

पं० रामनरेश त्रिपाठी के प्रकृति प्रेम की चर्चा किये बिना उनके काव्य की चर्चा अधूरी होगी। यद्यपि त्रिपाठी जी प्रकृति से ज्यादा महत्व मनुष्य को देते हैं फिर भी वे प्रकृति पर मुग्ध होने वाले और उसके कुशल चितेरे हैं। भारत का प्राकृतिक वैभव उनके काव्य में भरा पड़ा है। उन्होंने 1920 ई. में रामेश्वरम् की यात्रा की थी। 'पथिक' काव्य में इस यात्रा के दृश्यों का—नदी, वन, पर्वत और समुद्र तट का मनोरम वर्णन हुआ है। भारत के प्राकृतिक भूगोल का ऐसा मनोहर चित्र मिलना दुर्लभ है। 1928 ई. में त्रिपाठी जी ने कश्मीर की यात्रा की थी। 'स्वप्न' काव्य में वहाँ की आकर्षक प्रकृति का वर्णन हुआ है। त्रिपाठी जी प्रकृति के दर्शक मात्र नहीं थे। वे अपने जीवन के उत्तरार्द्ध में उन्होंने सुलतानपुर में स्वयं एक विशाल उद्यान लगाया, जिसमें भाँति-भाँति के फूल और फलों के वृक्ष थे। वे उनके साथ सहजीवी होकर रह रहे थे।

त्रिपाठी जी खड़ी बोली के सिद्ध कवि थे। छन्दों पर उनका असाधारण अधिकार था। उन्होंने विविध छन्दों में अपने काव्यानुभव को उसी प्रकार सजाया जैसे आचार्य शुक्ल ने मनोवैज्ञानिक निबन्धों में अपने चिन्तन को। त्रिपाठी जी की कविता में मन्त्र जैसी सघनता है—

अन्धे को दृग महारंक को विश्व सम्पदा सारी ।
जेठ दुपहरी में मरुथल के तृषित पथिक को वारी ।
मिलने से जो सुख होता है आत्मरहस्य यती को ।
उससे बढ़ सुख मिला अचानक विरह-विदग्ध सती को ।।

× × ×

दुख में बन्धु, वैद्य पीड़ा में, साथी घोर विपद में ।
दुसह दीनता में आश्रय, उत्साह निराशा-नद में ।
भ्रम में ज्योति, सुमति सम्पति में, दृढ़ निश्चय संशय में ।
छल में क्रान्ति, न्याय प्रभुता में, अटल धैर्य बन भय में ।।

—पथिक

कविता की ताकत लोक में सिद्ध होती है। त्रिपाठी जी के काव्य में निर्मल खड़ी बोली का ऐसा सहज प्रवाह है जो विद्वान् और बालक दोनों तक पहुँचता है। ऐसी सम्प्रेषणीय कविता दुर्लभ है। 'हे प्रभो आनन्ददाता, ज्ञान हमको दीजिए' या 'मैं ढूँढ़ता तुझे था जब कुंज और वन में' जैसी पंक्तियाँ आज भी प्रत्येक हिन्दीभाषी को याद होंगी। अपनी काव्य-भाषा की सहजता और चित्रमयता के कारण त्रिपाठी जी अपने समय के सबसे लोकप्रिय कवि रहे। उनका उदात्त, मानवतावादी, लोकमंगल का दर्शन, देश प्रेम, कर्ममय जीवन का सन्देश, उनकी सुधारवादी जनजागरण की चेतना तथा स्वतन्त्रता और समता की दृष्टि हमारे आज के समय के लिए कितनी जरूरी है यह बताने की ज़रूरत नहीं।

●●●

विषमता की पीड़ा और समरसता का दर्शन

—जयशंकर प्रसाद

प्रसाद (1889-1936 ई.) अपने व्यक्तित्व और कृतित्व में एक विद्रोही कवि नहीं रहे। उनकी काव्य प्रतिभा क्रमशः विकसित हुई है। वे रीतिकालीन काव्य प्रवृत्तियों से आधुनिक अभिव्यक्ति-कौशल तक की यात्रा करते हैं। उनमें ब्रजभाषा की परम्परागत काव्य प्रवृत्तियाँ भी हैं और साथ ही खड़ीबोली की नवीनता भी। जिस समय प्रसाद ने हिन्दी-कविता के क्षेत्र में प्रवेश किया, ब्रजभाषा काव्य का माध्यम बनी हुई थी। प्रसाद ने भी अपने काव्य-जीवन का आरम्भ ब्रजभाषा में ही किया। 'चित्राधार' (1918 ई.) उनका प्रथम संग्रह है। उनकी ब्रजभाषा की आरम्भिक कविताओं में भक्ति और श्रृंगार की प्रधानता है, जो ब्रजभाषा काव्य की मुख्य प्रवृत्ति रही है। किन्तु प्रसाद की कविताएँ अलंकारों के बोझ और समस्यापूर्तियों की सीमाओं से मुक्त हैं। इनमें अनुभूति की प्रधानता और अभिव्यक्ति की नवीनता है। प्रसाद की आरम्भिक कविताओं में भक्ति और श्रृंगार के अतिरिक्त प्रकृतिविषयक कविताओं का भी आधिक्य है। उनके प्रकृति-चित्रण में भी परम्परागत प्रकृति-वर्णन से अलग कुछ विशिष्टता है। भक्ति, श्रृंगार और प्रकृति-वर्णन के क्षेत्र में प्रसाद की कविता आरम्भ से ही भावों की जिस सूक्ष्मता, नवीनता और विशिष्टता को व्यक्त करती है उसी का विकास उनकी परवर्ती कविताओं में अधिक प्रौढ़ और परिष्कृत रूप में देखा जा सकता है।

अपनी काव्य-यात्रा के आरम्भ में प्रसाद ने ब्रजभाषा के साथ ही खड़ी बोली में भी लिखना शुरू कर दिया था। 'इन्दु' (1909 ई.) में उनकी ब्रजभाषा और खड़ीबोली की रचनाएँ साथ-साथ प्रकाशित होती थीं। 'कानन-कुसुम' (1913 ई.) उनकी खड़ीबोली रचनाओं का प्रथम संकलन है। यह वह समय था जब आचार्य महावीरप्रसाद द्विवेदी खड़ीबोली का परिष्कार कर रहे थे। प्रसाद की इन आरम्भिक रचनाओं पर भारतेन्दु और महावीरप्रसाद द्विवेदी का प्रभाव लक्षित होता है। द्विवेदीयुगीन कविता अपनी आदर्शवादी नैतिक दृष्टि के कारण ब्रजभाषा की श्रृंगारी प्रवृत्तियों का विरोध कर रही थी। किन्तु इस प्रयास में वह इतिवृत्तात्मक और कृत्रिम अधिक हो रही थी। उसमें कवि की सूक्ष्म चित्रण शक्ति और गहरी अनुभूति का अभाव था। अपनी स्थूलता के कारण वह पाठक को प्रभावित कर सकने में समर्थ नहीं थी। कहना न होगा कि प्रसाद ने इस काल में अपनी कविता द्वारा एक नयी काव्य-दिशा का संकेत किया। जिसे हम छायावाद कहते हैं, उसकी विशेषताएँ पहली बार सबसे अधिक प्रसाद के ही काव्य में स्पष्ट होती हैं और उनका चरम विकास भी प्रसाद के काव्य में ही दिखायी पड़ता है।

प्रसाद ने अपनी परम्परा को स्वीकार किया है और सर्वत्र उससे रस ग्रहण करते देखे जा सकते हैं। वे संस्कृत काव्य-परम्परा से बहुत गहरे प्रभावित हैं। साथ ही बंगला की तत्कालीन काव्य प्रवृत्तियों से भी और यूरोप की नवीन विचारधाराओं से भी। उन्होंने युग से भी प्रेरणा ली है और युगीन काव्य प्रवृत्तियों को समाहित कर अपनी कविता को एक नवीन आभा से मण्डित किया है। किन्तु यह स्वीकार करने में कोई हिचक नहीं कि प्रसाद पर सबसे अधिक प्रभाव भारतीय परम्परा और भारतीय चिन्तन का है। वे शायद आधुनिक हिन्दी काव्य के सबसे बड़े भारतीय कवि हैं। संस्कृत साहित्य प्रसाद की प्रेरणा का स्रोत रहा है। उन्होंने अपनी आख्यान प्रधान कविताओं का कथानक प्रायः संस्कृत साहित्य से ही चुना। वे भारतीय संस्कृति के कवि हैं। उनके नाटकों के चरित्र और उनकी 'कामायनी' की श्रद्धा–सब भारतीय संस्कृति के ही प्रतीक हैं। भारतीय परम्परा और भारतीय संस्कृति का प्रेम ही उन्हें अतीत की ओर खींचता है। नाटकों में वे देश के अतीत की ओर जाते हैं। कामायनी में भी अतीत की ओर जाते हैं तथा 'आँसू' में अपने ही प्रेम के अतीत में जाते हैं। यह अतीत प्रेम कवि प्रसाद की एक विशेषता है। यह अतीत प्रेम नहीं, बल्कि अपनी संस्कृति का प्रेम है। 'विशाख' की भूमिका में प्रसाद लिखते हैं, "इतिहास का अनुशीलन किसी भी जाति को अपना आदर्श संगठित करने के लिए लाभदायक होता है।... हमारी गिरी हुई दशा को उठाने के लिए हमारे जलवायु के अनुकूल जो हमारी अतीत सभ्यता है, उससे बढ़कर और कोई भी आदर्श हमारे अनुकूल होगा कि नहीं, इसमें मुझे पूर्ण सन्देह है।" कहना न होगा कि प्रसाद इन्हीं आदर्शों और मूल्यों के कवि हैं। भारतीय संस्कृति तथा भारतीय दर्शन की लोकमंगल दृष्टि को उन्होंने अपने साहित्य की दृष्टि बनायी है। प्रेम, त्याग, उत्सर्ग, करुणा, आस्था और निष्काम कर्मभावना पर वे बार-बार जोर देते हैं। उनके नाटक इन मूल्यों को रेखांकित करते हैं। कामायनी में भी श्रद्धा के माध्यम से इन्हीं मूल्यों पर जोर दिया गया है। प्रसाद जिस काल की उपज हैं, वह काल मूल्यों के विघटन और बिखराव का काल है। पश्चिम और पूरब के मूल्यों में द्वन्द्व का काल है। उस समय भारतीय समाज पर पश्चिमी मूल्य हावी हो रहे थे। प्रसाद ने इसे लक्ष्य किया और एक प्रतिनिधि भारतीय लेखक के दायित्व का निर्वाह करते हुए भारतीय मूल्यों की स्थापना का प्रयास किया।

प्रसाद के काव्य में क्लासिकीय गरिमा है। वे उत्तेजित करनेवाले कवि नहीं हैं। उनकी कविता में जीवन और जगत के बारे में एक गहरा मन्थन है। कहना होगा कि प्रसाद एक बौद्धिक कवि हैं। उनके समाधान से कोई भले सहमत न हो पर उनकी अभिव्यक्ति अत्यन्त प्रौढ़ तथा परिष्कृत है। उसमें उबाल और आवेश नहीं है, बल्कि आत्ममन्थन के बाद की–तूफान के बाद की–शान्ति है। प्रसाद के कृतित्व में इसीलिये सागर की विराट गरिमा दिखायी पड़ती है।

किन्तु प्रसाद परम्परा के कवि होने के साथ ही स्वच्छन्दतावादी आन्दोलन के एक महत्त्वपूर्ण कवि भी हैं। वे छायावाद के सबसे प्रमुख कवि माने जाते हैं। उनके

काव्य में स्वच्छन्दतावादी प्रवृत्तियाँ भी उतनी ही महत्त्वपूर्ण हैं। वे प्रेम और सौन्दर्य के कवि हैं। प्रेम उनके काव्य-शरीर में आत्मा की तरह व्याप्त है। उनकी सभी कृतियों का यह प्रेम ही शक्ति और जीवन देता है। प्रेम और सौन्दर्य की भूमि पर ही उनके काव्य का महल निर्मित हुआ है। उनकी दृष्टि में कवि के लिए प्रेम के रहस्य को समझना जरूरी है। 'चन्द्रगुप्त' में एक स्त्री पात्र कहती है–"आह सखी! तुम तो कवि हो। तुम तो प्रेम करना जानती हो और जानती हो उसका रहस्य।" 'प्रेम पथिक' (1909 ई.) प्रसाद का प्रथम प्रेम काव्य है। इसमें कवि ने प्रेम का उदात्तीकरण किया है। कवि का प्रेम व्यक्ति का व्यक्ति के प्रति प्रेम न होकर आत्मा का विश्वात्मा के प्रति प्रेम हो जाता है। 'आँसू' (1925 ई.) प्रेम की मधुर स्मृतियों की अभिव्यंजना करनेवाला प्रसिद्ध काव्य है। इसमें प्रसाद की संकोचहीन आत्माभिव्यक्ति देखी जा सकती है। एक प्रेमी कवि की पीड़ा, कसक, आकाँक्षा और उसका मादक प्रेम इस काव्य में व्यक्त हुआ है–

अभिलाषाओं की करवट
फिर सुप्त व्यथा का जगना
सुख का सपना हो जाना
भीगी पलकों का लगना ।
× × ×.
जल उठा स्नेह, दीपक सा
नवनीत हृदय था मेरा
अब शेष धूम रेखा से
चित्रित कर रहा अँधेरा ।
× × ×
वेदना विकल फिर आई
मेरी चौदहों भुवन में
सुख कहीं न दिया दिखाई
विश्राम कहाँ जीवन में ।

'झरना' (1918 ई०), 'आँसू' और 'लहर' (1933 ई०) के गीतों में प्रेम ही प्रधान है। ये गीत मानव और प्रकृति के प्रति स्वानुभूति की तन्मयता के गीत हैं। इन गीतों में एक प्रेमी हृदय की आकाँक्षा, उत्कण्ठा, मिलन, वियोग और समर्पण देखा जा सकता है। एक ओर मिलन की स्मृतियाँ हैं तो दूसरी ओर वियोग का विषाद। कभी आशा होती है, कभी निराशा। उर्दू शायरों और अंग्रेजी के स्वच्छन्दतावादी कवियों की प्रेम कविताओं की जमीन पर लिखी गयी अनेक काव्य पंक्तियाँ प्रसाद में बिना ढूँढ़े मिल जायेंगी। संस्कृत और उर्दू दोनों काव्य-परम्पराओं की विशेषताएँ प्रसाद में मिल जाती हैं। उनकी आरम्भिक प्रेम-कविताओं में भावावेश है, पर परवर्ती कविताओं में भावोच्छ्वास कम होता गया है। उनमें प्रौढ़ता आती गयी है और कवि ने अपनी व्यक्तिगत अनुभूतियों को एक चिन्तनपूर्ण जीवन दर्शन की

जमीन दे दी है। 'लहर' के गीत इसी प्रकार के हैं। इन गीतों में एक आन्तरिक थिराव है। कवि अपने अन्तर की करुणा को समष्टि में बिखरा देता है।

प्रसाद का प्रेम दिव्य प्रेम है। वह उच्च भाव भूमि पर स्थित प्रेम है। वह बाह्य नहीं आन्तरिक है। असीम और उज्ज्वल प्रेम है—

जिसके आगे पुलकित हो
जीवन है सिसकी भरता
हाँ मृत्यु नृत्य करती है
मुसकाती खड़ी अमरता
वह मेरे प्रेम विहँसते
जागो मेरे मधुबन में —(आँसू)

प्रसाद का प्रेम शारीरिक आकर्षण और वासना का प्रेम नहीं है। उसमें स्वार्थ नहीं, उत्सर्ग है—

पागल रे वह मिलता है कब
उसको तो देते ही हैं सब
आँसू के कन से गिन-गिन कर
यह विश्व लिये है ऋण उधार
तू क्यों फिर उठता है पुकार
मुझको न मिला रे कभी प्यार। —(लहर)

यह प्रेम केवल दो व्यक्तियों का प्रेम नहीं है। यह इतना व्यापक है कि सम्पूर्ण मानवता को अपनी परिधि में घेर लेता है। 'आँसू' की प्रेम-वेदना भी अन्त तक पहुँचकर समष्टि की हो जाती है—

सबका निचोड़ लेकर तुम
सुख से सूखे जीवन में
बरसो प्रभात हिमकन सा
आँसू इस विश्व-सदन में। —(आँसू)

प्रेम की ही तरह सौन्दर्य को भी प्रसाद कायिक मानते हैं। वे उसे चेतना का वरदान मानते हैं—

उज्जवल वरदान चेतना का
सौन्दर्य जिसे सब कहते हैं

प्रसाद के अनुसार सुन्दर में सत्य और शिव का भी समावेश हो जाता है। विश्वात्मा का सौन्दर्य ही सर्वत्र फैला हुआ है। इसलिए गोचर प्रकृति भी उतनी ही सुन्दर है। प्रसाद के काव्य में प्रकृति और मानव का सौन्दर्य अपने पूरे वैभव के साथ चित्रित हुआ है। नारी को उन्होंने असाधारण स्थान दिया है। वे उसे पुरुष से भी महान मानते हैं। 'अजातशत्रु' में वे कहते हैं, "वह तो स्नेह, सेवा और करुणा की मूर्ति है, सान्त्वना के लिए अभय-वरद हस्त है, मानव-समाज की सारी वृत्तियों की कुंजी है और विश्व-शासन की एकमात्र अधिकारिणी प्रकृति-स्वरूपा है, उसके

राज्य की सीमा विस्तृत है और पुरुष की संकीर्ण।" नारी प्रसाद की दृष्टि में दया, माया, ममता आदि गुणों से युक्त श्रद्धारूपिणी है–

नारी तुम केवल श्रद्धा हो
विश्वास रजत नग पग तल में
पियूष स्रोत सी बहा करो
जीवन के सुन्दर समतल में। (कामायनी)

नारी का रूप-वर्णन प्रसाद ने बड़ी तन्मयता से किया है। 'आँसू' और 'कामायनी' दोनों की नायिकाओं का रूप-ऐश्वर्य अत्यन्त मनोहारी है–

चंचला स्नान कर आवे
चन्द्रिका पर्व में जैसी
उस पावन तन की शोभा
आलोक मधुर थी ऐसी। (आँसू)

× × ×

लावण्य-शैल राई सा
जिस पर वारी बलिहारी
उस कमनीय कला की
सुषुमा थी प्यारी-प्यारी । (आँसू)

× × ×

प्रतिमा में सजीवता सी
बस गई सुछवि आँखों में
थी एक लकीर हृदय में
जो अलग रही लाखों में। (आँसू)

× × ×

आह! वह मुख पश्चिम के व्योम
बीच जब घिरते हों घनश्याम
अरुण रवि-मंडल उनको भेद
दिखाई देता हो छविधाम । (कामायनी)

× × ×

या कि नव इन्द्रनील लघु श्रृंग
फोड़ कर धधक रही हो कान्त
एक लघु ज्वालामुखी अचेत
माधवी रजनी में अश्रान्त । (कामायनी)

× × ×

और उस मुख पर वह मुस्क्यान
रक्त किसलय पर ले विश्राम

अरुण की एक किरण अम्लान
अधिक अलसायी हो अभिराम। (कामायनी)

प्रसाद की प्रेम कविताओं में ऐन्द्रियता भी है और रहस्यमयता भी। कवि को प्रकृति के प्रत्येक कण में अपने प्रियतम की ही सत्ता दिखायी पड़ती है । यह सम्पूर्ण सृष्टि उसी परम सौन्दर्य की अभिव्यक्ति है। सृष्टि के इस सौन्दर्य के प्रति कवि का आकर्षण उसी के प्रति आकर्षण है। सूफी कवियों के प्रेम और सौन्दर्य-चित्रण में इस प्रकार की रहस्यमयता प्राप्त होती है। प्रसाद की प्रेम-भावना सूफियों से मिलती है। वस्तुतः द्विवेदीयुगीन नैतिकता की कठोरता में प्रेम-कविता के लिए कोई गुंजाइश नहीं थी। ऐसा लगता है जैसे कवि ने परम्परागत सामाजिक मान्यताओं के प्रहार से बचने के लिए 'आँसू' के दूसरे संस्करण को ऐहिक से आध्यात्मिक और रहस्यवादी बना दिया है–

छायानट छवि परदे में
सम्मोहन वेणु बजाता
सन्ध्या कुहकिन अंचल में
कौतुक अपना कर जाता।

द्विवेदीयुगीन कविता प्रेम और श्रृंगार के वर्णन से कतराती रही। उसमें प्रेम का चित्रण बहुत स्थूल और इतिवृत्तात्मक था। प्रसाद ने प्रेम और सौन्दर्य का उदात्त तथा सूक्ष्म वर्णन किया। उनका प्रेम रहस्य और आदर्श की जमीन पर पहुँचा हुआ है। यही उसकी कमजोरी भी है। वह दिव्य होने की राह में अशरीरी हो जाता है। प्रसाद के प्रेम-सौन्दर्य चित्रण में 'लाज', 'आलस', 'मौन' आदि शब्दों का बार-बार प्रयोग होता है। यह शब्दावली प्रेम और सौन्दर्य को एक प्रकार के स्वप्निल संसार में ले जाती है–

तुम कनक किरण के अन्तराल में
लुक छिप कर चलते हो क्यों
हे लाज भरे सौन्दर्य बता दो
मौन बने रहते हो क्यों (चन्द्रगुप्त)

प्रसाद की श्रद्धा का सौन्दर्य कहीं-कहीं इतना सूक्ष्म हो जाता है कि उसका रूप ही नहीं बन पाता–

कुसुम, कानन-अंचल में मन्द
पवन-प्रेरित सौरभ साकार,
रचित-परमाणु-पराग-शरीर
खड़ा हो ले मधु का आधार।

प्रसाद जिस युग में पैदा हुए थे वह भारतीय पराधीनता का युग था। प्रसाद ने राष्ट्रीय गौरव का चित्रण करते हुए भारतवासियों में राष्ट्रप्रेम की भावना भरने की कोशिश की। प्रसाद के सम्पूर्ण साहित्य में भारतीय राष्ट्रीय जागरण की चेतना मुखर हुई है। यह चेतना छायावादी कवियों में सबसे अधिक प्रसाद में है। उनके

नाटकों में आत्मगौरव, आत्मविश्वास, साहस और संकल्प अपने चरम रूप में देखा जा सकता है। उनके नाटकों के पात्र अपने देश के लिए अपना सर्वस्व उत्सर्ग कर देने के लिए तैयार रहते हैं। प्रसाद के नाटक उनकी राष्ट्रीय चेतना और अतीत के प्रति उनके अनुराग के लिए विख्यात हैं। इन नाटकों में प्रसाद ने भारतीय इतिहास के गौरवमय पृष्ठों को अपनी कल्पना से एक बार पुनः उजागर किया है। 'विशाख' की भूमिका में वे लिखते हैं–"मेरी इच्छा भारतीय इतिहास के अप्रकाशित अंश में उन प्रकाण्ड घटनाओं का दिग्दर्शन कराने की है, जिन्होंने हमारी वर्तमान स्थिति को बनाने का बहुत प्रयत्न किया है।" इसमें कोई सन्देह नहीं कि प्रसाद ने अपने इस लक्ष्य को पूरा किया है। 'चन्द्रगुप्त' में तो वे एक विदेशी महिला के द्वारा भारत का गुणगान करा देते हैं–

अरुण यह मधुमय देश हमारा।
जहाँ पहुँच अनजान क्षितिज को मिलता एक सहारा।

काव्य में भी प्रसाद की यह राष्ट्रीय चेतना देखी जा सकती है। उन्होंने मनु, बुद्ध और महाराणा प्रताप जैसे भारतीय महापुरुषों को अपने काव्य का विषय बनाया है। 'लहर' में संकलित 'शेरसिंह का शस्त्र समर्पण' तथा 'पेशोला की प्रतिध्वनि' शीर्षक कविताएँ राष्ट्रप्रेम से ओतप्रोत कविताएँ हैं। इनमें भारतीय इतिहास के गौरव को चित्रित करने की कोशिश की गयी है। 'महाराणा का महत्त्व' (1914) में राणा के उदार, पराक्रमी व्यक्तित्व का चित्रण करके प्रसाद ने भारतीय संस्कृति के आदर्श को प्रस्तुत किया है। 'कामायनी' की पृष्ठभूमि भारतीय इतिहास का प्राचीनतम काल है। पर इस काल में भी श्रद्धा राष्ट्रीय गौरव और विश्वास की अभिव्यक्ति करते हुए कहती है–

डरो मत अरे अमृत सन्तान
अग्रसर है मंगलमय वृद्धि
पूर्ण आकर्षण जीवन-केन्द्र
खिंची आवेगी सकल समृद्धि।

प्रसाद के काव्य में जिज्ञासा आरम्भ से ही मिलती है। 'चित्राधार' की रचनाओं में भक्ति प्रधान रचनाएँ भी हैं, किन्तु इनमें भक्ति बहुत कम है, जिज्ञासा ही अधिक है। यही जिज्ञासा कवि को आगे रहस्य की जमीन पर ले जाती है। 'कानन कुसुम' की विनय सम्बन्धी कविताएँ भी किसी परोक्ष सत्ता को स्वीकार करती हुई रहस्य की ओर बढ़ती कविताएँ हैं। 'झरना' में कवि किरण को सम्बोधित करके कहता है–

किरण ! तुम क्यों बिखरी हो आज, रंगी हो तुम किसके अनुराग
स्वर्ण सरसिज किंजल्क समान, उड़ाती हो परमाणु पराग।
धरा पर झुकी प्रार्थना सदृश, मधुर मुरली सी फिर भी मौन
किसी अज्ञात विश्व की विकल - वेदना दूती सी तुम कौन ?

'कामायनी' के मनु भी प्रकृति के सम्पूर्ण व्यापार के पीछे किसी रहस्यमयी शक्ति की प्रेरणा महसूस करते हैं और इसी प्रकार के प्रश्न पूछते हैं—

महानील इस परम व्योम में
अन्तरिक्ष में ज्योतिर्मान
ग्रह, नक्षत्र और विद्युत्कण
किसका करते-से सन्धान।
× × ×
सिर नीचा कर किसकी सत्ता
सब करते स्वीकार यहाँ
सदा मौन हो प्रवचन करते
जिसका, वह अस्तित्व कहाँ?

प्रसाद नियति की भी सत्ता स्वीकार करते हैं। उनके अनुसार मनुष्य के सम्पूर्ण क्रियाकलाप स्वतन्त्र नहीं हैं। एक ऐसी सत्ता है जिसका अतिक्रमण करना मनुष्य के लिए सम्भव नहीं है। वह मनुष्य को नियन्त्रित और संचालित करती है—

नचती है नियति नटी सी
कंदुक - क्रीड़ा सी करती
इस व्यथित विश्व आँगन में
अपना अतृप्त मन भरती ।
× × ×
उस एकान्त नियति शासन में
चले विवश धीरे धीरे
एक शान्त स्पन्दन लहरों का
होता ज्यों सागर तीरे।

प्रसाद की कविता में आरम्भ से ही दार्शनिक मान्यताओं का प्रभाव देखा जा सकता है। वे उपनिषदों की अद्वैत भावना, शैवागम के समरसता सिद्धान्त, बौद्धों की करुणा तथा गीता के कर्मयोग से विशेष प्रभावित हैं। प्रसाद के काव्य में नियति, माया, भूमा, समरसता आदि अनेक विशिष्ट दार्शनिक शब्दों का बार-बार प्रयोग हुआ है। प्राचीन दार्शनिक चिन्तनों से प्रसाद बहुत प्रभावित हैं—शायद उतने गहरे प्रभावित आधुनिक कोई कवि नहीं है। प्रसाद का सम्पूर्ण काव्य एक दार्शनिक गरिमा लिये हुए है। उनका चिन्तन हमेशा दर्शन की उच्च भूमियों का स्पर्श करता रहता है। प्रसाद जी काव्य और दर्शन में दूरी नहीं मानते। उनके अनुसार, "वास्तव में भारतीय दर्शन और साहित्य दोनों का समन्वय रस में हुआ था और यह साहित्यिक रस दार्शनिक रहस्यवाद से अनुप्राणित है।" (काव्य कला तथा अन्य निबन्ध, पृ0 79)

प्रसाद की दार्शनिक चेतना का सर्वोत्तम उदाहरण उनकी कृति कामायनी में मिलता है। कामायनी में प्रसाद ने समरसता का दर्शन स्वीकार किया है तथा मनु की कथा के द्वारा जीवन के विविध क्षेत्रों में सामंजस्य की जरूरत पर जोर दिया है। सामंजस्य और सन्तुलन के अभाव में ही मनु जीवन में अनेक कष्टों और विघ्नबाधाओं से गुजरते हैं। श्रद्धा मनु के प्रति अपने को समर्पित करती है पर मनु उसे छोड़कर भागते हैं। वे इड़ा को भी समझने में असफल होते हैं। वे नारी की सत्ता को समझने में भूल करते हैं–

तुम भूल गये पुरुषत्व मोह में
कुछ सत्ता है नारी की
समरसता ही सम्बन्ध बनी
अधिकार और अधिकारी की

अन्त में श्रद्धा से मिलकर ही मनु आनन्द तक पहुँचते हैं। प्रसाद के अनुसार नारी और पुरुष दोनों एक-दूसरे के पूरक हैं। दोनों में सामंजस्य के बिना आनन्द की प्राप्ति सम्भव नहीं है। कामायनी में मनु और श्रद्धा का मिलन दो प्रवृत्तियों का भी सामंजस्य है। मनु व्यक्तिवादी, अहंकारी, स्वेच्छाचारी और निरंकुश हैं। श्रद्धा विश्वमंगल की कामना करनेवाली एक कोमल, उदार, सात्विक, आदर्शमयी नारी है—दया, माया, ममता, विश्वास और प्रेम से युक्त। मनु और श्रद्धा का वर्णन करते हुए प्रसाद लिखते हैं–

एक गृहपति, दूसरा था अतिथि विगत विकार
प्रश्न था यदि एक, तो उत्तर द्वितीय उदार।

मनु न केवल सारस्वत प्रदेश की स्वामिनी इड़ा पर अधिकार करते हैं, बल्कि वहाँ की प्रजा पर भी अपना शासन करना चाहते हैं। उन्हें प्रजा की चिन्ता नहीं है। फलतः प्रजा विद्रोह करती है। इड़ा शासक और लोक के सम्बन्ध को स्पष्ट करते हुए कहती है–

लोक सुखी हो आश्रय ले यदि उस छाया में
प्राण सदृश तो रमो राष्ट्र की इस काया में।

मनु के भीतर बुद्धि और हृदय का संघर्ष चलता रहता है। यह संघर्ष उनके भीतर जब तक सक्रिय रहता है, वे चैन नहीं पाते। प्रसाद इन दोनों के सामंजस्य पर बल देते हैं–

मस्तिष्क हृदय के हो विरुद्ध, दोनों में हो सद्भाव नहीं
वह चलने को जब कहे कहीं, तब हृदय विकल चल जाय कहीं।

सुख-दुख के सामंजस्य की चर्चा प्रसाद ने पूरे साहित्य में स्थान स्थान पर की है। 'आँसू' में कई स्थल ऐसे हैं–

मानव जीवन वेदी पर
परिणय हो विरह-मिलन का
सुख-दुख दोनों नाचेंगे

है खेल आँख का, मन का।
× × ×
लिपटे सोते थे मन में
सुख-दुख दोनों ही ऐसे
चन्द्रिका अंधेरी मिलती
मालती कुंज में जैसे ।
× × ×
वह हँसी और यह आँसू
घुलने दे मिल जाने दे
बरसात नई होने दे
कलियों को खिल जाने दे।

व्यक्ति में आशा-निराशा, सुख-दुख, हर्ष-शोक, दोनों विरोधी भाव होते हैं। जब तक वह इन दोनों को अनिवार्य स्थिति के रूप में स्वीकार नहीं करता, तब तक बेचैन रहता है। कामायनी के श्रद्धा के सर्ग में श्रद्धा मनु को सुख-दुख का रहस्य समझाते हुए कहती है–

दुख की पिछली रजनी बीच
विकसता सुख का नवल प्रभात
एकपर्दा यह झीना नील
छिपाये है जिसमें सुख-गात
× × ×
नित्य समरसता का अधिकार
उमड़ता कारण जलधि - समान
व्यथा से नीली लहरों बीच
बिखरते सुख-मणिगण द्युतिमान ।
× × ×
विषमता की पीड़ा से व्यस्त
हो रहा स्पन्दित विश्व महान
यही सुख दुख विकास का सत्य
यही भूमा का मधुमय दान ।

सुख-दुख के प्रति एक सामंजस्यपूर्ण दृष्टि रखने के ही कारण प्रसाद के अधिकांश नाटकों और कहानियों के अन्त न तो पूरी तरह सुखान्त होते हैं, न पूरी तरह दुखान्त।

प्रसाद के अनुसार सुख और शान्ति भौतिक दृष्टि तथा आध्यात्मिक दृष्टि के सामंजस्य में ही सम्भव है। सारस्वत प्रदेश के संघर्ष के बाद मनु ग्लानि के साथ यह महसूस करते हैं–

सोच रहे थे जीवन सुख है ? ना, यह विकट पहेली है
भाग अरे मनु ! इन्द्रजाल से कितनी व्यथा न झेली है ?

प्रसाद कर्म और भोग में भी सामंजस्य करते हैं—

कर्म का भोग-भोग का कर्म
यही जड़ का चेतन आनन्द।

वे जीवन की पूर्णता के लिए इच्छा, ज्ञान और क्रिया के सामंजस्य पर जोर देते हैं—

ज्ञान दूर कुछ, क्रिया भिन्न है
इच्छा क्यों पूरी हो मन की ?
एक दूसरे से न मिल सके
यह विडंबना है जीवन की ।

इस प्रकार कामायनी में जीवन के विविध क्षेत्रों में सामंजस्य की चेष्टा दिखायी पड़ती है। प्रसाद की इस सामंजस्य दृष्टि पर भारतीय दर्शनों का प्रभाव है। भारतीय वेदान्त दर्शन अद्वैत का प्रतिपादन करता है। उपनिषदों में भी आत्मा और परमात्मा की एकता को स्वीकार किया गया है। सांख्य दर्शन में प्रकृति और पुरुष के संयोग से सृष्टि का सृजन माना गया है। शैव दर्शन की विभिन्न शाखाओं में समरसता के सिद्धान्त का प्रतिपादन हुआ है। प्रत्यभिज्ञादर्शन के अनुसार शिव और शक्ति का मिलन ही सामरस्य है। इस स्थिति में सभी प्रकार की द्वयता समाप्त हो जाती है। यही आनन्द की स्थिति है। तैत्तरीय उपनिषद में कहा गया है, "आनन्द ही ब्रह्म है। आनन्द से ही समस्त प्राणी उत्पन्न होते हैं, उत्पन्न होकर आनन्द से ही जीते हैं तथा इस लोक से प्रस्थान करते हुए अन्त में आनन्द में ही प्रविष्ट हो जाते हैं।" कामायनी का समरसता सिद्धान्त शैव दर्शन से विशेष रूप से प्रभावित है। कामायनी की श्रद्धा शक्ति के बिखरे हुए विद्युत कणों को समन्वित करने की सलाह देती है—

शक्ति के विद्युत्कण जो व्यस्त
विकल बिखरे हैं, हो निरुपाय
समन्वय उनका करे समस्त
विजयिनी मानवता हो जाय ।

कामायनी के अन्त में प्रसाद इसी समरसता और आनन्द की प्रतिष्ठा करते हैं—

समरस थे जड़ या चेतन
सुन्दर साकार बना था
चेतनता एक विलसती
आनन्द अखंड घना था।

वस्तुतः प्रसाद के साहित्य में प्राचीन परम्परा और युग चेतना एक साथ साकार देखी जा सकती है। प्रसाद ने बहुत-सी आख्यानक कविताएँ लिखी हैं, जिनमें कथा तो प्राचीन है, पर कवि की दृष्टि आधुनिक है। कामायनी भी प्राचीन कथानक को

लेकर लिखा गया काव्य है, पर उसमें अपने युग का भी चित्रण हुआ है। युग की महत्त्वपूर्ण समस्याओं जैसे व्यक्तिवाद, समाजवाद, नारी स्वातन्त्र्य, आधुनिक वैज्ञानिक-औद्योगिक प्रगति आदि को प्रसाद ने कामायनी में उठाया है। युग का वैषम्य तथा आपसी विरोध वैमनस्य कवि के सामने है—

विश्व विपुल आतंक त्रस्त है
अपने ताप विषम से
फैल रही है घनी नीलिमा
अन्तर्दाह परम से ।

सारस्वत नगर की कल्पना में कवि ने विज्ञान और बुद्धिवाद के भयानक परिणाम दिखाये हैं। मनु के समक्ष आधुनिक मानव की समस्याएँ हैं। आधुनिक समाज की विषमता, चिन्ता, दुख उनके सामने है। उनका लक्ष्य है आनन्द की खोज। उनके अनुसार जीवन में सामरस्य का दर्शन ही आनन्द तक पहुँचा सकता है। श्रद्धा इस आनन्द का रास्ता दिखाती है। वह प्रेम और कर्म का, जागृति और आशा का सन्देश देती है। प्रसाद की यह चिन्ता व्यक्ति की नहीं, समूह की चिन्ता है। इस अर्थ में प्रसाद का समाधान भले ही सरलीकृत हो पर उनकी नीयत पर शक नहीं किया जा सकता। मुक्तिबोध ने कामायनी की मार्क्सवादी व्याख्या प्रस्तुत की है, पर प्रसाद की अपनी काव्य-दृष्टि और अपनी जीवन-दृष्टि है। वे काव्य को आत्मा की संकल्पात्मक अनुभूति मानते हैं। वे छायावादी काव्य को वेदना की स्वानुभूति की अभिव्यक्ति मानते हैं। वे भारतीय दार्शनिक परम्पराओं से प्रभावित हैं। वे वर्ग-संघर्ष का समर्थन नहीं करते। वे समग्र मानवता की समस्याओं को अपनी समस्या बनाते हैं। कामायनी में जगह-जगह मानवता के मंगल की कामना की गयी है। प्रसाद की दृष्टि व्यक्तिवादी दृष्टि नहीं है। मनु समाज की अवहेलना करते हैं, इसी कारण समाज उनके विरुद्ध आन्दोलन करता है। मनु का चरित्र एक व्यक्तिवादी चरित्र है। उनका अहंकार उन्हें उच्छृंखल बनाता है। वे पशु-बलि करते हैं। श्रद्धा-जैसी स्त्री के साथ कामलोलुप-सा आचरण करते हैं। इड़ा पर अधिकार करना चाहते हैं। उन्हें अपनी मर्यादा का बोध नहीं रह गया है। प्रसाद ने मनु के इस व्यक्तिवादी आचरण का विरोध किया है।

प्रसाद की दृष्टि भारतीय आदर्शवादी दृष्टि है। कामायनी में स्त्री और पुरुष, बुद्धि और हृदय, शासक और शासित, व्यक्ति और समाज, दुख और सुख, भौतिक और आध्यात्मिक आदि का सामंजस्य बिठाकर वे अपनी यही आदर्शवादी दृष्टि व्यक्त करते हैं—

सबकी सेवा न पराई वह अपनी सुख-संसृति है
अपना ही अणु-अणु कण-कण द्वयता ही तो विस्मृति है
सब भेद - भाव भुलवा कर दुख-सुख को दृश्य बनाता
मानव कह रे 'यह मैं हूँ' यह विश्व नीड़ बन जाता है।

पर इस प्रकार का सरल समाधान बिठाना बड़ा आसान नुस्खा है। यह जीवन की समस्याओं का सरलीकृत समाधान है। बल्कि यों कहें कि जीवन की वास्तविकताओं

पर आदर्शवादी आवरण डाल देना है। ऐसा प्रसाद की शास्त्रीय दार्शनिक दृष्टि के कारण हुआ है, क्योंकि वे कोई नयी दृष्टि न देकर बनी बनायी दार्शनिक सरणि को अपना लेते हैं। वे मनु को आनन्द की खोज में हिमालय के अंचल में ले जाते हैं, जहाँ उन्हें सर्वव्याप्त चेतना के दर्शन कराते हैं। वे अद्वैतवादी सामंजस्यवादी दृष्टि का समर्थन तो करते हैं, पर यह नहीं सुझा पाते कि जीवन की जटिल समस्याओं से परे होकर इसे कैसे स्वीकार किया जा सकता है?

दरअसल भारतीयता ही प्रसाद की सबसे बड़ी शक्ति और सबसे बड़ी सीमा है। भारतीय दर्शन और चिन्तन उनके साहित्य को शक्ति भी देता है और उसे एक सीमा में सीमित भी करता है। आज के जटिल जीवन की बहुमुखी समस्याओं पर वे अतीतोन्मुखी आध्यात्मिक दृष्टि से विचार करने लग जाते हैं। 'आँसू' का प्रेम अलौकिक और रहस्यवादी होकर कृत्रिम होता है तो 'कामायनी' का सामरस्य अव्यावहारिक होकर। वास्तव में प्रसाद की काव्य-चिन्ता द्वैत की चिन्ता है। जीवन में व्याप्त द्वैत उन्हें भीतर से इतना मथता रहता है कि वे अपनी अनेक कृतियों में बार-बार, उसकी चर्चा करते हैं। 'द्वैत', 'विषमता', 'समरसता', 'दुख-सुख', 'आनन्द' जैसी शब्दावली का प्रसाद-साहित्य में सबसे अधिक प्रयोग हुआ है। यह कवि की मूल चिन्ता को प्रकट करती है। प्रसाद द्वैत और विषमता की पीड़ा से मानवता को मुक्त करना चाहते हैं। वे वर्गहीन समाज का आदर्श सामने रखते हैं। राजा और प्रजा का संघर्ष दिखाकर वे अन्याय और अत्याचार के खिलाफ विद्रोह का समर्थन भी करते हैं। इसके अनेक उदाहरण उनके नाटकों में देखे जा सकते हैं। 'चन्द्रगुप्त' और 'ध्रुवस्वामिनी' में एक अत्याचारी और क्लीव राजा को सिंहासन से बलपूर्वक हटा दिया जाता है। 'ध्रुवस्वामिनी' में ध्रुवस्वामिनी का चरित्र एक स्वतन्त्र अजेय नारी का चरित्र है। वह कहती हैं, "मैं केवल यही कहना चाहती हूँ कि पुरुषों ने स्त्रियों को अपनी पशु-सम्पत्ति समझकर उन पर अत्याचार करने का अभ्यास बना लिया है, वह मेरे साथ नहीं चल सकता।....मैं अपनी रक्षा स्वयं करूँगी। मैं उपहार में देने की वस्तु, शीतल मणि नहीं हूँ। मुझमें रक्त की तरल लालिमा है। मेरा हृदय उष्ण है और उसमें आत्मसम्मान की ज्योति है। उसकी रक्षा मैं ही करूँगी।... संसार मिथ्या है या नहीं, यह तो मैं नहीं जानती, परन्तु आप, आपका कर्मकाण्ड और आपके शास्त्र क्या सत्य हैं, जो सदैव रक्षणीया स्त्री की यह दुर्दशा हो रही है?" क्या नारी स्वातन्त्र्य के पक्षधर साहित्यकारों ने ध्रुवस्वामिनी से अधिक समर्थ चरित्र निर्मित किया है? वस्तुतः प्रसाद का सारा गद्य-साहित्य, अत्याचार और उत्पीड़न के, साम्राज्यवाद के तथा अन्धविश्वास और रूढ़ियों के विरुद्ध है। उनकी कविता भी भारतीय मानववादी परम्परा की कविता है। कविता में भी प्रसाद की मूल चिन्ता वही है अर्थात् चारों ओर व्याप्त वैषम्य और द्वैत की चिन्ता। यह चिन्ता कृत्रिम नहीं, जेनुइन चिन्ता है पर इस चिन्ता से मुक्ति के लिए अपनी कविता में प्रसाद जो समाधान देते हैं, वह व्यावहारिक और आलोचनात्मक (क्रीटिकल) नहीं है। यही प्रसाद के काव्य की सीमा है।

●●●

एक भारतीय आत्मा का काव्य

—माखनलाल चतुर्वेदी

माखनलाल चतुर्वेदी (1889-1967 ई.) के अध्येता बताते हैं कि 1904 में जब उनकी अवस्था पन्द्रह वर्ष की थी, उनके काव्य-जीवन का पहला पद एक गीत के रूप में फूटा था, जो इस प्रकार है—

श्याम सुन्दर मन बस गयो री।
मधुर बैन कर सैन नैन सों
छीन लीन मन चपल ऐन सों
कछु न सुहावत, सुनि न रैन सों
जब हरि हँस गयो री।
अति कारे, प्यारे, अनियारे,
कजरारे नहिं जात निहारे
उरग समान दो अलग सँवारे
मम हिय डस गयो री।

किशोर मन की इस अभिव्यक्ति में भक्ति है, सौन्दर्य प्रेम है और गीतात्मक चेतना है। आश्चर्य है कि व्यक्तित्व के ये तीनों अध्याय माखन लाल चतुर्वेदी और उनकी कविता से कभी अलग नहीं होते। सौन्दर्य प्रेम और एक हद तक गीतात्मक चेतना भी प्रायः हर कवि व्यक्तित्व के साथ जुड़ी होती है पर भक्ति हर कवि व्यक्तित्व का अंग नहीं होती। माखनलाल जी का जीवन सहज पथगामी शान्त जीवन नहीं, बल्कि एक संघर्षमय योद्धा का उतार-चढावपूर्ण जीवन रहा है। इसमें शुरू से अन्त तक भक्ति का उपस्थित रहना अवश्य ही कुछ विशेष है। माखनलाल जी की कविता चाहे मिलन की हो या विछोह की, प्रकृति प्रेम की हो या राष्ट्र प्रेम की, क्रान्ति की हो या अहिंसा की, हर जगह और हर स्थिति में उनके श्यामसुन्दर अपने विविध नामों और आकृतियों में उनके पास रहते हैं। प्रेम और क्रान्ति की विरोधी (?) मनः स्थिति में भी ठीक वैसे ही जैसे मिथकीय कृष्ण रासलीला और महाभारत युद्ध दोनों में एक-सी तन्मयता के साथ शरीक रहते हैं। भारतीय जन जैसे मिथकों से अपना जीवन-रस खींचता है, माखनलाल जी कृष्ण के मिथक से अपनी काव्य ऊर्जा प्राप्त करते रहते हैं। कृष्ण का मिथक कुछ है भी ऐसा जो कारागार से लेकर सिंहासन और रणभूमि तक सभी स्थितियों में व्याप्त होने के काव्य पूर्णावतार कहा जाता है और भारतीय स्वाधीनता संघर्ष में सेनानियों को कर्म की प्रेरणा देता रहा है। माखनलाल जी के लिए भी वह प्रेरणास्रोत है। उन्होंने कृष्ण के लोकरक्षक रूप को भारतीय स्वाधीनता संघर्ष का संचालक रूप बना दिया है।

गाँधी के स्वदेश आगमन के पश्चात माखनलाल जी 'जीवित जोश' (1916) शीर्षक कविता में लिखते हैं–

देश के वंदनीय वसुदेव कष्ट में लें न किसी की ओट
देवकी माताएँ हों साथ पदों पर जाऊँगा मैं लोट।

'रामनवमी' शीर्षक कविता में राम का स्मरण करते हुए भी उन्हें कृष्ण का सन्दर्भ विस्मृत नहीं होता–

आ पुकारती हुई सभा में दिग्वसना के चीर
आ सब कुछ खोने वाले के जीवन-साथी धीर।

माखनलाल जी को अपने पराधीन देश की बदहाली व्यथित करती है। उनके भीतर विद्रोह की ज्वाला धधकती है। वे अपने क्रान्तिकारी कार्यक्रमों में अपनी आस्था, आस्तिकता और अपने आराध्य से सम्बल प्राप्त करते हैं, उसे पुकारते हैं और उसे साथ लेकर चलना चाहते हैं–

दंभ दानवों ने कर-कर कूट टोने यह
गोकुल उजाड़ा है गुपालजू वसाओ नेक
मन कालीमर्दन हो, मुदित गुवर्धन हो
दर्द भरे उर – मधूपुर में समाओ नेक

-(गो-गण सँभाले नहीं जाते, 1916)

× × ×

जीवन की यह कर्मवाटिका, कूजित तव तानों वाली
सूख न जावे, इसे छोड़ मत, हे मनमोहन वनमाली

× × ×

तेरी तानों पर सबने ही, अपने प्राण भुला डाले।
हाय न ऐसे समय त्याग तू, इन सबको वंशीवाले।

-(पूजा-पुष्प, 1920)

कवि की उदात्त और विराट मंगल कामना देखिए–

जग उठे नेपाल प्रहरी, हँस उठे गन्धार
उदधि ज्वारों उमड़ आये, वसुन्धरा में प्यार
अभय वैरागिन प्रतीक्षा अमर बोले बोल
एशिया की गोप-बाला उठें वेणी खोल ।
नष्ट होने दो सखे, संहार के सौ काम
वेणु लो, गूँजे धरा, मेरे सलोने श्याम ।

-(वेणुलो, गूँजे धरा, 1958)

देश की दशा से कुछ अलग होकर कवि का मन जब अपने देश की प्रकृति पर रीझता है तो उसके भीतर से गीत फूटते हैं। माखनलाल जी की प्रकृति और प्रेम गीतों में भी कुंजबिहारी के लिए उनकी प्यास व्यक्त होती रहती है–

ये तरल साँप से झरने दौड़ रहे हैं
गति से हारे को पीछे छोड़ रहे हैं
हो जातीं वन प्रान्तर की कुंजें प्यारी
यदि मिल जाता इसमें वह कुंजबिहारी । -(1958)

× × ×

यमुना की कछार पाते हैं
लिये उड़ानें इतराते हैं
कान्हा के स्वर में गाते हैं
वृन्दावन में हृदय गोपियों के कसके
क्रम क्रम से उड़ रहे पंख ये सारस के।

-(वन्दनवारें बना उठे, 1958-59)

× × ×

कितना मीठा है वृन्दावन
कितना प्यारा लगता मधुवन
बरसाने में बस कदम्ब की
छाँह झूलना सीखें
चल सखि गैल भूलना सीखें।। -(1962)

ऊपर की गीतात्मक अभिव्यक्तियों में प्रकृति और मनुष्य के प्रति जो राग भाव है, जो रोमान्टिक और गीतात्मक चेतना है, जो गत्यात्मकता, सक्रियता और उत्साह है वह माखनलाल चतुर्वेदी के काव्य की उल्लेखनीय विशेषता है। पृथ्वी और प्रकृति के इतने रूप तथा श्रृंगार और मिलन-वियोग के इतने स्मृति-चित्र माखनलाल जी की कविता में मिलते हैं कि उन्हें राष्ट्रकवि के साथ सौन्दर्य और प्रेम का कवि भी कहा जा सकता है। अपनी प्रकृति से प्रेम भी देश प्रेम के अन्तर्गत ही आता है। माखनलाल जी की कविता में प्रकृति प्रेम और मानव प्रेम एक-दूसरे में इस कदर घुल मिल जाते हैं कि उन्हें अलग-अलग कर पाना कठिन है और ये सब मिलकर देश प्रेम का एक विराट रूप ले लेते हैं। परिवेश से प्रेम करने वाले में एक गहरी सहृदयता होती है जो 'स्व' को 'पर' से जोड़ती है। एक निश्छल, तरल और भावमय हृदय में ही 'पर' की समाई सम्भव हो पाती है। निराबौद्धिक कवि केवल विचारों का चर्वण करता रहता है। वह इस अनन्त रूपमय जगत का रस न स्वयं ले पाता है न अपने पाठक को दे पाता है। गहराई में विचार करें तो वह विचार भी नहीं दे पाता, क्योंकि विचार को भी निष्कर्षों के रूप में नहीं, जीवन-चित्रों और उनके संघर्षों के बीच से उभरना चाहिए। माखनलाल जी की कविता में परिवेश के इतने चित्र हैं कि न उनकी गणना सम्भव है न कुछ थोड़े से उद्धरणों में उनका प्रस्तुतीकरण।

1930 में माखनलाल जी जबलपुर सेंट्रल जेल में थे जब उन्होंने अपनी लोकप्रिय कविता 'कैदी और कोकिला' लिखी थी। कैद में कोकिला की याद स्वाभाविक है। इन्हीं दिनों उन्होंने 'झरना' और 'हिम किरीटिनी' शीर्षक कविताएँ भी लिखी थीं। बन्धन में इन दोनों का स्मरण भी स्वाभाविक ही है। मगर इनका स्मरण केवल मुक्त प्रकृति का स्मरण नहीं है। वह तो है ही। पर इनके माध्यम से कवि अपने मन की कुछ और भावनाएँ व्यक्त करता है। 'झरना' कविता में वह झरने से अपनी तुलना करता है और अपने आत्मकेन्द्रित, स्वार्थी, ईर्ष्यालु, अनुपकारी और निष्करुण व्यक्तित्व को अनावृत्त करते हुए झरने की उदार, तरल, सर्वसुखकारी, अस्तित्व का गुणगान करता है। कवि की यह आत्मस्वीकृति उसके निश्छल मन की ही अभिव्यक्ति है। इसी प्रकार 'हिमकिरीटिनी' को वह उत्सर्ग और बलिदान के लिए तैयार रहने का सन्देश देता है। दोनों ही कविताओं में कवि प्रकृति के निस्वार्थ परोपकारी रूप को रेखांकित करता हुआ प्रकारान्तर से मानव को भी 'पर' के लिए आत्मोत्सर्ग की प्रेरणा देता है।

माखनलाल जी की कविता में प्रकृति के व्यापक बहुरंगी रूप का जैसा सूक्ष्म निरीक्षण मिलता है वैसा छायावादी कवियों में भी दुर्लभ है। प्रकृति का यह सौन्दर्य वर्णन, कुछ को छोड़कर, अधिकांश स्वतन्त्र और वस्तुपरक वर्णन है जो कि एक शुद्ध और मुक्त प्रकृति प्रेमी कवि द्वारा ही सम्भव है। यमुना तट की तारों भरी चाँदनी रात। आँचल में दीप की तरह और नीलम की साड़ी में टँके मोती की तरह तारे। जाड़े की साँझ, पक्षियों की चुप्पी, कलियों का हँसना, दूबों का रोना, मेघों का घिरना, जल-प्रपात का पाषाणों पर गिरना। सागौन-वनश्री, सारसों का दल, इन्द्रधनुष के रंग, आम्रडाल पर कोयल की कूक, दूबों की हरियाली, किरणों का ज्वार, अंगारे जैसे लाल-लाल फूल, नयी-नयी कोपलें, पानी पीते हिरन, अलमस्त पवन का कलियों के साथ जोरा-जोरी। हवा के झोंके, झर-झर गिरती बूँदें, दूधिया चाँदनी, फूल के बूटों वाली हरित भूमि की साड़ी। उषा, सन्ध्या, रात, धूप, बादल, तेंदू, बेर, बबूल। नगाधिराज के शिखरों से ससुराल को प्रस्थान करती बिटिया गंगा, बिन बँधे पशु-से गगन पर फिरते बादल, पंख खोले दौड़ती आती भोर, मन्दिर के घंटा-ध्वनि-सी फैलती गन्ध, क्षितिज पर सुवर्ण की रेख-सी घिरती सांझ। सावन-भादों की बूँदों का मौसम, हरी बिछावन, सौन्दर्य की खुली वेणी। विंध्य का चोरल जलप्रपात, पंचमढ़ी का 'विगफाल', नर्मदा का उज्ज्वल प्रवाह। नभ, गिरि, कानन, पावस, ऋतुराज, चाँदनी, प्रात, साँझ—प्रकृति के कितने रूप-चित्रों का स्मरण किया जाय। माखनलाल जी की कविता प्रकृति की रूप-राशि का भाण्डार है।

पीछे कहा जा चुका है कि माखनलाल जी की कविता में प्रकृति प्रेम और मानव प्रेम एक-दूसरे में घुले मिले हैं। प्रकृति के बीच उनका प्रेमी मन उन्मुक्त हो जाता है। मिलन और वियोग की आकांक्षाएँ और स्मृतियाँ उसमें उमड़ने-घुमड़ने लगती हैं—

झाड़ियों का झूमना, तरुवल्लरी का लहलहाना
द्रवित मिलने के इशारे, सजल छुपने का बहाना
तुम नहीं आये, न आओ, छवि तुम्हारी ला रहे हैं।
मधुर बादल, और बादल, और बादल छा रहे हैं ।
और संदेशा तुम्हारा बह उठा है, ला रहे हैं।।

-(और संदेशा तुम्हारा बह उठा है, 1958)

× × ×

सुन रहा हूँ प्रिय तुम्हारे मौन का संवाद
चन्द्रमा से झर रही प्रतिक्षण तुम्हारी याद।
फूल से संकेत उभरे, पत्तियों से गान।
सूर्य-किरणों तेज उतरा, जूझ उट्‌ठे प्राण।

-(मौन का संवाद, 1961)

29 वर्ष की आयु में माखनलाल जी को पत्नी का वियोग सहना पड़ा था जिसकी मार्मिक अभिव्यक्ति निम्नलिखित पंक्तियों में हुई है—

तरुणाई के प्रथम चरण में जोड़ी टूट गयी
फूली हुई रात की रानी, प्रातः रूठ गई
गन्ध बनी साँसों भर आई
छन्द बनी फूलों पर छाई
बन आनन्द धूलि पर बिखरी
यौवन के तुतलाते वैभव, सन्ध्या लूट गई
फूलों भरी रात की रानी सहसा रूठ गई।
मुसुकों भरी मनोरम बेली
यादों की डालों पर खेली
गिरी सभी साधें अलबेली
ऊँचे पर उठती अभिनवता पथ में छूट गई
फूली हुई रात की रानी, कैसे रूठ गई ?

-(जोड़ी टूट गई, 1952)

इस विछोह को कवि जीवन भर भूल नहीं पाया। उसकी जोड़ी प्रकृति में घुल मिल गयी। सूरदास ने विरही राम का चित्रण करते हुए एक बहुत मार्मिक पंक्ति लिखी है। राम किसी अनाम पथिक से कहते हैं—

सुनहुँ पथिक, इहि बन इतननि मिलि जानकि प्रिया हरी।
कछु इक अंगनि की सहदानी मेरी दृष्टि परी ।।

अर्थात् "हे पथिक, इस सारे वन ने मिलकर मेरी जानकी प्रिया को छिपा लिया है। उसके कुछ अंगों की पहचान मैं इनमें कर पा रहा हूँ।" ठीक यही स्थिति माखन लाल जी की है। वे फूल कर झर गई रातरानी में अपनी जोड़ी को पहचान लेते हैं। वे विराट प्रकृति के बीच अपने प्रिय का स्पन्दन महसूस करते हैं। उनके गीतों को

गौर से पढ़ें तो इसका अनुभव कर सकते हैं। उनकी कविता में प्रेम की सारी अन्तर्दशाएँ मूर्त हुई हैं। माखनलाल जी के भीतर प्रेम से लबालब एक नारी सदा उपस्थित रहती है। उनके अनेक गीतों में यह गोपिकाओं के रूप में प्रकट होती है। 'सखि' और 'राजा' जैसे सम्बोधन माखनलाल जी के गीतों में बार-बार आते हैं। गोपियाँ जैसे अपने प्रेम में वर्जनाओं से मुक्त हैं, माखनलाल जी भी उसी मुक्ति को मुखर करते हैं–

चल सखि गैल झूलना सीखें
श्रुतियों ने कितना भरमाया
स्मृतियों ने यों नाच नचाया
अहरह काँटों के प्रहार में
फूल-फूलना सीखें
चल सखि गैल भूलना सीखें (गीत, 1962)

माखनलाल जी के काव्य की गीतात्मक चेतना ही उनके भावुक, कोमल, प्रेमी और मुक्त मन का सबसे अच्छा प्रमाण है। काव्य रूप कवि की प्रकृति के अनुरूप ही उद्‌भूत होते हैं। छायावाद के पूर्व गीतों के इतने रूप, इतने प्रकार शायद ही किसी कवि में मिलें। एक से एक नये छन्द और लोकधुन वाले इन गीतों की बनावट और बुनावट आश्चर्य में डालती है। माखनलाल जी की कविता गीतों के रूप-प्रकार की समृद्धि के लिए भी स्मरण की जानी चाहिए। उनके गीत नश्वरता के नहीं, संसार की सत्ता के गीत हैं–

दो बाहों की कोमल कारा
दो नयनों की शीतल छाया
मैं ब्रह्म रूप समझा, मानो
तुम कहते रहे जिसे माया। -(वे चरण, 1957)

× × ×

कितनी मौलिक जीवन की द्युति, कितने मौलिक जग के बन्धन
जितनी अनुपम हों मनुहारें, उतना अविनाशी हो स्पन्दन
(कितनी मौलिक जीवन की द्युति, 1957)

माखनलाल जी छिन्नमूल कवि नहीं थे। उनकी जड़ें जमीन में बहुत गहरी थीं। वे किसान थे जो धरतीपुत्र होता है तथा जिसकी जिजीविषा जल्दी समाप्त नहीं होती। उनके गीतों की भाषा उत्साह की भाषा है। उनके गीतों का सौन्दर्य कर्म का और श्रम का सौन्दर्य है। उनके अनेक गीत केदारनाथ अग्रवाल के किसान गीतों जैसे लगते हैं। आज जिसे हम जनवादी गीत कहते हैं, माखनलाल जी के अनेक गीतों की तुलना में वे फीके लगते हैं। कुछ उदाहरण देखे जा सकते हैं--

तेरा चौड़ा छाता
रे जन- गण के भ्राता ।
शिशिर ग्रीष्म वर्षा से लड़ते

भू-स्वामी निर्माता।
कीच, धूल, गंदगी बदन पर
लेकर ओ मेहनतकश
गाता फिरे विश्व में भारत
तेरा ही नव--श्रम-यश !
तेरी एक मुसकराहट पर
वीर पीढ़ियाँ फूलें।
ये अनाज की पूलें
तेरे काँधे झूलें !

-(ये अनाज की पूलें तेरे काँधे झूलें, 1957)

× × ×

सिर पर पाग, आग हाथों में
रख पानी का घड़ा
जवानी, देख कि प्रियतम खड़ा।
मटर इसी पर झूल उठी है
सरसों कैसी फूल उठी है
गंगा इसकी छवि विलोक कर
सीधा रस्ता भूल उठी है।
श्रम, तेरे मंदिर का एक
पुजारी कितना बड़ा?

(सिर पर पाग, आग हाथों में, 1957)

× × ×

मालव का कृषक सँभालो काँधे पर हल
अनुभव करता खेतों पर बैलों का बल।
किस अजब ठाट से जाता है मस्ताना।
वैभव इसके श्रम पर बलि है, अब जाना।

-(चोरल-2, 1957)

यह सबेरा आ गया है, माल ढोता जा रहा हूँ
रात के तम खेत में प्रस्वेद बोता जा रहा हूँ
धुँए में, इस धूल में, घन में, धरा में, धीरता में
जागने के स्वप्न गलियों में, सँजोता जा रहा हूँ
तेलिया मिरजई पहने, शीश पर पगिया सँभाले
आँसुओं से अधबने विश्वास धोता जा रहा हूँ।

-(गीत, 1963)

माखलाल चतुर्वेदी की कविता अपनी स्वाधीनता और राष्ट्रीयता की चेतना के लिए बार-बार रेखांकित की जाती है। स्वदेश प्रेम के कारण उनके 'एक भारतीय

आत्मा' के विरुद को स्वीकार किया जाता है। इसमें कोई सन्देह नहीं कि माखनलाल जी का सम्पूर्ण जीवन देश को समर्पित रहा है। स्वाधीनता संघर्ष में वे कई बार जेल गये, क्रान्तिकारियों के सम्पर्क में रहे, गाँधी के अहिंसात्मक आन्दोलनों में शरीक हुए, 'कर्मवीर' (1920) के प्रकाशन द्वारा पराधीन भारत की विद्रोही चेतना को मुखरित करते रहे तथा मृत्युपर्यन्त गाँधी के आदर्शों पर चलते हुए सामाजिक–राजनीतिक गतिविधियों में सक्रिय रहे। राष्ट्र प्रेम और स्वाधीनता की चेतना उनके व्यक्तित्व की केन्द्रीय चेतना थी। 2 मई, 1925 के 'कर्मवीर' में उन्होंने 'नृसिंह' नाम से अपने हृदय की यह माँग व्यक्त की थी–

परम पूज्य राणा प्रताप का हृदय हमें दो हे भगवान।
स्वाभिमान, स्वाधीन भाव पर होवें हम समुदित बलिदान।।
लोकमान्य से अभय हृदय हो छेड़ें हम स्वराज की तान।
सबल शिवाजी का दिल लेकर करें दासता का अवसान।
स्वर्ग-सौख्य स्वीकार नहीं है, हमें चाहिए वह बलवान।
जीवित जोश भरा हो जिसमें, जन्म भूमि पर दे दें जान ।।

माखनलाल जी की 'पुष्प की अभिलाषा' शीर्षक कविता हिन्दी के हर पाठक को आज भी कंठस्थ है। यह कविता विलासपुर जेल में 18 फरवरी, 1922 को लिखी गयी थी और उस समय के स्वाधीन सेनानियों तथा क्रान्तिकारियों की जबान पर रहती थी। कविताओं की भी अपनी-अपनी तकदीर होती है। हिन्दी साहित्य के इतिहास में जो कुछ कविताएँ अत्यन्त सौभाग्यशालिनी रही हैं, उनमें से यह कविता भी एक है। ऐसी कविताएँ जादुई शक्ति से लैश होती हैं जो लक्ष लक्ष कंठों से लाख लाख बार उच्चरित होकर भी ताजा बनी रहती हैं। इसकी नित्यनूतनता ही मुझे विवश कर रही है कि इसे पुनः उद्धृत करूँ–

चाह नहीं, मैं सुरबाला के गहनों में गूँथा जाऊँ
चाह नहीं, प्रेमी - माला में बिंध प्यारी को ललचाऊँ
चाह नहीं, सम्राटों के शव पर हे हरि डाला जाऊँ
चाह नहीं, देवों के सिर पर चढ़ूँ भाग्य पर इठलाऊँ
मूझे तोड़ लेना बनवाली !
उस पथ में देना तुम फेंक ।
मातृभूमि पर शीश चढ़ाने
जिस पथ पर जावें वीर अनेक ।

इसी प्रकार की माखनलाल जी की एक दूसरी कविता है, 'कैदी और कोकिला', जो जबलपुर सेंट्रल जेल में 1930 में लिखी गयी थी। यह कविता भी आजादी के दीवानों को बहुत प्रिय थी। इस कविता में कवि ने कोकिला को सम्बोधित करते हुए भारतीय बन्दी जीवन को मार्मिक अभिव्यक्ति दी है। शासन की काली करतूतों के बीच काल कोठरी में लौह-श्रृंखलाओं से जकड़े कवि को काली कोयल की कूक बेसुरी और व्यर्थ लगती है। लोहे के दरवाजों, बूटों और

संतरियों की आवाजों के बीच दस फुट के कमरे में घिरे हुए कवि को कोकिल का स्वच्छन्द जीवन, मुँह चिढ़ाता लगता है—

बंदी सोते हैं, घर-घर श्वासों का
दिन के दुख का रोना है निश्वासों का
अथवा स्वर है लोहे के दरवाजों का
बूटों का, या सन्त्री की आवाजों का
× × ×
काली तू, रजनी भी काली
शासन की करनी भी काली
काली लहर कल्पना काली
मेरी काल कोठरी काली
× × ×
तुझे मिली हरियाली डाली
मुझे नसीब कोठरी काली
तेरा नभ भर में संचार
मेरा दस फुट का संसार ।

अपने काव्य-जीवन के प्रारम्भ में माखनलाल जी ने स्वाधीनता और राष्ट्र प्रेम का जो स्वर मुखरित किया वह अन्त तक मन्द न हुआ। 1916 में उन्होंने 'कवि का आवाहन' शीर्षक कविता लिखी, जिसमें वे कहते हैं—

राष्ट्र प्रेम की ध्वजा उठाओ, माता को समझाओ।
पुष्प पुंज की भाँति शीश, सब चरणों बीच चढ़ाओ।।

देश के लिए आत्मोत्सर्ग का यह भाव उनकी कविता में निरन्तर गूँजता रहता है। भारतीय राजनीतिक जीवन की लगभग सभी प्रमुख घटना उनकी कविताओं में अंकित मिलेंगी। 1920 में उन्होंने 'जालियाँ वाला की वेदी' शीर्षक कविता गणेश शंकर विद्यार्थी को भेजी जो 'प्रताप' में प्रकाशित हुई। 1923 में उनकी 'राष्ट्रीय झंडे' की भेंट' शीर्षक कविता 'प्रभा' में प्रकाशित हुई। यह बिहार के एक सत्याग्राही हरदेव नारायण सिंह की नागपुर जेल में हुई मृत्यु की घटना पर लिखी गयी थी। 1926 में उन्होंने 'सप्रे जी की महायात्रा' कविता लिखी। 1943 में बंगाल के अकाल पर उनकी कविता बंग-जननी' लिखी गई। 1962 में चीनी आक्रमण के समय माखनलाल जी ने लगभग दर्जन भर कविताएँ लिखीं। ये कविताएँ नौजवानों में जोश भरनेवाली और देशवासियों को उत्सर्ग की प्रेरणा देने वाली हैं।

माखनलाल जी का राजनीतिक जीवन क्रान्तिकारी दल के सदस्य के रूप में शुरू हुआ था। उन्होंने 1906 में वाराणसी में बाकायदा क्रान्तिकारी दल की दीक्षा ग्रहण की थी। दशाश्वमेध घाट पर गंगा को साक्षी मानकर। कहना न होगा कि उनकी कविताओं में क्रान्ति की आग अन्त तक धधकती रही। 1934 में उन्होंने एक कविता लिखी—'सिपाहिनी'। इसकी आरम्भिक पंक्तियाँ हैं—

चूड़ियाँ बहुत हुई कलाइयों पर प्यारे, भुज दंड सजा दो
तीर कमानों से सिंगार दो जरा जिरह-बख्तर पहना दो।

1962 में चीनी आक्रमण के समय उन्होंने जो दर्जनों कविताएँ लिखीं उनमें भी इसी प्रकार का भाव है। उनकी कविताओं में जहाँ अन्याय के विरुद्ध संघर्ष चेतना प्रबल होती है, बीच-बीच में क्रान्ति की चिनगारी भी फूटती दीखती है। मगर उन पर गाँधी के विराट व्यक्तित्व का असर अधिक गहरा और व्यापक है। उनका भीतरी वैष्णव व्यक्तित्व भी इसके अनुकूल है। उन्होंने स्वयं को जिस 'एक भारतीय आत्मा' के रूप में कल्पित किया था, निश्चय ही उसका वास्तविक साक्षात्कार उन्हें गाँधी के व्यक्तित्व में ही हुआ होगा। गाँधी में वैष्णवता, भारतीयता और विद्रोही संघर्षशील चेतना थी। माखनलाल जी को इसमें अपना आत्मबिम्ब प्राप्त हुआ होगा। उन्होंने 1913 में 'निःशस्त्र सेनानी' शीर्षक एक लम्बी कविता लिखी थी, जो गांधी पर हिन्दी में लिखी गयी सम्भवतः पहली कविता है। इसमें गाँधी के मूल्यों और गुणों का बखान किया गया है। 1921 में उन्होंने एक कविता लिखी—'दुर्गम पथ' जिसमें कहते हैं—

जो कष्टों से घबड़ाऊँ तो मुझमें कायर में भेद कहाँ?
बदले में रक्त बहाऊँ तो मुझमें 'डायर' में भेद कहाँ?

इसी वर्ष (1921) लिखी एक अन्य कविता—'अदालत में सत्याग्रही कैदी के नाते बयान'—में वे लिखते हैं—

हिंसा और घृणा दोनों ही हैं मेरे मजहब से पाप
दोनों मेरे साथ नहीं हैं होते, करता पश्चाताप ।

1940 में उन्होंने एक कविता लिखी—'कुलवधू का चरखा'। इस प्रकार की अनेक कविताओं में माखनलाल जी ने गाँधीवादी मूल्यों को स्वर दिया है। गाँधी के निधन के पश्चात् कवि को उनका अभाव भीतर से व्यथित करता है। 1959 में वह कविता लिखता है—'बापू तुम होते तुम होते'। कविता के शीर्षक में ही बापू के अभाव की विकलता छिपी है। 1962 में कवि कविता लिखता है—'तीस जनवरी'। इसकी निम्न पंक्तियों में कवि की पीड़ा देखिये—

झुक कर सूरजमुखी, कह रही थी बात हृदय की
क्या स्वराज्य की यह होनी थी भाषा-टीका ।

15 अगस्त 1947 को देश के आजाद होने पर माखनलाल जी ने एक लम्बी कविता लिखी थी—'मुक्त गगन है, मुक्त पवन है।' इसमें उन्होंने देशप्रेमियों का आवाहन इन पंक्तियों में किया था—

तोड़ अमीरों के मनसूबे, गिन न दिनों की घड़ियाँ
बुला रही हैं तुझे देश की कोटि कोटि झोपड़ियाँ।

मगर उन झोपड़ियों का क्या हुआ? 1957 में लिखी 'कागज की पतवार' शीर्षक कविता में कवि का मोह भंग देखिए—

दस वर्षों के शिशु शासन पर हम बूढ़े चढ़ बैठे ऐसे
मीठी कुरसी, मीठे रुपये, मीठे सपने कैसे-कैसे ।
× × ×
काल शीश पर हुंकारी दे, मैं रंगरलियाँ खेल रहा हूँ
'खा-पी कर' जनता की गाड़ी आगे खूब ढकेल रहा हूँ।
× × ×
भूल गया मैं उनको, जिनके त्यागों पर मैं खड़ा हुआ था
जिनके चरण चूम कर उस दिन खड़ा हुआ था, बड़ा हुआ था।
× × ×
खादी के उजले कपड़ों से अपने पापों को मत ढाँको
गंगा जमना और नर्मदा उबल उठी हैं भीतर झाँको ।
मातृभूमि के तत्त्वों को अपनी सुविधा पर यों मत मारो
यह क्या जुल्म कि मतलब साधो, बापू बापू व्यर्थ पुकारो।

1957 में लिखी एक बूढ़े कवि की कविता में क्या वह मोहभंग अपने नग्न रूप में व्यक्त नहीं दिखता, जा कहा जाता है कि 1960-62 के बाद नयी कविता के युवा कवियों में व्यक्त हुआ? माखनलाल जी की कविता वस्तुतः भारतेन्दु युग से नयी कविता तक की काव्य प्रवृत्तियों को समेटने वाली काव्य-श्रृंखला है जिसमें छायावाद भी है, प्रगतिवाद भी मगर जिसकी भाषा न छायावाद की है, न प्रगतिवाद की। जो अपनी अर्जित भाषा में भक्ति की, आस्था की, प्रेम की, विद्रोह की, स्वाधीनता और राष्ट्रप्रेम की आत्मीय अभिव्यक्ति है। इसमें कोई एक-दूसरे को काटता नहीं, बल्कि पुष्ट करता है क्योंकि यह एक सामान्य कवि की नहीं, 'एक भारतीय आत्मा' की कविता है।

●●●

वह एक और मन रहा राम का जो न थका

—सूर्यकान्त त्रिपाठी 'निराला'

संसार में बहुत कम ऐसे भाग्यवान या अभागे लोग होते हैं जो जीते-जी गप्पों के विषय बन जाते हैं। हिन्दी में निराला (1899-1961 ई०) एक ऐसा ही साहित्यकार था। निराला—जो जीवन भर इलाहाबाद के पथ पर पत्थर तोड़ता रहा इस आशा से कि धरती के ऊबड़-खाबड़ रास्ते बराबर हो सकेंगे, लेकिन शब्दों के हथौड़े का प्रहार करते-करते जो एक दिन स्वयं टूट गया और वे ऊबड़-खाबड़ रास्ते आज भी बरकरार हैं। निराला का जीवन संघर्षों का जीवन था। उनके साहित्य को इन संघर्षों से पृथक् करके नहीं समझा जा सकता। जीवन में बड़ी तकलीफें झेलनी पड़ी थीं इस कवि को। एक गरीब ब्राह्मण परिवार में जन्म हुआ—एक ऐसे पिता के घर जिसे जीविकोपार्जन के लिए मातृभूमि त्यागकर बंगाल जाना पड़ा था—

इतना ही नहीं, लक्षपति का भी यदि कुमार
होता मैं, शिक्षा पाता अरब समुद्र पार
देश की नीति के मेरे पिता परम पंडित
एकाधिकार रखते भी धन पर, अविचल-चित
होते उग्रतर साम्यवादी, करते प्रचार,
चुनती जनता राष्ट्रपति उन्हें ही सुनिर्धार, (वनबेला)

बचपन में ही (जब निराला केवल तीन वर्ष के थे) माँ मर गयी और इस प्रकार कवि उस प्रथम प्यार से भी वंचित हो गया जो निर्धन बालक का जन्मसिद्ध अधिकार होता है। यदि मातृहीन बालक का पिता क्रोधी हो तो बालक के बचपन की मुसीबतों का सहज ही अनुमान लगाया जा सकता है। इन परिस्थितियों में स्कूली शिक्षा न प्राप्त कर सकना भी स्वाभाविक ही है। बचपन से ही कवि पर कुछ ऐसा खब्त सवार हुआ कि इधर-उधर की चीजें ज्यादा रुचने लगीं और स्कूली पाठ्यक्रम छूटता गया। परिणामतः कक्षा नौ से आगे की डिग्री कवि को न प्राप्त हो सकी। चौदह वर्ष की अल्पायु में ही विवाह हो गया लेकिन चार-पाँच वर्षों से अधिक का दाम्पत्य-जीवन कवि के नसीब में न था। 21 वर्ष की आयु में ही पत्नी सदा के लिए छोड़कर चल बसी। निराला के जीवन में रह गया बस एकान्त का एकान्त। पत्नी की मृत्यु का निराला के जीवन पर बड़ा गहरा असर पड़ा :

तप वियोग की चिर ज्वाला से
कितना उज्जवल हुआ हृदय यह,
पिष्ट कठिन साधना शिला से

कितना पावन हुआ प्रणय यह,
मौन दृष्टि सब कहती हाल,
कैसा था अतीत मेरा अब ।
बीत रहा यह कैसा काल । (प्रिया के प्रति)

सन् 16 से 20 के बीच निराला का सारा परिवार ही काल कवलित हो गया। पिता लकवे की बीमारी से चल बसे तथा शेष परिवार महामारी से। बच रहे एक पुत्र रामकृष्ण और एक पुत्री सरोज। निराला के जीवन में एक विशेष प्रकार की तटस्थता आ गयी। उनके काव्य में जो करुणा और दार्शनिक तटस्थता प्राप्त होती है, वह इन्हीं परिस्थितियों की उपज है। सरोज जब विवाह के योग्य हुई तो कवि के पास न दहेज के लिए पैसा था न साधन। धर्म और समाज के सारे बन्धनों को तोड़कर कवि ने जो विवाह भी किया तो वह भी फलित नहीं हुआ। 19 की भरी उम्र में ही सरोज पिता का पथ प्रशस्त करने सदा के लिए चली गयी। जिस पुत्री को स्वयं कवि ने ही माँ का स्नेह भी दिया और स्वयं उसकी पुष्प-सेज भी सजाई थी। उसके असामयिक निधन पर निश्छल हृदय कवि को कितनी व्यथा हुई होगी इसका तो अनुभव ही किया जा सकता है। पिता के हृदय को अन्त तक एक बात कचोटती ही रह गयी :

धन्ये, मैं पिता निरर्थक था,
कुछ भी तेरे हित कर न सका
जाना तो अर्थागमोपाय
पर रहा सदा संकुचित-काय। (सरोज-स्मृति)

जिन लोगों ने 'सरोज-स्मृति' को पढ़ा है, उन्हें इस रचना के पीछे कवि की मनःस्थिति स्पष्ट हो जाती है। सरोज की मृत्यु (1935) कवि जीवन की एक ऐसी महत्त्वपूर्ण मार्मिक घटना है, जो उसकी काव्य-यात्रा की बदलती हुई दिशा को सूचित करती है।

निराला ने अपने को साहित्य के लिए अर्पित कर दिया था, लेकिन उनकी कविताएँ कहीं प्रकाशित नहीं होती थीं। वे 'लगातार साहित्य समुद्र मन्थन कर रहे थे, पर निकल रहा था केवल गरल' (सुकुल की बीबी)। 'जूही की कली' कविता तो 'सरस्वती' से कई बार लौट आयी थी। पत्रिकाएँ उनके नवीन विचारों को पचा नहीं पाती थीं। लौटी हुई रचनाओं को लेकर उदास कवि खामोश दिशाओं को निरुद्देश्य निहारता रहता था :

तब भी मैं इसी तरह समस्त
कवि-जीवन में भी व्यर्थ व्यस्त
लिखता अबाध गति मुक्त छन्द,
पर सम्पादक गण निरानन्द
वापस कर देते पढ़ सत्वर
रो एक पंक्ति दो में उत्तर

लौटी रचना लेकर उदास
ताकता हुआ मैं दिशाकाश
बैठा अन्तर में दीर्घ प्रहर
व्यतीत करता था गुन-गुनकर
संपादक के गुण, यथाभ्यास
पास की नोचता हुआ घास
अज्ञात फेंकता इधर-उधर
भाव की चढ़ी पूजा उन पर।। -सरोज-स्मृति

निराला का सम्पूर्ण जीवन आर्थिक अभावों का जीवन था :

लखकर अनर्थ आर्थिक पथ पर
हारता रहा मैं स्वार्थ-समर (सरोज-स्मृति)
हो गया व्यर्थ जीवन
मैं रण में गया हार। (वनबेला)

भयंकर आर्थिक संकटों के बीच निराला को अपने और अपने बच्चों के पालन-पोषण के लिए क्या-क्या नहीं करना पड़ा। हिन्दी के विद्यार्थी को यह जानकर आश्चर्य होगा कि 'राम की शक्ति-पूजा' लिखने वाले कवि को दवाइयों का विज्ञापन तक बनाना पड़ा। जूठा बर्तन माँजना पड़ा। चना चबेना से लेकर भूखा तक रहना पड़ा। जाड़े की रातें पार्कों की बेंचों पर गुजारनी पड़ीं। पुस्तकों का कापीराइट प्रकाशकों के पेट में चला गया। जीवन में बहुत अपमान सहना पड़ा था इस कवि को। लखनऊ (1928-42) और प्रयाग (1943-46) की वे सड़कें तथा पार्क साक्षी हैं, जहाँ फटा कुर्ता और फटी लुंगी पहनकर नंगे पाँव घूमते हुए इस महाकवि को व्यंग्यों की बौछारें सहनी पड़ती थीं। हिन्दी के महाकवि को 'कपिजी' के विशेषणों तक की मार सहनी पड़ती थी। सम्मेलनों-सभाओं में कई बार आग्रह करने पर भी इस अक्खड़ कवि को बोलने नहीं दिया गया। इतना ही नहीं, कई बार सभाओं से उन्हें निकल जाने तक को कहा गया। उनकी कविताओं को नीरस और प्राणहीन कहा गया–

कहते हो नीरस यह
बन्द करो गान
कहाँ छन्द, कहाँ भाव
कहाँ यहाँ प्राण ? (मित्र के प्रति)

पत्रिकाओं में उनके लेखों पर टीकाएँ की गयीं–उसे पागल का प्रलाप तक कहा गया। कवि को जीवन भर विरोध ही सहना पड़ा–

धिक जीवन जो सहता ही आया है विरोध,
धिक जीवन जिसके लिए सदा ही किया शोध।
(राम की शक्ति-पूजा)

कवि का विरोध करनेवाले सभी तरह के लोग थे—लेखक, प्रकाशक, मित्र, पूँजीपति, राजनीतिज्ञ आदि। हिन्दी के लेखक-मित्रों का द्वेष अलग था। राजनीतिज्ञों की उपेक्षा अलग थी। साहित्यिक संस्थाओं पर नेता ही हावी थे। टंडन, गाँधी और नेहरू से तो निराला का विवाद भी हो चुका था। साहित्यकारों का अपमान देखकर निराला जहर का घूँट पीते थे, क्योंकि वे अपने को व्यक्ति निराला नहीं, वरन् सम्पूर्ण हिन्दी साहित्य का प्रतिनिधि मानते थे। अपने अपमान से क्षुब्ध होकर एक बार तो निराला ने कविता न लिखने की भी प्रतिज्ञा कर ली थी किन्तु बड़े समझाने-बुझाने पर किसी तरह फिर तैयार हुए। उनके जीवन के आखिरी दिनों में जो मानसिक विक्षेप दिखायी पड़ता है, उसका कारण यही अपमान और उपेक्षा है। पढ़े-लिखे लोगों ने निराला को पागल कहा। हिन्दी के विद्वानों ने उनसे द्वेष किया। राजनीतिक नेताओं ने उनकी उपेक्षा की। प्रकाशकों ने कापीराइट हड़प ली। कवि को न अर्थ मिला न सामाजिक सम्मान। कवि के मानसिक विक्षेप को इसी मनोवैज्ञानिक आधार पर समझा जा सकता है। अपनी विक्षेपावस्था में स्वगत कथनों के दौरान वे अपने को रवीन्द्रनाथ और विवेकानन्द इसलिए कहते थे कि उन लोगों को जो अन्तर्राष्ट्रीय सम्मान मिला था वह उनको नसीब नहीं हुआ। वे नेहरू से बातें इसलिए करते थे कि नेहरू उस समय पूरे देश पर हावी थे जबकि उनमें उनकी व्यक्तिगत साधना का योग कम था। वे अपनी विदेश यात्राओं का वर्णन इसलिए करते थे कि हीनताग्रस्त भारतीय मानस विदेशों से लौटनेवाले लोगों को अतिरिक्त सम्मान देता था। वे हजारों रुपयों का हिसाब-किताब करते हुए इसलिए नजर आते थे कि 'आर्थिक पथ पर वे सदा हारते रहे।' निराला के मानसिक विक्षेप का कारण वह वातावरण है जिसने उन्हें इस अवस्था तक पहुँचाया। वास्तव में निराला की जीवन कथा दुख की ही कथा है—

दुख ही जीवन की कथा रही,
क्या कहूँ आज, जो नहीं कही। (सरोज-स्मृति)

मुसीबतों में कटे हैं दिन
मुसीबत में कटी रातें।
लगी हैं चाँद-सूरज से
निरन्तर राहु की घातें। (वेला, गीत-53)

यह आकस्मिक नहीं है कि कवि ने अपनी कविताओं में ताप और लू का वर्णन बहुत किया है। वास्तव में कवि को जीवन ने इतना तपाया था कि वह ताप रह-रहकर उसके सामने साकार हो जाया करता था—

जला है जीवन यह
आतप में दीर्घ काल,
सूखी भूमि सूखे तरु
सूखे सिक्त आल बाल। (उक्ति)

जीवन में कवि को जिन संघर्षों को झेलना पड़ा, जिन आघातों को सहन करना पड़ा, उनकी करुण अभिव्यक्ति उसके आत्मपरक गीतों में हुई है–

मैं अकेला
देखता हूँ, आ रही
मेरे दिवस की सान्ध्य वेला।
पके आधे बाल मेरे
हुए निष्प्रभ गाल मेरे
चाल मेरी मन्द होती आ रही,
हट रहा मेला (मैं अकेला)

× × ×

स्नेह निर्झर बह गया है
रेत ज्यों तन रह गया है
आम की यह डाल जो सूखी दिखी
कह रही है–अब यहाँ पिक या शिखी
नहीं आते, पंक्ति में वह हूँ लिखी
नहीं जिसका अर्थ–
जीवन दह गया है। (स्नेह निर्झर बह गया है)

× × ×

गहन है यह अंधकारा
स्वार्थ के अवगुंठनों से।
हुआ है लुंठन हमारा ।
खड़ी है दीवार जड़ की घेर कर,
बोलते हैं लोग ज्यों मुँह फेर कर,
इस गगन में नहीं दिनकर
नहीं शशधर, नहीं तारा । (गहन है यह अन्धकारा)

× × ×

देख चुका, जो जो आये थे
चले गये।
मेरे प्रिय सब बुरे गये, सब
भले गये।
क्षण भर की भाषा में
नव नव अभिलाषा में
उगते पल्लव से कोमल शाखा में
आये थे जो, निष्ठुर कर से
मले गये।

× × ×

न हैं वे कुसुम, न वह परिमल
न हैं वे अधर, न है वह लाज।
तिमिर ही तिमिर रहा कर पार
लक्ष वक्षस्थलार्गलित द्वार ।

यहाँ पर उल्लेखनीय है कि निराला के काव्य में अन्धकार अपने विविध रूपों में बार-बार आता है। यह अन्धकार और कुछ नहीं है सिवा उनके जीवन-संघर्ष के। परवर्ती कवियों में मुक्तिबोध के काव्य में भी यह अँधेरा बहुत है।

निराला का सम्पूर्ण काव्य उनके संघर्षमय जीवन का एक महत्त्वपूर्ण दस्तावेज है। उसे कविता समझने वाले लोग अन्त तक भ्रम में पड़े रहेंगे।

निराला ने अपने जीवन में जिन संघर्षों को झेला था, उनकी कविता उन्हीं संघर्षों की कहानी है। उन्होंने केवल कविता लिखी नहीं, वरन् उसे जिया भी था। उनकी कविताओं में जो सामाजिक और यथार्थ दृष्टि तथा जीवन सम्पृक्ति प्राप्त होती है, वह उनके जीवन की ही उपज है। दार्शनिकता, समर्पण और करुणा की जो प्रवृत्तियाँ व्यक्त हुई हैं, वे उनके जीवन की ही अभिव्यक्ति हैं। उनकी परवर्ती रचनाओं में सामाजिक और आर्थिक वैषम्य के प्रति जो आक्रोश और व्यंग्य प्राप्त होता है, जो विद्रोह और प्रगतिशील स्वर मिलता है, वह उनके जीवन-संघर्षों का ही परिणाम है। लेखक में परिलक्षित होने वाला यह बदलाव आकस्मिक नहीं है। कठिन से कठिन संघर्षों के बीच जूझता हुआ कवि इस स्थिति तक पहुँचा था।

मेरे उपर्युक्त कथन का यह तात्पर्य नहीं कि निराला के काव्य में आत्मपीड़ा और निराशा है। बल्कि निराला के काव्य को तो उनके आत्म संघर्ष ने ही शक्ति दी है—

बाहर मैं कर दिया गया हूँ
भीतर पर भर दिया गया हूँ

यह सही है कि इस कवि को जीवन में बहुत कुछ सहना और भोगना पड़ा तथा इसकी अभिव्यक्ति उसकी कविताओं में हुई भी है किन्तु इसके साथ ही यह भी सही है कि उस नर केसरी ने कभी भूलकर भी अपनी साधनाओं पर अविश्वास नहीं किया, अपनी स्थिति को तुच्छ दृष्टि से नहीं देखा, दीनता नहीं महसूस की और स्वाभिमान नहीं खोया। निराला संघर्षों में तपकर निर्मित हुए थे और इसीलिये फौलाद बन गये थे। उनके टूटने या विचलित होने का कोई कारण ही नहीं था। हेमिंग्वे के मछुआरे की तरह उनके मार्ग को अवरुद्ध किया जा सकता था, किन्तु उन्हें आगे बढ़ने से रोका नहीं जा सकता था। उनका स्वभाव किसी दबाव को बर्दाश्त करने या पूँछ हिलाने का नहीं था :

पर पूर्ण रूप प्राचीन भार
ढोते मैं हूँ अक्षम, निश्चय
आयेगी मुझमें नहीं विनय

उतनी जो रेखा करे पार
सौहार्द बन्ध की, निराधार। (सरोज-स्मृति)

वे सदा अपनी राह में बढ़ते रहे—अवरोधों को रौंदते हुए। उन्होंने जीवन भर सामाजिक आर्थिक शोषण और निरर्थक परम्पराओं का विरोध किया, जीवन भर अन्धकार की भयंकर शक्तियों से जूझते रहे लेकिन झुके नहीं। संघर्षों ने उन्हें विद्रोही बना दिया था। उनका सारा जीवन और साहित्य इसी विद्रोह की भूमि पर पनपा है। सरोज के विवाह-विधान से लेकर मुक्त छन्द के गान तक यह विद्रोह देखा जा सकता है। सरोज के विवाह आयोजन में समाज की औपचारिकता की जो अवहेलना हुई है, छन्दों के बन्धन की अस्वीकृति में भी विद्रोह का वही स्वर है—

वे जो जमुना के से कछार
पग फटे बिवाई के, उधार
खाये के मुख ज्यों, पिये तेल
चमरौधे जुते से सकेल
निकले, जी लेते, घोर गन्ध
उन चरणों को मैं यथा अन्ध,
कल घ्राण प्राण, से रहित व्यक्ति
हो पूजूँ, ऐसी नहीं शक्ति।

× × ×

तुम करो ब्याह तोड़ता नियम
मैं सामाजिक योग के प्रथम,
लग्न के, पढूंगा स्वयं मंत्र
यदि पंडित जी होंगे स्वतंत्र । (सरोज-स्मृति)

× × ×

आज नहीं है मुझे और कुछ चाह
अर्थ विकच इस हृदय कमल में आ तू
प्रिये, छोड़कर बन्धनमय छन्दों की छोटी राह
गजगामिनी, वह पथ तेरा संकीर्ण
कंटकाकीर्ण।
कैसे होगी उससे पार । (प्रगल्भ प्रेम)

समाज और राजनीति के ठेकेदारों से तो उन्होंने विद्रोह किया ही, नियति और भाग्य को भी चुनौती देने में नहीं हिचके—

पढ़, लिखे हुए शुभ दो विवाह
हंसता था, मन में बढ़ी चाह
खंडित करने को भाग्य-अंक, (सरोज-स्मृति)

कविता की संघर्षशील चेतना ही उसे शक्ति देती है। निराला की कविता में यह शक्ति बहुत है। उनकी परवर्ती रचनाओं—विशेषतः 'कुकुरमुत्ता' और 'नये पत्ते' की कविताओं में विद्रोह और प्रगतिशील स्वर अधिक हैं। निराला मुक्ति के समर्थक थे इसलिए बन्धन को उन्होंने कहीं नहीं स्वीकार किया—न जीवन में न साहित्य में। उनका प्रतीक तो बादल था जिस पर उन्होंने कई कविताएँ लिखी हैं। अपने बादल को सम्बोधित कर वे कहते हैं—

ऐ निर्बन्ध !
अन्ध-तम-अगम अनर्गल—बादल
ऐ स्वच्छन्द !
मंद चंचल समीर-रथ पर उच्छृंखल
ऐ उद्दाम !
अपार कामनाओं के प्राण
बाधा रहित विराट । (बादल राग)

यह प्रतीक निराला के दार्शनिक व्यक्तित्व के अनुकूल था। निराला की कविताओं में व्यक्त पौरुष, अहं, ओज और उत्साह प्रमाण है कि निराला स्वामी विवेकानन्द के व्यक्तित्व से बहुत प्रभावित थे। स्वामी विवेकानन्द ने अपने ओजस्वी वक्तव्यों के द्वारा भारतीयों में एक दृढ़ आस्था और विश्वास भरने का प्रयत्न किया था। उन्होंने कहा था कि प्रत्येक प्राणी में वह सर्वशक्तिमान तत्त्व विराजमान है—आवश्यकता अज्ञान के अन्धकार को भेदकर उसे देखने भर की है : "Come up, O lions, and shake off the delusion that you are sheep. You are souls immortal, spirits free, blest and eternal."

निराला की निम्नलिखित पंक्तियाँ विवेकानन्द के इसी स्वर को मुखरित करती है—

तुम हो महान
तुम सदा हो महान्,
है नश्वर यह दीन भाव,
कायरता, कामपरता,
ब्रह्म हो तुम,
पदरज भर भी है नहीं
पूरा यह विश्वभार
जागो फिर एक बार (जागो फिर एक बार)

इस दार्शनिक दृष्टि के ही कारण निराला ने अपने को कभी तुच्छ दृष्टि से नहीं देखा और न अपनी साधना पर कभी अविश्वास ही किया :

ईर्ष्या कुछ नहीं मुझे, यद्यपि
मैं ही वसन्त का अग्रदूत
ब्राह्मण-समाज में ज्यों अछूत

मैं रहा आज यदि पार्श्वच्छवि (हिन्दी सुमनों के प्रति)
× × ×
यह सच है
तुमने जो दिया दान-दान वह,
हिन्दी के हित का अभिमान वह,
जनता का जन-ताका ज्ञान वह,
सच्चा कल्याण वह अथच है—
यह सच है। (सच है)

मेरे विचार से निराला की प्रसिद्ध कविता 'राम की शक्ति-पूजा' राम के ब्याज से निराला के ही जीवन-संघर्षों की अभिव्यक्ति है—ऐसे निराला की जिसके चारों ओर घना अन्धकार है और सामने अत्याचारी रावण अट्टहास कर रहा है। लेकिन फिर भी कवि को अपनी साधनाओं पर दृढ़ विश्वास है—

रावण अशुद्ध होकर भी यदि कर सका त्रस्त
तो निश्चय तुम हो सिद्ध करोगे उसे ध्वस्त,
(राम की शक्ति-पूजा)

अन्त में अन्धकार की भीषण शक्तियों से टक्कर लेते हुए दुखी और निराश राम (निराला) के बदन में महाशक्ति' होगी जय, होगी जय, हे पुरुषोत्तम नवीन' कहते हुए लीन होती है। इसी प्रकार निराला की अन्य अनेक कविताओं में उनका पौरुष और अहं व्यक्त हुआ है। बादलराग, जागो फिर एक बार, छत्रपति शिवाजी का पत्र आदि कविताएँ इसी प्रकार की हैं। मेरे विचार से तो 'तोड़ती पत्थर' की कर्मरत श्याम यौवना भी नर-केहरी निराला की ही उपेक्षित कर्मठता का रूप प्रस्तुत करती है।

निराला ऐसे व्यक्ति नहीं थे जिनकी आस्था टूट जाय। इसीलिये व्यक्तिगत जीवन में वे स्वयं टूट गये लेकिन अपनी आस्था के जगत में वे उसी तरह तने रहे। उनकी कविताओं में जो वैयक्तिक स्वर प्राप्त होता है वह भी उन्होंने जानबूझकर नहीं कहा :

दुख ही जीवन की कथा रही
क्या कहूँ आज जो नहीं कही

कवि की यह विशेषता आश्चर्यजनक रूप से उसकी उन कविताओं में भी प्राप्त होती है जो एक अर्थ में निराशा व्यंजित करने वाली हैं। कवि ने एकाध पंक्तियों या शब्दों के ही द्वारा अपनी आशा और आस्था व्यक्त कर दी है। 'वनबेला' का करूण प्रस्थान प्रिय चरणों पर अर्पित होंने की सार्थकता के गौरव से मण्डित है। 'मैं अकेला' का वृद्ध अपने दिवस की 'सान्ध्य वेला' देखते हुए भी पूर्ण आश्वस्त है कि वह अपना कर्तव्य कर चुका है—

जानता हूँ, नदी झरने
जो मुझे थे पार करने,
कर चुका हूँ, हँसा रहा यह देख

कोई नहीं भेला । (मैं अकेला)

स्नेह निर्झर के बह जाने और रेत के समान रह जाने के बावजूद कवि को सन्तोष है कि उसने दुनिया को बहुत-कुछ दिया है–

दिये हैं मैंने जगत को फूल-फल
किया है अपनी प्रभा से चकित-चल
(स्नेह निर्झर बह गया है)

रास्ते में भले ही उसे भयंकर विघ्नों का सामना करना पड़ा। अन्धकारमय, कंटकाकीर्ण पथ को पार करना पड़ा, लेकिन कवि को प्रसन्नता है कि उसने रास्ते को पूरा करके अपनी सार्थकता सिद्ध कर दी–

सार्थक जीवन ले आये
श्रमकण में बन्धु, सफल-श्रम।
सिर-पर कितना गरजे वज्र-बादल,
उपल वृष्टि, फिर शीत घोर, फिर ग्रीष्म-प्रबल।
साधक, मन के निश्चल, पथ के सचल
प्रतिज्ञा के हे अचल-अटल।
पथ पूरा करके आये तुम (स्वागत)

निराला की दृष्टि में कवि नामक प्राणी की यही तो विशिष्टता है–

और कोई, कवि तुम, एक तुम्हीं,
बार-बार, झेलते सहस्रों बार
निर्मम संसार के,
दूसरों के अर्थ ही लेते दान
महाप्राण! जीवों में देते हो
जीवन ही जीवन जोड़,
मोड़ निज सुख से मुख । (कवि)

डॉ० गंगाप्रसाद पाण्डेय ने लिखा है, 'निराला ने सन् 43 से लेकर सन् 46 तक प्रयाग में ऐसी यातनाएँ झेली हैं, जो किसी भी दूसरे व्यक्ति के लिए आत्महत्या का कारण बन सकती थीं' (महाप्राण निराला, पृ० 102) प्रश्न उठता है तो कवि ने आत्महत्या क्यों नहीं की? इसका उत्तर स्वयं निराला ने ही दिया है :

वह एक और मन रहा राम का जो न थका
जो नहीं जानता दैन्य, नहीं जानता विनय ।
(राम की शक्ति-पूजा)

इसी को निराला की आशा और आस्था की मनोभूमि कहा जा सकता है। कवि ने बहुत पहले ही गाया था–

अभी न होगा मेरा अन्त
अभी अभी ही तो आया है
मेरे वन में मृदुल वसन्त । (ध्वनि)

भावबोध और कला दोनों ही स्तरों पर निराला के काव्य में जितना वैविध्य मिलता है उतना किसी अन्य आधुनिक कवि में नहीं। यह वैविध्य निराला में इतना है कि परस्पर विरोधी भूमियाँ उनकी कविता में स्पष्ट दिखायी पड़ती हैं। उनकी किसी एक कविता में भी भावबोध के अनेक स्तर देखे जा सकते हैं। निराला के काव्य में एक ओर उल्लास है तो दूसरी ओर अवसाद। एक ओर जीवन की चाह है तो दूसरी ओर मृत्यु की शान्ति। एक ओर क्रान्ति है तो दूसरी ओर प्रपत्ति। एक ओर प्रकृति प्रेम और नारी सौन्दर्य के चित्र हैं तो दूसरी ओर सामाजिक क्रान्ति के। निराला को बादल प्रिय है जो क्रान्ति का प्रतीक है तो फूलों का वर्णन भी उनके काव्य में बहुत हुआ है। फूलों के गन्ध का तो विशेष रूप से। उनके काव्य में अन्ध ाकार का वर्णन बहुत हुआ है तो प्रकाश का भी उसमें एकदम अभाव नहीं है। निराला साम्राज्यवाद का, पूँजीवाद का विरोध करते हैं। वे यथार्थवादी-मानववादी दृष्टि का समर्थन करते हैं। वे वास्तविक जीवन-संघर्ष को चित्रित करते हैं। वे अतार्किक युक्तियों और अन्धविश्वासों पर चोट करते हैं। पर इनके साथ ही उनके काव्य में दर्शन और भक्ति की भूमियाँ भी हैं। वे वेदान्त से प्रभावित हैं। वे संसार को माया भी कहते हैं। वे देवी-देवताओं और पौराणिक कथाओं का उल्लेख करते हैं। उनके राम शक्ति की देवी से शक्ति के लिए प्रार्थना भी करते हैं। निराला एक ओर तो सद्यःस्नाता युवती का यह चित्र खींचते हैं—

आँख पड़ी युवती पर
आई थी जो नहा कर,
गीली धोती सटी हुई भरी देह में, सुघर
उठे पुष्ट स्तन, दुष्ट मन को मरोड़कर,
आयत दृगों का मुख खुला हुआ, लेता हर
जो कुछ अपना-पर।
कहीं से नहीं बदन काँपता
कुच भी, संकोच, नहीं ढाँपता।
वर्तुल उठे हुए स्तनों पर पड़ी थी निगाह
चोंच-सी जयन्त की, नहीं है जैसे कोई चाह
देखने की मुझे और,
कितने वे दिव्य स्तन, होंगे कितने कठोर।

तो दूसरी ओर नारी का यह चित्र भी –

चेचक के दाग, काली नक-चिप्टी
गंजा सर, एक आँख कानी
रानी अब हो गयी सयानी ।

उपर्युक्त दोनों चित्रों का अन्तर द्रष्टव्य है। यह अन्तर भाव के हर स्तर पर निराला में मिलेगा। एक ओर 'अर्चना' और 'आराधना' के गीत मिलेंगे, दूसरी ओर 'कुकुरमुत्ता' और 'नये पत्ते की व्यंग्य-कविताएँ। कला की दृष्टि से भी निराला के

काव्य में यह वैविध्य मिलेगा। एक ओर उन्होंने छोटे-छोटे मुक्तक लिखे हैं तो दूसरी ओर लम्बी कथात्मक कविताएँ। एक ओर छन्दोबद्ध रचनाएँ तो दूसरी ओर मुक्त छन्द। एक ओर समास पदावली तो दूसरी ओर सपाटबयानी।

निराला के काव्य में दिखाई पड़नेवाला यह वैविध्य स्वयं निराला के बहुआयामी व्यक्तित्व के कारण है। उनका व्यक्तित्व अनेक प्रभावों के बीच निर्मित हुआ है। साथ ही जीवन की विविध अन्तर्विरोधी परिस्थितियों ने भी उनके व्यक्तित्व को अनेक दिशाओं में मोड़ा है। यह आत्म-संघर्ष ही उनका काव्य-संघर्ष बन गया है—

मरा हूँ हजार मरण
पाई तव चरण-शरण

निराला के काव्य को किसी निश्चित दर्शन, किसी एक वाद, किसी एक काव्य-सिद्धान्त के घेरे में नहीं बाँधा जा सकता। उनका विराट, गतिशील, उदार व्यक्तित्व सभी सीमाओं को तोड़ता रहता है।

छायावादी कवियों में निराला उस शुक्र तारे के समान हैं, जो आकाश में बिल्कुल अलग रहकर अपनी ज्योति विकीर्ण करता है। जिस समय छायावाद का पतन हो रहा था और छायावादी काव्य भावुकता, कोमलता और रहस्य के आवरण में धुँधला होता जा रहा था। उस समय उस दौर में निराला ही एकमात्र ऐसे कवि थे, जिनकी सर्जनात्मक शक्ति बराबर कायम रही। इसीलिये छायावाद के पतन के बाद आज भी वे उसी तरह जीवित हैं। इतिहास में निराला का सबसे बड़ा योगदान यही है कि उन्होंने आनेवाली पीढ़ियों को दिशा और दृष्टि दी। बिना किसी संकोच के कहा जा सकता है कि परवर्ती कविता को जितना अधिक निराला ने प्रभावित किया है, उतना अन्य किसी दूसरे कवि ने नहीं। निराला के काव्य में हिन्दी कविता के तीन युग सुरक्षित हैं--छायावाद, प्रगतिवाद, प्रयोगवाद और नयी कविता। निराला को इन विविध काव्यान्दोलनों का जनक कहा जा सकता है। किन्तु निराला के काव्य की सबसे बड़ी शक्ति यही है कि वे किसी वाद से बँधकर नही चले, न उन्होंने अपने को किसी राजनीतिक विचारधारा-विशेष का अनुगामी ही बनाया। उन्होंने मनुष्य को ही अपना विषय बनाया और उसी के अभावों और संघर्षों को अभिव्यक्ति दी। इसी अर्थ में वे हिन्दी के प्रथम प्रगतिवादी कवि हैं। उन्होंने अपनी कविताओं में जो विविध प्रयोग किये हैं, उन्हें देखते हुए उनको हिन्दी का प्रथम प्रयोगवादी कवि कहा जा सकता है। यह अवश्य है कि निराला ने प्रगति या प्रयोग के सम्बन्ध में कोई सैद्धान्तिक वक्तव्य नहीं दिया। यह आकस्मिक नहीं है कि आज का नया कवि निराला को अपना गुरु मानता है। 'नये पत्ते' और 'कुकुरमुत्ता' में काव्य-शिल्प के जो विविध प्रयोग हुए हैं, वे आज की कविताओं के अधिक निकट हैं। निराला की सैकड़ों कविताओं को आज की नयी कविताओं और नये भावबोध के साथ रखा जा सकता है। निराला ने अपनी कविताओं में सभी दृष्टियों से वह नींव तैयार कर दी थी, जिस पर नये कवियों का धौरहर खड़ा हुआ है।

लिखना तो निराला ने छायावाद के आरम्भिक काल (1916 ई० के आस-पास) में ही कर दिया था और जैसा कि प्रत्येक कवि की आरम्भिक रचनाओं में होता है, निराला की कविताओं में भी रंगीन सौन्दर्य, उन्मुक्त प्रेम, सरस भावुकता, कोमल प्रकृति-चित्रण और रहस्यमयता प्राप्त होती है। अर्थात् सब मिलाकर एक स्वच्छन्दतावादी वातावरण मिलता है, जो छायावाद की अपनी विशेषता थी। पहली बार प्रकाशित 'अनामिका' (1923 ई०) की कविताओं में यह रोमान्टिक परिवेश बहुत साफ है। 'जूही की कली' (1916 ई०) और 'पंचवटी-प्रसंग' आदि कविताएँ उदाहरण के लिए रखी जा सकती हैं। निराला की आरम्भिक कविताओं में भी 'विधवा' (1919 ई०) और 'भिक्षुक' (1921 ई०) आदि में कवि के स्वर की नयी दिशा स्पष्ट होती है जिसका पूर्ण विकास उसकी परवर्ती रचनाओं में हुआ है। इसी प्रकार आरम्भिक काल की कुछ लम्बी कविताओं में--जिनमें 'जागो फिर एक बार' (1918-21 ई०) तथा 'छत्रपति शिवाजी का पत्र' (1922 ई०) प्रमुख हैं--स्वाभिमानी कवि का ओज और उत्साह व्यक्त हुआ है। किन्तु कुल मिलाकर आरम्भिक रचनाओं में निराला का जो व्यक्तित्व बनता है, वह एक स्वच्छन्दतावादी सौन्दर्यप्रेमी व्यक्तित्व ही है।

अपनी परवर्ती रचनाओं में अर्थात् सन् 35-36 ई० के बाद की कविताओं में निराला ने स्वयं अपनी दिशा बदल दी है। इस बदली हुई दिशा का स्पष्ट संकेत कवि की 'तोड़ती पत्थर' (1935), 'दान' (1935), 'बनवेला (1937) आदि कविताओं में प्राप्त होता है। इसी समय के आस-पास लिखी गयी 'सरोज-स्मृति' (1935) और 'राम की शक्तिपूजा', (1937) जैसी लम्बी रचनाएँ कवि की उस मानसिक अवस्था को भी सूचित करती हैं जो उसके इस परिवर्तित स्वर का कारण है। ये दोनों ही रचनाएँ कवि की जीवन-गाथा कही जा सकती हैं। 'सरोज-स्मृति' के नर निराला और 'शक्तिपूजा' के नरोत्तम राम में निश्चय ही एक अनूठा साम्य है। दोनों ही नायक विषाद और निराशा की छाया से घिरे हैं। दोनों ही अतीत की स्मृतियों में डूबते उतराते हैं। दोनों ही अन्धकार की भयंकर शक्तियों से टक्कर लेते हैं। वीरता और उदात्तता दोनों में है। निराला की परवर्ती रचनाओं को इसी पृष्ठभूमि पर समझा जा सकता है। यहीं से निराला का स्वर घोर यथार्थवादी हो जाता है, जिसमें वे जीवन-संघर्षों से जूझते प्रतीत होते हैं। सामाजिक वैषम्य, असन्तुलन और जीवन के पाखण्डों की चीड़फाड़ शुरू कर देते हैं। वास्तव में निराला का काव्य-धरातल यहाँ अधिक सामाजिक हुआ है तथा उन्होंने जन-जीवन का सीधा साक्षात्कार करते हुए अपने को उसकी व्यापक समस्याओं से जोड़ा है। आगे चलकर 'कुकुरमुत्ता (1942) और 'नये पत्ते' (1946) की कविताओं में यह कटु यथार्थ अधिक प्रखरता और तीखेपन के साथ व्यक्त हुआ है। 'नये पत्ते' की 'रानी और कानी', 'खजोहरा', 'मास्को डायेलाग्स', 'चर्खा चला', 'गर्म पकौड़ी', 'प्रेम संगीत', 'स्फटिक शिला', 'कुत्ता भौंकने लगा', 'झींगुर डटकर बोला, 'छलाँग मारता चला गया', 'डिप्टी साहब

आये', और 'महगू महगा रहा' शीर्षक रचनाएँ इसी प्रकार की हैं, जो कवि की यथार्थवादी रुझान व्यक्त करती हैं। इन रचनाओं में असन्तोष, विद्रोह, आक्रोश और व्यंग्य मुखर हो उठा है। कहा जा सकता है कि आज की नयी कविता में —विशेषतः मुक्तिबोध, रघुवीर सहाय, श्रीकांत बर्मा, धूमिल आदि की कविताओं में —जो संघर्षशील चेतना प्राप्त होती है, परम्परागत मान्यताओं, सड़े-गले मूल्यों और शासन व्यवस्था के विरुद्ध जो उत्तेजना, खीझ, क्षोभ, असन्तोष, आक्रोश और विद्रोह प्राप्त होता है। वह सबकुछ निराला की कविताओं में अपने चरमरूप में देखा जा सकता है। कहना न होगा कि कथ्य की दृष्टि से कविता की यह नयी दिशा ही उसे परम्परागत कविता से अलग खड़ा करती है, और इस पथ की ओर नयी पीढ़ी को निराला ने ही अग्रसर किया है।

आर्थिक-सामाजिक वैषम्य का विरोध देखने के लिए निराला की 'भिक्षुक', 'तोड़ती पत्थर', 'कुकुरमुत्ता' आदि कविताओं को देखा जा सकता है। 'भिक्षुक' में यदि मुट्ठीभर दाने के लिए झोली फैलाये हुए भिक्षुक का करुण चित्र है तो 'तोड़ती पत्थर' में उस कर्मरत श्याम यौवना का जो जेठ की तपती दोपहरी में सड़क के किनारे पत्थर तोड़ रही है। 'कुकुरमुत्ता' तो संसार-भर के उन उपेक्षितों का प्रतीक ही बन गया है, जो निरन्तर चूसे जाने के बावजूद बिना खाद-पानी के बढ़ते रहते हैं—

अबे, सुन बे गुलाब
भूल मत गर पायी खुशबू, रँगो आब
खून चूसा खाद का तूने अशिष्ट
डाल पर इतरा रहा है कैपिटलिस्ट
× × ×
और अपने से उगा मैं
बिना दाने को चुगा मैं
कलम मेरा नहीं लगता,
मेरा जीवन आप जगता; (कुकुरमुत्ता)

एक ओर यदि वे पूँजीपतियों को सम्बोधित कर कहते हैं—

भेद कुल खुल जाय वह
सूरत हमारे दिल में है।
देश को मिल जाय जो,
पूँजी तुम्हारी मिल में है। (बेला, गीत संख्या 59)

तो दूसरी ओर जन-साधारण को कदम बढ़ाने के लिए आमन्त्रित करते हैं—

जल्द-जल्द पैर बढ़ाओ, आओ, आओ।
आज अमीरों की हवेली
किसानों की होगी पाठशाला,
धोबी, पासी, चमार, तेली

खोलेंगे अँधेरे का ताला,
एक पाठ पढ़ेंगे, टाट बिछाओ। —(बेला, बीत सं० 62)

सामाजिक रूढ़ियों और पाखण्डों का खण्डन देखने के लिए निराला की 'दान', 'गर्म पकौड़ी' और 'स्फटिक शिला' आदि कविताओं को देखा जा सकता है। दान का ढोंग करनेवाले लोग मनुष्य की किस प्रकार उपेक्षा करते हैं—

झोली से पुए निकाल लिये,
बढ़ते कपियों के हाथ दिये,
देखा भी नहीं उधर फिरकर,
जिस ओर रहा वह भिक्षु इतर,
चिल्लाया किया दूर दानव
बोला मैं—'धन्य, श्रेष्ठ मानव''। —(दान)

आज की नयी कविता में—विशेषतः प्रभाकर माचवे, भारतभूषण अग्रवाल, और रघुवीर सहाय की कविताओं में जो व्यंग्य उभरा है उसका तीक्ष्ण रूप निराला की परवर्ती कविताओं में ही देखा जा सकता है। 'कुकुरमुत्ता' और 'नये पत्ते' की अधिकांश कविताएँ व्यंग्यप्रधान हैं। कवि ने कहीं आर्थिक वैषम्य पर, कहीं राजनीतिक ढोंग पर और कहीं धार्मिक पाखण्ड पर व्यंग्य करते हुए भारतीय मानस को सचेत करने का प्रयत्न किया है। 'मास्को डायेलाग्स' में यदि तथाकथित समाजवादियों पर व्यंग्य है—

मेरे नये मित्र हैं श्रीयुत गिडवानी जी
बहुत बड़े सोश्यलिस्ट,
'मास्को डायेलाग्स' लेकर आये हैं मिलने।
× × ×
फिर कहा, ''वक्त नहीं मिलता है,
बड़े भाई साहब का बंगला बन रहा है,
देखभाल करता हूँ।''
फिर कहा, ''मेरे समाज में बड़े-बड़े आदमी हैं,
एक से हैं एक मूर्ख
उनको फँसाना है
ऐसे कोई साला एक धेला नहीं देने का।''
—(मास्को डायेलाग्स)

तो 'महगू महगा रहा' में गाँधीवाद की उस व्यावहारिक राजनीति का पर्दाफाश हुआ है, जिसमें बड़े लोगों का ही आधिपत्य है और कामनमैन निरन्तर उपेक्षित होता जा रहा है—

'मँहगू ने कहा, हाँ कम्पू में किरिया के
गोली जो लगी थी,
उसका कारण पंडितजी का शागिर्द है,

रामदास को कांग्रेसमैन बनानेवाला,
जो मिल का मालिक है ।
यहाँ भी वह जमींदार, बाजू से लगा ही है।
कहते हैं, इनके रूप में से ये चलते हैं
कभी-कभी लाखों पर हाथ साफ करते हैं।''

—(महगू महगा रहा)

'आत्महत्या के विरुद्ध' के व्यंग्य को 'महगू महगा रहा' का लोहा मानना ही पड़ेगा। धार्मिक पाखण्डियों और बुद्धिजीवियों की राजभक्ति पर निराला का प्रहार क्रमशः देखिये :

द्विज राम-भक्त, भक्ति की आश
पूजते शिव को बारहो मास।
कर रामायण का परायण
जपते हैं श्रीमन्नारायण।
दुख पाते जब होते अनाथ,
कहते कपियों से जोड़ हाथ,
मेरे पड़ोस के वे सज्जन
करते प्रतिदिन सरिता-मज्जन। —(दान)

× × ×

फिर लगा सोचने यथासूत्र—''मैं भी होता
यदि राजपुत्र—मैं क्यों न सदा कलंक ढोता,
ये होते—जितने विद्याधर—मेरे अनुचर,
मेरे प्रसाद के लिये विनत सिर उद्यत कर,
मैं देता कुछ, रख अधिक, किन्तु जितने पेपर,
सम्मिलित कण्ठ से गाते मेरी कीर्ति अमर,
जीवन चरित्र
लिख अग्रलेख अथवा, छापते विशाल चित्र। —(वन-बेला)

पिछले दशक में कविता और राजनीति को लेकर हिन्दी में लम्बी-चौड़ी बहसें हुई हैं, और आज की कविताओं में आज की राजनीति का साक्षात्कार भी बड़े साहस के साथ किया गया है। रघुवीर सहाय के काव्य-संग्रह 'आत्महत्या के विरुद्ध' को इसके उदाहरण में रखा जा सकता है। यों भी आज की कविताओं में जुलूस, नारा, लाठीचार्ज, कर्फ्यू, चुनाव, मतदान, भीड़ और संसद की चर्चा प्रायः हुई है। इस सन्दर्भ में यदि निराला की कविताओं पर विचार किया जाय तो स्पष्ट हो जायेगा कि उन्होंने तत्कालीन राजनीति का कितना सीधा साक्षात्कार किया था। ऊपर निराला जी की कविताओं से जो उद्धरण दिये गये हैं, उन्हें इस दृष्टि से एक बार पुनः देखा जा सकता है। 'कुकुरमुत्ता' और 'नये पत्ते' के 'मास्को डायेलाग्स' तथा 'महगू महगा रहा' जैसी कविताओं में बड़ा गहरा राजनीतिक व्यंग्य प्राप्त होता

है। निराला ने अपनी अनेक कविताओं में सत्ता को ललकारा है। पराधीन भारत की ललकार 'जागो फिर एक बार', 'छत्र पति शिवाजी का पत्र' और 'बादल राग' जैसी कविताओं में सुनी जा सकती है–

आँखें अलियों सी
किस मधु की गलियों में फँसी
बन्द कर पाँखें
पी रही है मधु मौन
अथवा सोई कमल कोरकों में?
बन्द हो रहा गुंजार–
.. ..
शेरों की माँद में
आया है आज स्यार–
जागो फिर एक बार। –(जागो फिर एक बार)
× × ×
वज्र घोष से ऐ प्रचण्ड
आतंक जमानेवाले।
कम्पित जंगम, नीड़-विहंगम,
ऐ न व्यथा पानेवाले।
भय के मायामय आँगन पर
गरजो विप्लव के नव जलधर । –(बादल राग)

अपनी कविताओं में एक ओर यदि कवि ने स्मृतियों के माध्यम से भारत के अतीत गौरव का स्मरण कराया है (देखिये, 'यमुना के प्रति' और 'स्मृति' आदि कविताएँ) तो दूसरी ओर उसने 'बादल' और 'धारा' आदि के प्रतीकों द्वारा मुक्ति की बेचैनी भी व्यक्त की है–

तोड़ो, तोड़ो, तोड़ो कारा
पत्थर की, निकलो फिर
गंगा-जल धारा। –(मुक्ति)

'बादल' निराला के काव्य का एक प्रमुख प्रतीक है। यह उनकी क्रान्ति चेतना को व्यक्त करता है। यह उन पौधों को जीवन देता है जो निराला की दृष्टि में शोषित हैं।

निराला ने पूर्ण सचेत होकर अपने चारों ओर के परिवेश को अपने काव्य का विषय बनाया है, इसलिए तत्कालीन राजनीतिक स्थितियों के अनेक चित्र उनकी कविताओं में देखे जा सकते हैं। सन् 38 में कांग्रेस शासन स्थापित होने पर उन्होंने लिखा था–

बहुत दिनों बाद खुला आसमान
निकली है धूप हुआ खुश जहान।

इसी प्रकार सन् 1942 के आन्दोलन और आजादी के बाद देश की जो स्थिति हुई उन सबके स्पष्ट संकेत निराला की कविताओं में प्राप्त होते हैं।

अपनी परवर्ती रचनाओं में निराला ने सामान्य मनुष्य या 'कामनमैन' को विषय बनाया है। 'नये पत्ते' की 'चर्खा चला', 'कुत्ता भौंकने लगा', 'झींगुर डटकर बोला, 'छलाँग मारता चला गया', 'डिप्टी साहब आये', 'महगू महगा रहा', आदि कविताएँ इसी प्रकार की हैं। 'चर्खा चला' में निराला ने स्पष्टतः लोकोन्मुख होने और मिट्टी को स्वीकार करने का आग्रह किया है—

वाल्मीकि ने पहले वेदों की लीक छोड़ी,
छन्दों में गीत रचे, मन्त्रों को छोड़कर,
मानव को मान दिया,
धरती की प्यारी लड़की सीता के गान गाये।

× × ×

कृष्ण ने भी जमीं पकड़ी
इन्द्र की पूजा की जगह
गोवर्धन को पुजाया,
मानवों को, गायों और बैलों को मान दिया।
हल को बलदेव ने हथियार बनाया,
कन्धे पर डाले फिरे।
खेती हरी-भरी हुई।
यहाँ तक पहुँचते अभी दुनिया को देर है। —(चर्खा चला)

'कुत्ता भौंकने लगा', 'झींगुर डटकर बोला', 'छलाँग मारता चला गया', 'डिप्टी साहब आये' आदि कविताओं में कवि ने जमींदारों और सरकारी अफसरों द्वारा पीड़ित किये जा रहे ग्रामीण किसानों का चित्रण किया है। ये कविताएँ भारतीय ग्रामीण जीवन का यथार्थ चित्र प्रस्तुत करती हैं।

आज की कविता सौन्दर्य के बँधे-बँधाये कठघरे से बाहर निकल चुकी है। आज का कवि केवल कोमल में ही सौन्दर्य नहीं देखता, बल्कि वह कुरुप और अनगढ़ को भी स्वीकार करता है। पिछले दशक की अधिकांश कविताओं में सौन्दर्य का यह बदलता हआ मानदण्ड देखा जा सकता है। वास्तव में सौन्दर्य के इस बदलते हुए मानदण्ड को निराला ने बहुत पहले स्वीकार कर लिया था। 'कुकुरमुत्ता' और 'नये पत्ते' की अधिकांश कविताओं में कुरूप और अनगढ़ की यह स्वीकृति देखी जा सकती है, इस दृष्टि से 'कुकुरमुत्ता', 'रानी और कानी', 'खजोहरा', 'प्रेम संगीत' आदि कविताएँ उल्लेखनीय हैं :

कहीं मुर्गे कहीं अंडे
धूप खाते हुए कंडे,
हवा बदबू से मिली,
हर तरह की वैसिलाई पड़ी हुई। —(कुकुरमुत्ता)

× × ×

चेचक के दाग, काली नक-चिप्टी
गंजा सर, एक आँख कानी
रानी अब हो गयी सयानी।

—(रानी अब हो गयी सयानी)

× × ×

जात की कहारिन वह
मेरे घर की है पनिहारिन वह
आती है होते तड़का,
उसके पीछे मैं मरता हूँ
कोयल-सी काली, और
चाल नहीं उसकी मतवाली
ब्याह नहीं हुआ, तभी भड़का
दिल मेरा, मैं आहें भरता हूँ। —(प्रेम संगीत)

इन कविताओं के ही आधार पर निराला को प्रगतिवादी कहा गया है। इसमें कोई सन्देह नहीं कि निराला प्रगतिवाद के जनक थे, किन्तु वे किसी खास राजनीतिक विचारधारा से बँधे नहीं थे। इसीलिए वे अपने समकालीन आन्दोलनों से पृथक हो जाते हैं। 'मास्को डायेलाग्स' में उन्होंने तथाकथित समाजवादियों पर तीखा व्यंग्य किया है। वास्तव में निराला के विचार पूर्वाग्रहयुक्त और संकीर्ण नहीं थे। उनकी दृष्टि सब मिलाकर मानववादी थी। उन्होंने संघर्षों से जूझते हुए, उपेक्षित और साधारणजन को ही अपनी सहानुभूति दी है—

मानव मानव से नहीं भिन्न
निश्चय : हो श्वेत कृष्ण अथवा
वह नहीं क्लिन्न,
भेद कर पंक
निकलता कमल जो मानव का
वह निष्कलंक हो कोई सर।

—(सम्राट अष्टम एडवर्ड के प्रति)

कवि की 'दीन', 'विधवा', 'भिक्षुक', 'तोड़ती पत्थर', 'रानी और कानी' आदि कविताओं को इस आधार पर समझा जा सकता है। निराला ने अपने लगभग सम्पूर्ण काव्य में स्वतन्त्रता, समानता और भ्रातृत्व का समर्थन किया है। उनकी दार्शनिक धरातल से लिखी गयी कविताओं में भी सर्वात्मवादी भावना व्यक्त हुई है। विवेकानन्द ने शंकराचार्य के अद्वैत को जो व्यावहारिक रूप दिया था, निराला उससे बहुत प्रभावित थे। उनके काव्य में यह प्रभाव लक्षित किया जा सकता है। निराला की रचनाओं में जो दर्शन और भक्ति की भूमियाँ प्राप्त होती हैं, उनमें उनके मानववादी विचार ही व्यक्त हुए हैं। इस मनोभूमि पर पहुँचकर कवि सारे

संसार के कल्याण की कामना करता है। 'अर्चना' (1950), 'आराधना' (1953), और 'गीत-गुंज' (1954) के अधिकांश गीतों में कवि की यही मनोभूमि प्राप्त होती है। निराला के सौन्दर्य और प्रकृति-चित्रण की गहराई में भी उनकी यही मानव वादी दृष्टि प्राप्त होती है।

आज की नयी कविता में जो बौद्धिकता प्राप्त होती है उस पर निराला का ऋण स्वीकार किया जा सकता है। वास्तव में निराला ही वह प्रथम कवि थे, जिन्होंने छायावादी भावुकता से अपने को मुक्त कर इस विशेषता को ग्रहण किया था। इसी आधार पर पं० नन्ददुलारे वाजपेयी ने उनकी प्रशंसा भी की थी : "कविता में भावना की प्रमुखता हो चली पर निराला जी की बौद्धिक प्रक्रिया भी उनके साथ-साथ रही।...पन्तजी की रचनाओं में उन्हें इसी के अभाव की सबसे अधिक शिकायत रही है। यह बुद्धितत्व आधुनिक भावना-विजड़ित कविता में निस्संगता लाने में और कोरी भावुकता या कल्पना-प्रवणता को संग्रथित कला-सृष्टि का स्वरूप देने में समर्थ हुआ।...इससे कला का बड़ा हित साधन हुआ। कविता के कलापक्ष की उपेक्षा सीमा पार कर रही थी और कोरे भावात्मक उद्‌गार काव्य के नाम पर खप रहे थे। निराला जी ने इस विषय में नया दिग्दर्शन कराया।" (हिन्दी साहित्य : बीसवीं शताब्दी)। निराला की यह बौद्धिकता नयी कविता के मुक्तिबोध आदि कवियों में पूर्ण रूप से मिलती है। इस बौद्धिकता के ही कारण निराला की कविताओं में एक प्रकार की तटस्थता और निर्वैयक्तिकता प्राप्त होती है। टी० एस० इलिएट ने जिसे "भोगनेवाले प्राणी और रचनेवाली मनीषा का अन्तर" कहा है, वह अन्तर निराला की कविताओं में बहुत स्पष्ट है। इस दृष्टि से उनकी अत्यन्त प्रसिद्ध आत्मपरक कविता 'सरोज स्मृति' पठनीय है, जो एक एलेजी अर्थात् शोकगीत होते हुए भी एक कोरा भावोच्छ्‌वास या विलाप मात्र नहीं है। इसमें कवि की निर्वैयक्तिक तटस्थता और उसका संयम देखा जा सकता है। पुत्री सरोज के सौन्दर्यवर्णन का एक अंश प्रस्तुत है—

धीरे धीरे फिर बढ़ा चरण,
बाल्य की केलियों का प्रांगण
कर पार, कुंज तारुण्य सुधर
आयी, लावण्य भार थर-थर
काँपा कोमलता पर सस्वर
ज्यों मालकोश नव वीणा पर
नैश स्वप्न ज्यों तू मन्द मन्द
फूटी ऊषा जागरण छन्द,
काँपी भर निज आलोक भार,
काँपा वन, काँपा दिक्-प्रसार —(सरोज-स्मृति)

निराला के अन्य आत्मपरक गीतों जैसे 'मैं अकेला', 'स्नेह निर्झर बह गया है', 'गहन है यह अन्धकारा' आदि में भी कवि की यह निर्वैयक्तिक तटस्थता और

संयम प्राप्त होता है। निराला के श्रृंगार और प्रणय गीतों में भी यह विशेषता प्राप्त होती है। इसीलिए ये गीत व्यक्तिगत उद्गार मात्र होने से बच गये हैं। 'गीतिका' के अधिकांश गीतों को इसके उदाहरण में प्रस्तुत किया जा सकता है। निराला का दृष्टिकोण प्रायः वस्तुपरक है। उनकी कुछ कविताएँ तो नितान्त वस्तु-चित्रण-प्रधान हैं, जैसे 'सड़क के किनारे दूकान है' या 'तोड़ती पत्थर' आदि।

आज के नये कवियों ने जिस प्रकार समाज, धर्म, शासन और व्यवस्था तन्त्र के विरुद्ध विद्रोह किया है उसी प्रकार उन्होंने सम्पूर्ण भाषातन्त्र को भी तोड़ा है। आज की ताजी कविताओं की भाषा सपाट, खुरदुरी और कड़ी है। रघुवीर सहाय के 'आत्महत्या के विरुद्ध' में इस भाषा के उदाहरण प्राप्त होते हैं। वास्तव में इस भाषातन्त्र पर निराला ने ही प्रहार कर दिया था। यद्यपि निराला की कुछ कविताओं में (विशेषतः प्रारम्भिक कविताओं में) संस्कृत और कोमल भाषा तथा सामासिक पदावली प्राप्त होती है, जिसे एक प्रकार की आभिजात्य भाषा कह सकते हैं किन्तु अपनी परवर्ती रचनाओं में उन्होंने स्वयं भाषा के क्षेत्र में प्रयोग किये हैं। 'सरोज-स्मृति' का एक अंश देखिए :

वे जो जमुना के से कछार
पद फटे बिवाई के, उधार
खाये के मुख ज्यों, पिये तेल
चमरौधे जूते की सकेल
निकले, जी लेते, घोर गन्ध
उन चरणों को मैं यथा अन्ध,
कल घ्राण-प्राण से रहित व्यक्ति
हो पूजूँ, ऐसी नहीं शक्ति। —(सरोज-स्मृति)

'बेला' संग्रह में बदलती हुई भाषा बहुत स्पष्ट हो गयी है, जिसमें एक ओर उर्दू गजलों के ढंग की रचनाएँ हैं तो दूसरी ओर सरल और ठेठ भाषा का प्रयोग किया गया है। 'नये पत्ते' की भाषा में तो क्रान्तिकारी बदलाव आया है। इसकी भाषा जनभाषा और बोलचाल के अधिक निकट है। सरलता और लोकजीवन के शब्दों का ग्रहण इस भाषा की विशेषता है। प्रस्तुत है इस संग्रह की पहली कविता की कुछ पंक्तियाँ—

रानी अब हो गयी सयानी,
बीनती है, काँढ़ती है, कूटती है, पीसती है
डलियों के सीले अपने रूखे हाथों मीसती है,
घर बुहारती है, करकट फेंकती है
और घड़ों भरती है पानी —(रानी और कानी)

यह भाषा अनुभव की भाषा है अतः गद्य-भाषा के अधिक निकट है। यह भाषा सपाट और ऊबड़-खाबड़ है। निराला की इस भाषा के लिए 'कुकुरमुत्ता' और 'नये पत्ते' संग्रह की लगभग सभी कविताओं को देखा जा सकता है। इन

कविताओं में निराला की अभिव्यक्तियाँ सपाट और गद्यात्मक हैं। व्यंग्य और अन्तर्विरोधों के उद्‌घाटन द्वारा ही कवि ने उन अभिव्यक्तियों को काव्यात्मक शक्ति प्रदान की है। निराला तो अपनी इस विशेषता के लिए रेखांकित किये जा सकते हैं। 'तोड़ती पत्थर' जैसी सपाट कविता में आकर्षण पैदा करना निराला जैसे शिल्पी कवि के ही सामर्थ्य की बात है। आज की कविता की भाषा निश्चय ही निराला की ऋणी है।

और अन्त में जिस मुक्त छन्द को लेकर नयी कविता अब साहित्य में प्रतिष्ठित-सी हो गयी है, उसे परवर्ती कविता को निराला की सबसे बड़ी देन के रूप में स्वीकार किया जा सकता है। आज जो परम्परागत छन्द पत्र-पत्रिकाओं में बिल्कुल ही नहीं दिखायी पड़ती, उस पर निराला ने बहुत पहले ही प्रहार कर दिया था। सन् 1926 की लिखी उनकी प्रसिद्ध कविता 'जूही की कली' इसका उदाहरण है। 'जूही की कली' से लेकर 'गीत गुंज' (1954) तक अपनी काव्य-गीत-यात्रा में निराला ने विविध प्रयोग किये हैं। 'अनामिका', 'परिमल', 'गीतिका', 'बेला', 'नये पत्ते', 'अर्चना', 'आराधना' आदि की कविताएँ इस प्रयोग की साक्षी हैं। कहना न होगा कि इस प्रयोग के लिए कवि को बड़ी कीमतें चुकानी पड़ीं थीं। पत्रिकाएँ कवि की कविताओं को अस्वीकार कर देती थीं। 'जूही की कली' कविता तो 'सरस्वती' से कई बार लौटा दी गयी थी—

तब भी मैं इस तरह समस्त
कवि-जीवन में भी व्यर्थ व्यस्त
लिखता अबाध गति मुक्त छन्द,
पर सम्पादकगण निरानन्द,
वापस कर देते पढ़ सत्वर
दे एक पंक्ति दो में उत्तर। —(सरोज-स्मृति)

निराला के मुक्त छन्दों का विरोध करनेवाले बड़े-बड़े दिग्गज लोग थे जिनका नाम न लेना ही ठीक होगा। उनके मुक्त छन्द की 'रबर और केचुआ' छन्द तक कहकर खिल्ली उड़ायी गयी —

कहते हो नीरस यह
बन्द करो गान
कहाँ छन्द, कहाँ भाव
कहाँ यहाँ प्राण? —(मित्रों के प्रति)

'परिमल' की भूमिका में निराला ने वैदिक काल के मुक्त छन्दों का उद्धरण देते हुए अपने विरोधियों का मुँहतोड़ उत्तर दिया था—"मनुष्यों की मुक्ति की तरह कविता की भी मुक्ति होती है। मनुष्यों की मुक्ति कर्मों के बन्धन से छुटकारा पाना है और कविता की मुक्ति छन्दों के शासन से अलग हो जाना।...मुक्त काव्य कभी साहित्य के लिए अनर्थकारी नहीं होता, प्रत्युत उससे साहित्य में एक प्रकार की स्वाधीन चेतना फैलती है, जो साहित्य के कल्याण की ही मूल होती है।...अजी,

परमात्मा स्वयं अगर यह रबड़ छन्द और केचुआ छन्द लिख सकते हैं तो मैंने कौन-सा कसूर कर डाला? आखिर आपके परमात्मा का ही तो अनुसरण किया है। आप लोग कृपा करके मुझे क्यों नहीं क्षमा कर देते?" (परिमल, भूमिका, पृ० 14)

इस प्रकार बिना किसी संकोच के कहा जा सकता है कि परवर्ती कविता को जितना अधिक निराला ने प्रभावित किया है, उतना आधुनिक काल के अन्य किसी दूसरे कवि ने नहीं। दरअसल उनके काव्य में हिन्दी कविता के तीन युग—छायावाद, प्रगतिवाद और नयी कविता—सुरक्षित हैं। आज का कवि निराला को अपना गुरु स्वीकार कर सकता है, क्योंकि निराला ने ही अपनी कविताओं में सभी दृष्टियों से वह नींव तैयार कर दी थी जिस पर नये कवियों का धौरहर खड़ा हुआ है।

●●●

एक काव्य-यात्रा की सीमाएँ

—सुमित्रानन्दन पन्त

हिन्दी में सुमित्रानन्दन पन्त (1900-1977 ई०) ऐसे कवि हैं, जिन्होंने स्वयं अपनी रचनाओं के सम्बन्ध में बहुत अधिक लिखा है। अपनी लम्बी-लम्बी भूमिकाओं में उन्होंने एकाधिक स्थलों पर अपनी काव्य-साधना के रहस्यों का उद्घाटन किया है। यदि किसी रचनाकार को अपनी रचना के सम्बन्ध में बहुत अधिक स्पष्टीकरण की आवश्यकता महसूस हो तो इससे उसका रचनात्मक असामर्थ्य भी प्रकट होता है और समीक्षक के लिए पुनर्विचार का संकट भी उपस्थित हो जाता है। पन्त जी के लिए इस स्पष्टीकरण की आवश्यकता शायद इसलिए पड़ी कि आलोचकों ने उनके व्यक्तित्व को (आरोप के स्वर में) एक ऐसा गतिशील और प्रयोगशील व्यक्तित्व माना है जिसे समय का कोई झोंका अछूता नहीं छोड़ता। इस आरोप को चुनौती के स्वर में पन्त ने भी स्वीकार किया है और कहा है कि लेखक की कृतियों में विचारसाम्य के बदले उसके मानसिक विकास की दिशा को अधिक महत्व देना चाहिए, क्योंकि लेखक एक सजीव अस्तित्व या चेतना है और वह भिन्न-भिन्न समय पर अपने युग के स्पर्शों तथा संवेदनाओं से आन्दोलित होता रहता है।[1] निस्सन्देह कवि पन्त ने एक लम्बी काव्य-यात्रा की है और उसमें वे विविध मंजिलों से होकर गुजरे हैं। उनकी समूची काव्य-यात्रा को एक सरल सीधी रेखा खींचकर निर्दिष्ट नहीं किया जा सकता।

लिखना पन्त ने सन् 1916-18 के आसपास शुरू किया था और तब से अब तक बराबर लिखते आ रहे हैं। निश्चय ही पन्त को समझने के लिए उनकी पिछले 50 वर्षों की इस लम्बी काव्य-यात्रा को समझना आवश्यक है। पन्त-काव्य के समीक्षकों ने उनकी इस लम्बी काव्य-यात्रा को मुख्यतः तीन खण्डों में बाँटकर देखने का प्रयास किया है—

1. **छायावाद और स्वच्छन्दतावाद की पृष्ठभूमि में,**
2. **समाजवाद और मार्क्सवाद की पृष्ठभूमि में, और**
3. **अध्यात्मवाद और नूतन रहस्यवाद की पृष्ठभूमि में।**

वीणा, ग्रंथि, पल्लव, गुंजन तथा ज्योत्स्ना, अर्थात् 1918 ई० से लेकर 1933-34 तक की रचनाओं, को समीक्षकों ने छायावाद और स्वच्छन्दतावाद की पृष्ठभूमि में रखा है। **युगान्त, युगवाणी** तथा **ग्राम्या** की रचनाओं, अर्थात् 1935 से 1940 तक की रचनाओं को समाजवाद, मार्क्सवाद या यथार्थवाद की पृष्ठभूमि में तथा **स्वर्णकिरण, स्वर्णधूलि, उत्तरा, रजत शिखर, शिल्पी** और **अतिमा** अर्थात् 1940-42 से आज तक की रचनाओं को अध्यात्म और नूतन रहस्यवाद की पृष्ठभूमि में रखा गया है।

पन्त काव्य के समीक्षक डॉ० नगेन्द्र के शब्दों में, "**पन्तजी सुन्दर के ही कवि हैं—यद्यपि उनका सुन्दर शिवं और सत्यं से शून्य नहीं है। सौन्दर्य-प्राकृतिक, मानसिक और आत्मिक—ही इनकी कविता का असली विषय है।**[2] नगेन्द्र का यह कथन जितना सच है उतना ही यह भी कि पन्त की सौन्दर्यानुभूति के विश्लेषण के लिए उनकी आरम्भिक काल की रचनाएँ ही विशेष महत्वपूर्ण साबित होती हैं। इन रचनाओं में जो भावावेग, कल्पना, ऐन्द्रियता और चित्रमयता है वह पन्त की कविता का एक विशेष और उल्लेखनीय आकर्षण है।

व्यक्ति-स्वातन्त्र्य की भावना और भारतीय स्वाधीनता-आन्दोलन ने छायावाद को जो सबसे बड़ी चीज दी वह है मानसिक स्वतन्त्रता। इसी मानसिक स्वतन्त्रता के कारण छायावादी कवियों ने अपना वह व्यक्तित्व पुनः प्राप्त किया जो उसके पहले की कविता में जड़, निर्जीव और कुण्ठित हो चला था। स्वाधीन मन स्वाधीन कल्पना का आश्रय होता है। यह अनेक रूढियों, विधि-निषेधों और जर्जर परम्पराओं से मुक्त होता है। छायावादी कवियों की कल्पना ऐसी ही स्वच्छन्द कल्पना है जो रूढ़ियों के बाँधों को तोड़ती हुई सौन्दर्य के नये लोक का द्वार खोलती है। जीवन और प्रकृति की नवीन छवियों का चित्रण इस कल्पना की विशेषता है। छायावादी कवियों ने प्रकृति और मनुष्य के प्रति अनेक जिज्ञासाएँ प्रकट करते हुए नयी-नयी उद्भावनाएँ कीं। इस स्वच्छन्द कल्पना ने छायावादी काव्य को जहाँ स्वप्नजीवी बनाया है वहीं उसे एक बड़ी रचनात्मक शक्ति भी दी है। छायावादी कवियों ने स्थूल वस्तुओं और घटनाओं के परे जाकर उनके अनेक सम्भावित रूपों का उद्घाटन किया है तथा उन्हें चेतन और भावात्मक बनाया है। छायावादी कविताओं में इस कल्पना का इतना अधिक महत्त्व है कि यह उस काल की कविता का पर्याय हो गयी है। **आधुनिक कवि** की भूमिका में इस तथ्य को स्विकार करते हुए स्वयं पन्त ने लिखा है, "**मैं कल्पना के सत्य को सबसे बड़ा सत्य मानता हूँ और उसे ईश्वरीय प्रतिभा का अंश भी मानता हूँ। मेरी कल्पना को जिन-जिन विचारधाराओं से प्रेरणा मिली है उन सबका समीकरण करने की मैंने चेष्टा की है। मेरा विचार है कि वीणा से लेकर ग्राम्या तक, अपनी सभी रचनाओं में मैंने अपनी कल्पना ही को वाणी दी है, और उसी का प्रभाव उन पर मुख्य रूप से रहा है। शेष सब विचार, भाव, शैली आदि उसकी पुष्टि के लिए गौण रूप से काम करते रहे हैं।**"[3] तात्पर्य यह कि पन्त ने कल्पना की सृजनात्मक भूमिका को स्वीकार किया है और उसका इस्तेमाल भी।

छायावादी कवियों की कल्पना केवल कुछ अप्रस्तुतों की योजना करने वाली सीमित कल्पना नहीं है, वरन् यह वह कल्पना है जिसमें वस्तुगत यथार्थ का आग्रह कम और भावावेग अधिक है। पन्त की कल्पना इसी प्रकार की है। इस दृष्टि से उनकी **उच्छ्वास, आँसू** और **ग्रन्थि** शीर्षक कविताएँ पढ़ी जा सकती हैं। कल्पना के साथ स्मृति का भी घनिष्ठ सम्बन्ध होता है। स्मृतियों का सम्बन्ध पूर्व अनुभवों से होता है जिन्हें कल्पना एक नया रूप-रंग प्रदान करती है। पन्त की आरम्भिक

कविताओं में स्मृतिमूलक कल्पना-चित्रों का भी बाहुल्य है। 'उच्छ्वास', 'आँसू', और ग्रन्थि' जैसी कबिताओं से इस प्रकार के उद्धरण लिये जा सकते हैं। अतीत की ही तरह पन्त की कविता में भविष्य की कल्पना भी अधिक है जो आगे चलकर यूटोपिया के रूप में विकसित दिखायी देती है। पन्त की 'ज्योत्स्ना' नाटिका तथा परवर्ती कविताओं में इस प्रकार की कल्पना देखी जा सकती है। **भावी पत्नी के प्रति** कविता में दिवास्वप्न का भी उदाहरण मिलता है। इसमें कोई सन्देह नहीं कि पन्त की कल्पना चित्रात्मक है परन्तु उसमें अस्पष्टता भी कम नहीं है। उनकी **चाँदनी** शीर्षक कविता के कल्पना चित्रों में यह अस्पष्टता काफी है। छायावादी कवियों की कल्पना की अस्पष्टता के पीछे उनके अनुभव और बोध की अस्पष्टता है। दरअसल इन कवियों ने नये अनुभवों को अभिव्यक्त तो किया पर उनकी गहराइयों में जाकर विचार नहीं किया। परिणामतः नये युग के—नयी अनुभूतियों के पीछे सक्रिय बहुत सारे सामाजिक-आर्थिक-राजनैतिक कारण इन कवियों के लिए उस समय अस्पष्ट रहे। अनुभव और बोध की यह अस्पष्टता इन कवियों की कल्पना में भी मिलती है। वस्तुतः जितना ही पारखी होगा कलाकार और जितनी ही जिन्दगी में उसकी दिलचस्पी होगी उतने ही निकट से वह ज़िन्दगी को देखेगा और उतनी ही उसमें चीजों को विविधता होगी। रचनाकार के बोध के अनुसार ही—मानव और प्रकृति की सूक्ष्म जानकारी तथा ज्ञान-विस्तार के आधार पर ही-कल्पना का विस्तार होता है यदि रचनाकार का अनुभव और बोध सीमित है तो उसकी कल्पना भी संकीर्ण हो जाती है और यदि वह समृद्ध है तो उसकी कल्पना भी समृद्ध होती है। कवि पन्त की रचनाओं में यथार्थ जीवन का अनगढ़ चित्र कम मिलेगा। उनमें यथार्थ पर कवि-मन का स्वप्निल सौन्दर्य आरोपित हुआ है। असुन्दर को भी पन्त ने प्रायः कल्पना-दृष्टि से सुरुचिपूर्ण बनाकर प्रस्तुत किया है। उन्होंने कल्पना के पंखों पर चढ़कर अतीत और भविष्य की सुखद यात्राएँ की हैं और वर्तमान यथार्थ के दुख में भी सुख का अनुभव किया है—वियोग में भी संयोग का रस लिया है।

कवि पन्त की कल्पना का विशेष क्षेत्र है प्रकृति और नारी-सौन्दर्य। इन दोनों ही क्षेत्रों में पन्त की कल्पना ने नवीन सौन्दर्य-लोक का उद्‌घाटन किया है। रीतिकालीन, निर्जीव, रूढ़िग्रस्त और भावशून्य सौन्दर्य के स्थान पर एक सजीव, मुक्त और भावपूर्ण सौन्दर्य की सृष्टि छायावाद-काल में हुई। पन्त ने अपने प्रकृति और नारी-चित्रों में इसी सौन्दर्य का अंकन किया। जैसा कि कवि पन्त ने कई स्थलों पर स्वीकार किया है, कविता की प्रेरणा उन्हें सबसे पहले प्रकृति-निरीक्षण से मिली जिसका श्रेय उनकी जन्म-भूमि कूर्माचल प्रदेश को है। कवि के अनुसार प्रकृति के साहचर्य ने ही उसे एक ओर सौन्दर्य, स्वप्न और कल्पनाजीवी बनाया है तथा दूसरी ओर जनभीरु भी।[4] प्रकृति का यह प्रारम्भिक प्रभाव कवि पर इतना हावी है कि उसने **मोह** शीर्षक अपनी प्रसिद्ध कविता में प्रकृति-सौन्दर्य की तुलना में मानव-सौन्दर्य को नगण्य ठहराया है। इस कविता के द्वारा कवि ने उस संकीर्ण

सौन्दर्य-दृष्टि को नकारा है, जो मात्र नारी की आंगिक चेष्टाओं तक सीमित थी। प्रकृति का अनन्त सौन्दर्य जब सामने खुला हो तो सौन्दर्य प्रेमी कवि उसे छोड़कर अपने को सौन्दर्य की संकीर्ण रेखाओं में कैसे सीमित रख सकता था? दरअसल छायावादी कवियों ने अपनी वैयक्तिक स्वच्छन्दता की खोज में ही प्रकृति के मुक्त क्षेत्र में प्रवेश किया है। विधि-निषेधों से जकड़े समाज में उन्हें अपना व्यक्तित्व कुण्ठित होता-सा लगा और प्रकृति के अतिरिक्त अन्य कोई ऐसा क्षेत्र न दिखाई पड़ा जहाँ वे खुलकर विचरण कर सकते थे। इसीलिए छायावादी कवियों ने प्रकृति में भी नारीमूर्ति के दर्शन किये हैं। कवि पन्त की निम्नांकित पंक्तियों में प्रकृति और नारी सौन्दर्य इस कदर घुलमिल गया है कि दोनों को अलग कर पाना कठिन है—

अरुण अधरों का पल्लव-प्रात
मोतियों का हिलता हिम-हास,
इन्द्रधनुषी पट से ढँक गात
बालविद्युत का पावस लास
हृदय में खिल उठता तत्काल
अधखिले अंगों का मधुमास।

अपनी अनेक कविताओं में पन्त ने नारी-सौन्दर्य को प्रकृति-सौन्दर्य में या दोनों को एक-दूसरे में रूपान्तरित कर दिया है। प्रकृति पन्त के लिए जड़ और निर्जीव नहीं बल्कि एक सजीव सत्ता रखनेवाली चेतन नारी के सदृश है और वह उतनी ही संवेदनशील है। वह कवि में नवजीवन का संचार करने वाली है—

खुले पलक, फैली सुवर्ण छवि
जगी सुरभि, डोले मधु बाल
स्पन्दन, कम्पन औ नवजीवन
सीखा जग ने अपनाना ।

प्रकृति पन्त के लिए स्थायी आकर्षण का केन्द्र है। उन्होंने स्वतन्त्र रूप से भी बहुत-सी कविताएँ प्राकृतिक उपकरणों पर लिखी हैं। **चाँदनी, बादल छाया, सन्ध्या, ज्योत्स्ना, किरण** आदि ऐसी ही कविताएँ हैं। उनकी कविताओं में प्रकृति के दुर्लभ मनोरम चित्र प्राप्त होते हैं। इस दृष्टि से पन्त की **नौका विहार** तथा **एकतारा** शीर्षक कविताएँ उल्लेखनीय हैं जो न केवल पन्त के काव्य में वरन् पूरे छायावादी काव्य में अपनी चित्रात्मकता और ऐन्द्रियता के लिए बार-बार चर्चित होती रहेंगी। पन्त ने पहाड़ी परिवेश के भी कई सुन्दर और दुर्लभ चित्र प्रस्तुत किये हैं। पन्त की प्रकृति-सम्बन्धी कविताओं में रहस्य-जिज्ञासा का भाव भी मिलता है, जिसके लिए उनकी **मौन निमन्त्रण** और **प्रथम रश्मि** जैसी प्रसिद्ध कविताएँ पढ़ी जा सकती हैं। वैसे यह रहस्य-जिज्ञासा का भाव पन्त की कविताओं में स्थायी रूप से मिलता है। कुल मिलाकर प्रकृति पन्त की प्रेरणा, आकर्षण और रहस्य-जिज्ञासा का स्रोत है तथा उनकी कल्पना ने प्रकृति के सौन्दर्यलोक का चित्रण किया है।

छायावादी काव्य में प्रथम बार नारी-पुरुष के स्वच्छन्द प्रेम का उदाहरण मिलता है। इस काल में कतिपय ऐतिहासिक-सामाजिक कारणों से एक नवीन नैतिकता की स्थापना होती है। छायावादी कवियों ने प्रेम को बहुत महत्त्व दिया है और पन्त ने भी स्नेह शीर्षक कविता में उसे साँस के समान सबमें व्याप्त बताया है। यद्यपि कवि पन्त ने **मोह** शीर्षक कविता में नारी-सौन्दर्य की तुलना में प्रकृति-सौन्दर्य को श्रेष्ठ स्वीकार किया है फिर भी उनके काव्य में नारी-सौन्दर्य को यथोचित महत्त्व मिला है और नारी के प्रति उनका आकर्षण प्रबल रहा है। उरोजों, जाँघों ओर अधरों का चित्रण पन्त में बहुत है। यह उल्लेखनीय है कि पन्त की परवर्ती कृतियों में काम-चित्र अध्यात्म-चित्र से कम नड़ीं हैं। **उच्छ्वास, आँसू और ग्रंथि** जैसी रचनाओं में पन्त ने नारी के प्रति अपना स्नेह-सखाभाव अर्पित किया है। इन कविताओं में कवि ने जिस नारी का चित्रण किया है वह अत्यन्त सरल और भोली-भाली नारी है तथा कवि का उसके प्रति प्रेम अत्यन्त सहज और किशोर प्रेम है। पन्त ने नारी सौन्दर्य-वर्णन के लिए जो शब्द अर्पित किये हैं वे नारी के प्रति उनके भावुक प्रेम के उदाहरण हैं। **अप्सरा** शीर्षक कविता इस दृष्टि से उल्लेख्य है–

निखिल विश्व ने निज गौरव
महिमा सुषमा कर दान,
निज अपलक उर के स्वप्नों से
प्रतिमा कर निर्माण,
पल-पल का विस्मय, दिशि-दिशि की
प्रतिभा कर परिधान,
तुम्हें कल्पना औ रहस्य में
छिपा दिया अनजान।

पन्त के काव्य में नारी और उनके प्रेम का दिव्य चित्रण हुआ है। यह नारी के आदर्श सौन्दर्य का चित्रण है और कवि पर पड़नेवाले उसके दिव्य प्रभाव का–

बिन्दु में थीं तुम सिन्धु अनन्त
एक स्वर में समस्त संगीत,
एक कलिका में अखिल वसन्त,
धरा में थीं तुम स्वर्ग पुनीत।

यह एक प्रकार का भावुक काल्पनिक चित्रण है। पन्त की नारी का प्रेयसी-रूप प्रायः मांसल रूप नहीं धारण कर सका है और ग्रंथि की अतृप्ति कभी तृप्ति के रूप में नहीं व्यक्त हो सकी है। पन्त की नारी में प्रायः अस्पष्टता भी है। वे उसे अधिक सजीव तथा जीवन्त रूप में नहीं प्रस्तुत कर सके हैं, जैसा निराला ने अपनी कुछ कविताओं में किया है।

छायावादी कवियों में सबसे उर्वर कल्पना पन्त जी की है पर साथ ही उनकी कल्पना में अस्पष्टता भी अधिक है। अमूर्त्तन उनकी कल्पना को कमजोर कर देते हैं। ऐसे अमूर्तन पन्त की कविताओं में कम नहीं हैं। साथ ही वैचित्र्य प्रदर्शन भी

पन्त की कविताओं में है। **बादल** शीर्षक कविता को यही वैचित्र्य-प्रदर्शन कमजोर करता है। पन्त की सौन्दर्याभिरुचि की भी सीमाएँ हैं। जैसा कि पन्त जी ने स्वयं स्वीकार किया है, प्रकृति के कोमल और रमणीय चित्र ही उन्हें अधिक आकर्षित करते रहे हैं। उनकी प्रेरणा का स्रोत भी बहुत व्यापक नहीं है। यही कारण है कि उनमें शिल्प की बारीकी अधिक है, जीवन की विविधता कम। उनकी कल्पना एक खास क्षेत्र में ही दौड़ती है और वह भी बहुत दूर तक या बहुत समय तक नहीं। जहाँ कहीं जीवन की जटिलताओं का साक्षात्कार होता है, पन्त जी बचा जाते हैं। उनमें अनुभव का वह वैविध्य नहीं मिलता जो निराला में है।

पन्त की कल्पना की उपर्युक्त सीमाओं के बावजूद उनकी दो ऐसी महत्त्वपूर्ण विशेषताएँ हैं जो पन्त को न केवल छायावादी काव्य में वरन् सम्पूर्ण हिन्दी काव्य के बीच प्रतिष्ठित करती हैं। वे दो विशेषताएँ हैं–ऐन्द्रियता और चित्रात्मकता। ऐन्द्रियबोध ज्ञान की पहली सीढ़ी है। पन्त जी ऐन्द्रिय-संवेदन के कवि हैं। यह विशेषता उनकी कविता में इतनी उभरती है कि बाकी सब दब जाती हैं। पन्त की आरम्भिक कविताओं में यह ऐन्द्रियता अधिक है जो रोमांटिक कविता की विशेषता है और अंग्रेज कवि कीट्स जिसके लिए बहुत प्रसिद्ध हुआ है। पन्त जी ने अपनी इस विशेषता के बारे में स्वयं लिखा है, **"जब तक रूप का विश्व मेरे हृदय को आकर्षित करता रहा, जो कि एक कैशोर-प्रवृत्ति है, मेरी रचनाओं में ऐन्द्रिक चित्रणों की कमी नहीं रही।"**[5] पन्त की कविताओं में रंग, गन्ध, स्पर्श, ध्वनि, स्वाद और गति के बड़े जीवन्त तथा ताजे चित्र प्राप्त होते हैं। इसके लिए कवि पन्त की ग्रहणशीलता और संवेदनशीलता की सराहना भी की जाती है।

पन्त की दृश्य-संवेदना बहुत पैनी है। वे मूलतः चाक्षुष-संवेदना के कवि हैं और इस रूप में छायावाद का कोई कवि उनकी बराबरी नहीं कर सकता। जब कोई रूप उनकी आँखों को अच्छा लगता है तो वे तुरन्त उसे अपनी कल्पना में समेटने का प्रयास करते हैं। रंगों के कितने सूक्ष्म स्तरों का, उनकी विविध छायाओं का, उनके आपसी मिले-जुले रूप का तथा उनके विरोधी रूपों का चित्रण पन्त ने किया है–

विद्रुम औ मरकत की छाया
सोने चाँदी का सूर्यातप,
हिम-परिमल की रेशमी वायु
शत रत्न छाप, खग-चित्रित तन।
.. ... .

गंगा के चल जल में निर्मल, कुम्हला किरणों का रक्तोपल
है मूँद चुका अपने मृदु दल।
लहरों पर स्वर्ण-रेख सुन्दर, पड़ गयी नील ज्यों अधर पर
अरुणाई प्रखर शिशिर से डर।

× × ×

चाँदी के साँपों-सी रलमल, नाचती रश्मियाँ जल में चल
रेखाओं-सी खिंच तरल-सरल।
× × ×
रुधिर के हैं जगती के प्रात
चितानल के ये सायंकाल।
× × ×
अब आधा जल निश्चल, पीला—
आधा जल चंचल औ' नीला,
गीले तन पर मृदु सन्ध्यातप
सिमटा रेशम पट-सा ढीला।

पन्त की कविताओं में गन्ध-चित्र भी मिलते हैं। ये गन्ध-चित्र कभी ध्वनि के साथ और कभी रंग के साथ मिल-जुल जाते हैं—

कनक-छाया में जब कि सकाल
खोलती कलिका उर के द्वार,
सुरभि-पीड़ित, मधुपों के बाल
तड़प बन जाते हैं गुंजार ।

ऐन्द्रिय-संवेदना का कवि ध्वनि-चित्रों का भी पारखी होता है। यह संवेदना का अधिक सूक्ष्म स्तर है। पन्त की कविताओं में ये ध्वनि-चित्र भी मिलते हैं—

पपीहों की यह पीन पुकार
निर्झरों की भारी झरझर
झींगुरों की झीनी झनकार
घनों की गुरु गम्भीर घहर
बिन्दुओं की छनती छनकार
दादुरों के वे दुहरे स्वर।
× × ×
बाँसों का झुरमुट
सन्ध्या का झुटपुट
—हैं चहक रहीं चिड़ियाँ
टी-वी-टी-टुट् - टुट् ।
× × ×
झूम-झूम झुक-झुककर
भीम नीम तरु निर्भर
सिहर-सिहर थर थर् थर्
करता सर् मर्
चर् मर् ।

कवि पन्त की कविता में स्पर्श की अनुभूतियों के चित्र भी मिलते हैं। वैसे छायावादी काव्य में स्पर्श-चित्र कम ही मिलते हैं। इसका कारण यह है कि

छायावादी कवि में प्रकृति और नारी दोनों के प्रति एक रहस्य-जिज्ञासा का भाव था। उनका प्रेम भी अन्तर्मुखी था। अतः स्पर्श का मुक्त मांसल-चित्रण इन कवियों में कम मिलता है। नैतिकता के तत्कालीन बँधे हुए ढाँचे को सहसा तोड़ पाना कठिन था। अतः इन कवियों की अभिव्यक्तियाँ अस्पष्ट, रहस्यात्मक और प्रतीकात्मक अधिक हैं। कहीं-कहीं स्पर्श के कुछ चित्र मिलते भी हैं तो एक दिव्य स्पर्श की-सी अनुभूति होती है—

तुम्हारे छूने में था प्राण
संग में पावन गंगा स्नान,
तुम्हारी वाणी में कल्याणि !
त्रिवेणी की लहरों का गान !

चित्रमयता कल्पना-प्रधान वैयक्तिक काव्य की विशेषता है। छायावादी काव्य क्योंकि कल्पना-प्रधान वैयक्तिक काव्य है अतः चित्रमयता उसका एक विशेष गुण है। छायावादी कवि पन्त की कल्पना चित्रात्मक है। जीवन को उन्होंने चित्रों में उतारने में विशेष सफलता प्राप्त की है। प्रकृति के बड़े ही मनोरम और विरल चित्र पन्त ने प्रस्तुत किये हैं। इस दृष्टि से **नौका विहार** और **एकतारा** शीर्षक कविताएँ उल्लेखनीय हैं जो कवि की चित्रमयता का सर्वोत्तम उदाहरण प्रस्तुत करती हैं—

सैकत-शय्या पर दुग्ध धवल, तन्वंगी गंगा, ग्रीष्म-विरल,
लेटी हैं श्रान्त, क्लान्त, निश्चल!
तापस-बाला गंगा निर्मल, शशिमुख से दीपित मृदु-करतल,
लहरें उर पर कोमल कुन्तल।
गोरे अंगों पर सिहर-सिहर, लहराता तार-तरल सुन्दर
चंचल अंचल-सा नीलाम्बर।
साड़ी की सिकुड़न-सी जिस पर, शशि की रेशमी विभा से भर,
सिमटी है वर्तुल, मृदुल लहर।

× × ×

मृदु मन्द मन्द मन्थर मन्थर लघु तरणि हंसिनी-सी सुन्दर
तिर रही खोल पालों के पर।

पर यहाँ भी यह उल्लेख्य है कि निराला की तरह व्यापक और विराट् चित्रों के स्थान पर पन्त ने छोटे-छोटे बारीक चित्र ही अधिक प्रस्तुत किये हैं। उनमें तराश और नक्काशी अधिक है, व्यापकता तथा स्थिरता कम। पन्त की इसी शब्द-संवेदना को ध्यान में रखकर डॉ० नगेन्द्र ने उनके कलाकार रूप को सर्वोपरि बताया है। नगेन्द्र जी के अनुसार पन्त के काव्य में सबसे प्रथम कला का, उसके उपरान्त विचारों का और अन्त में भावों का स्थान रहता है।

इसमें सन्देह नहीं कि प्रकृति का साहचर्य कवि को बचपन से ही प्राप्त रहा है और उसे उसने अपने निरीक्षण का विषय भी बनाया है। किन्तु कवि की प्रकृति-सम्बन्धी कविताओं के विश्लेषण से यह स्पष्ट पता लगता है कि कवि ने

प्रकृति को एक कवि के नहीं वरन् एक रहस्यवादी दार्शनिक के नेत्रों से देखा है। वह अनन्त के प्रति अपनी जिज्ञासा को प्रकृति पर प्रक्षेपित करता चलता है। ऐसा लगता है जैसे अव्यक्त के लिये बेचैन उसकी अन्वेषी दृष्टि सदैव सजग रहती है जो प्रकृति के विविधात्मक रूपों को बेधकर कहीं बहुत दूर पहुँच जाना चाहती है। उदाहरण के लिए मैं कवि के आरम्भिक काल अर्थात् 1918 से 1935 ई0 के बीच की उन प्रमुख प्रकृति-विषयक कविताओं को लेता हूँ, जिन्हें पर्याप्त ख्याति प्राप्त हो चुकी है–जैसे, 'प्रथम रश्मि' (1919 ई०), 'बादल' (1922 ई०), 'मौन निमन्त्रण' (1923 ई०), 'वायु के प्रति' (1931 ई०), 'एकतारा' (1932 ई०), 'नौका बिहार', (1932 ई०), 'चाँदनी' (1932 ई०), और 'वसन्त' (1935 ई०)। सबसे पहले मैं आपका ध्यान इन कविताओं में प्रयुक्त कुछ खास शब्दों की ओर आकर्षित करना चाहता हूँ, जैसे, 'छाया', 'शून्य', 'जड़-चेतन', 'स्तब्ध', 'निराकार', 'ज्योतिपुंज', 'अनन्त, 'विराट', 'विश्वप्राण', 'निखिल', 'अज्ञात', 'अवाक', 'विस्मय', 'ज्योतिशिखर', 'विश्व निर्जन', 'नीला विकास', 'महाशान्ति', 'अस्तित्व ज्ञान', 'अनिर्वचनीय', 'साकार चेतना', 'अचेत जीवाशय', 'भूमा', 'चिदानन्द, 'अन्तश्चेतन' आदि। इस शब्दावली के पीछे जो मनोविज्ञान है और इस भाषा के पीछे जो अनुभव है–क्योंकि हर अनुभव अपने साथ एक खास तरह की भाषा भी लेकर आता है–वही पन्त की काव्य-यात्रा की प्रस्थान-भूमि है और यहाँ पहुँकर यह महसूस होता है कि कवि के मन में अनन्त के प्रति एक शाश्वत जिज्ञासा है, इसलिए वह प्रकृति के साधारण-से-साधारण उपकरणों को भी एक रहस्यवादी दृष्टि से देखता है। कवि के मन में एक विराट् का बोध बराबर बना रहता है, इसीलिए वह प्रकृति के छोटे से छोटे उपकरणों में भी विराट् कल्पनाएँ करता है। और यह जिज्ञासा तथा विराट् का बोध उसे सम्पूर्ण सत्य को प्राप्त कर लेने की इच्छा प्रदान करता है, इसीलिए वह प्रकृति के सौन्दर्य का अंकन करते-करते दर्शन और अध्यात्म की भूमि पर उतर आता है। इस दृष्टि से 'एकतारा' और 'नौकाविहार' शीर्षक कविताओं की दार्शनिक गुरुता लक्षित की जा सकती है।

समीक्षकों ने इस बात को रेखांकित किया है कि कवि ने प्रकृति के सुन्दर और कोमल रूप को ही अपने निरीक्षण का विषय बनाया है। स्वयं कवि ने भी इसे स्वीकार करते हुए कहा है कि प्रकृति के सुन्दर रूप ने ही मुझे अधिक लुभाया है।[6] पुनः कोमल और सुन्दर की ओर आकर्षित होने वाले कवि-मन का यदि विश्लेषण किया जाये तो उसके मूल में वही दार्शनिक आदर्शवादी दृष्टि प्राप्त होती है। परन्तु मूलतः आस्थावादी और आशावादी कवि हैं। कवि ने इधर संकेत भी किया है : "यदि मैं संघर्षप्रिय अथवा निराशावादी होता तो 'नेचर रेड इन टुथ एण्ड क्ला' वाला कठोर रूप जो जीवविज्ञान का सत्य है, मुझे अपनी ओर अधिक खींचता।"[7] इस सन्दर्भ में कवि की प्रसिद्ध कविता 'परिवर्तन' का उल्लेख आवश्यक होगा जिसे समीक्षकों ने पन्त-काव्य की सर्वोत्तम कविताओं में एक माना है तथा स्वयं पन्त ने

भी जिसे अपने बदलते हुए कवि-मानस का प्रतीक कहा है। निश्चय ही यह कविता कवि की सर्वोत्तम कविताओं में एक है, जो विश्वव्यापी परिवर्तन के कटु सत्य को अनुभूति के स्तर पर व्यक्त करती है। किन्तु यह कविता जिस दार्शनिक रहस्यवाद में समाप्त होती है, उसे भारतीय सर्वात्मवाद ही कहा जा सकता है—

"एक छवि के असंख्य उडगन
एक ही सबमें स्पन्दन
एक छवि के विभात में लीन
एक विधि के अधीन
× × ×
एक ही तो असीम उल्लास
विश्व में पाता विविधाभास
तरल जलनिधि में हरित विलास
शान्त अम्बर में नील विकास —(परिवर्तन)

यही कवि का सर्वात्मवाद है जो 'पल्लव' और 'गुंजन' की अनेक कविताओं में उभरकर सामने आया है। कवि का यही सर्वात्मवाद उसे मार्क्सवादी नहीं होने देता। यहाँ यह पुनः उल्लेख कर देना आवश्यक है कि समीक्षकों ने कवि की 'युगान्त', 'युगवाणी' और 'ग्राम्या' की रचनाओं को अर्थात् 1935 से 40 के बीच की रचनाओं को समाजवाद और मार्क्सवाद की पृष्ठभूमि में रखकर देखने का प्रयास किया है। इसमें कोई सन्देह नहीं कि इस अवधि में कवि ने बहुत-सी ऐसी कविताएँ लिखी हैं, जिनसे मार्क्सवाद का भ्रम खड़ा होता है, जैसे—पतझर (1934), ताज (1935), जीवप्रसू (1938), मध्यवर्ग, कृषक, श्रमजीवी, मार्क्स के प्रति, आदि कविताएँ।

मगर अन्तर्विरोध तो यह है कि जहाँ कवि ने इस प्रकार की कविताओं की रचना की है वहीं उसने इसी काल में ऐसी भी अनेक कविताएँ लिखी हैं जिनमें स्पष्ट रूप से मार्क्सवादी विचारों का खण्डन किया गया है—

'हाड़मांस का आज बनाओगे तुम मनुज समाज?
हाथ पाँव संगठित चलायेंगे जग जीवन काज ?
दया द्रवित हो गये देख दारिद्र्य असंख्य तनों का?
अब दुहरा दारिद्र्य उन्हें दोगे असहाय मनों का ?
—(युगवाणी संग्रह से)

युगान्त और युगवाणी की 'बापू' शीर्षक कविताओं में कवि ने गाँधीवाद पर अपनी आस्था व्यक्त करते हुए अपने आत्मवादी दार्शनिक विचारों का प्रतिपादन किया है। वास्तव में जैसा कि कहा जा चुका है, पन्त एक आस्थावादी विचारक हैं। वे ईश्वर और आत्मा में विश्वास करते हैं। वे सूक्ष्म के कवि हैं। अतः वे मार्क्सवादी हो ही नहीं सकते क्योंकि मार्क्स ईश्वर और आत्मा को अस्वीकार करता है, हिंसा को स्वीकृति भी देता है। पन्त तो स्पष्टतः घोषित करते हैं—

"जग-जीवन में उल्लास मुझे
नव आशा, नव अभिलाष मुझे
ईश्वर पर चिर विश्वास मुझे
चाहिए विश्व को नव जीवन। —(गुंजन)

कवि का यही आस्थावादी आत्मवादी चिन्तन जब ठोस धरातल पर मानव की ओर मुड़ता है और वह विश्व के जीवन के बाह्य पक्ष की समस्याओं पर विचार करता है तो उसे मार्क्सवाद उपयोगी प्रतीत होता है।[9] और उसमें नवीनता का आग्रह प्रबल हो उठता है। वह प्राचीन और मध्यकालीन रूढ़ियों से मुक्त होना चाहता है—

"द्रुत झरो जगत के जीर्ण पत्र !
वे स्त्रस्त-ध्वस्त ! हे शुष्क शीर्ण !
हिम-ताप-पीत, मधुवात भीत ।
तुम बीत राग, जड़ पुराचीन ।। —(पतझर, 1934)

अथवा—

"सुदर हैं विहग सुमन सुन्दर
मानव ! तुम सबसे सुन्दरतम" —(मानव, 1935)

अथवा—

"मनुज प्रेम से जहाँ रह सके—मानव ईश्वर
और कौन-सा स्वर्ग चाहिए तुझे धरा पर"
—(लड़के, 1938)

अथवा—

"तुम वहन कर सको जन मन में मेरे विचार
वाणी मेरी चाहिए तुम्हें क्या अलंकार" —(वाणी, 1940)

आदि पंक्तियाँ केवल कवि के मानववादी विचारों की अभिव्यक्ति करती हैं और यह मानववादी चिन्तन निश्चित रूप से कवि के आस्थावादी आत्मवादी चिन्तन का ही एक व्यावहारिक धरातल है। 'युगान्त', 'युगवाणी' और 'ग्राम्या' की कविताओं का सामान्य स्वर इसी धरातल पर सही-सही सुना जा सकता है। मगर इन कविताओं को लेकर फिर भी यदि उलझन उपस्थित होती है तो इसका सबसे बड़ा कारण है कि कवि अपने चिन्तन में मार्क्स के भौतिकवाद और भारतीय आध्यात्मवाद में समन्वय करना चाहता है। उसे ऐतिहासिक भौतिकवाद और भारतीय अध्यात्म-दर्शन में किसी प्रकार का विरोध नहीं जान पड़ता।[10] क्योंकि कवि के अनुसार आधुनिक भौतिकवाद का विषय ऐतिहासिक (सापेक्ष) चेतना है और अध्यात्म का विषय शाश्वत (निरपेक्ष) चेतना। दोनों ही एक-दूसरे के अध्ययन और ग्रहण करने में सहायक होते हैं और ज्ञान के सर्वांगीण समन्वय के लिए प्रेरणा देते हैं।[11] अतः कवि ने "पाश्चात्य जड़वाद की मांसल प्रतिमा में पूर्व के अध्यात्म प्रकाश का आत्मा भर एवं अध्यात्मवाद के अस्थिपंजर में जड़ विज्ञान के रूप-रंग

भरकर नवयुग की सापेक्षतः परिपूर्ण मूर्ति का निर्माण किया है।''[12] कवि के ही अनुसार 'युगवाणी से लेकर 'वाणी' तक उसकी काव्य चेतना का एक ही संचारण है, जिसके भौतिक और आध्यात्मिक चरणों की सार्थकता, द्विपद मानव की प्रगति के लिए सदैव ही अनिवार्य रूप से रहेगी।[13]

अपनी परवर्ती कृतियों—स्वर्णकिरण, स्वर्णधूलि, उत्तरा और अतिमा में कवि श्री अरविन्द के नवमानववादी, अन्तश्चेतनावादी और समन्वयवादी दर्शन से पूरी तरह प्रभावित हुआ है। श्री अरविन्द ने अपने चिन्तन में जिस ऊर्ध्व चेतन (सुपर माइन्ड) की कल्पना की है उसका बार-बार उल्लेख कवि ने अपनी परवर्ती कृतियों में किया है। उसी के शब्दों में इन कृतियों में उसकी ''कल्पना ने अनुद्घाटित नवीन भूमिकाओं क्षितिजों में प्रवेश किया है।...वह नवीन चैतन्य के धरातलों तथा शिखरों की ओर बढ़ता एवं आरोहण करता गया है।''[14] यहाँ पहुँचकर कवि अरविन्द द्वारा वर्णित चेतना के विभिन्न स्तरों का उल्लेख करते हुए ऊर्ध्व चेतना की ओर संकेत करता है तथा इसी के आधार पर सुन्दर भविष्य के निर्माण का स्वप्न देखता है। कवि के अनुसार ''इस युग के विक्षोभ का मुख्य कारण मानव जीवन के ऊर्ध्व तथा समतल संचरणों में सामंजस्य का अभाव है।''[15] चेतना के समतल या समदिक् धरातल को कवि विज्ञान और भौतिकवाद का क्षेत्र मानता है। इसके ऊपर चेतना का ऊर्ध्व धरातल है जो मन और इन्द्रियों से ऊपर है तथा जहाँ पहुँचना मानव का लक्ष्य है—

''ऊर्ध्व संचरण मेरे व्यक्ति, निखिल समाज का नायक ।
समदिक् गति में सामाजिकता, जन गण भाग्य विधायक।
ऊर्ध्व चेतना को चलना भू पर धर जीवन के पग ।
समदिक् मन को पंख खोल, चिद्नभ में उठना व्यापक ।।

—(स्वर्णकिरण)

कवि के अनुसार सत्य निरपेक्ष है। उसे मन या बुद्धि के द्वारा नहीं प्राप्त किया जा सकता। वह केवल अन्तश्चेतना से ही प्राप्त किया जा सकता है। कवि आर्थिक-सामाजिक संघर्ष को समदिक् धरातल की चीज मानता है और उसका विश्वास है कि आर्थिक-सामाजिक आवश्यकताओं को ही महत्त्व देने के कारण मनुष्य पशु से भी हीन हो गया है—

''अन्तर्जीवन के वैभव से आज अपरिचित भूजन।
मध्यम अधम वृत्तियों से कल्पित उनका भव जीवन।।
सत्य ज्योति से वंचित भेदों से कुण्ठित मानव-मन।
अन्तर्मुख प्रेरित हो उसका पाना जीवन-दर्शन ।।
पशुओं से भी हीन रेंगता कृमियों-सा अह, मानव।
भूल गया वह अन्तर्गरिमा, ढोता आत्म-पराभव ।। (स्वर्णकिरण)

अध्यात्म के इस सूक्ष्मतम धरातल पर पहुँचकर कवि क्षुधा और काम के सामंजस्य की भी बात करता है, क्योंकि उसके अनुसार ''उदरक्षुधा के समाधान का

प्रश्न यदि आज की राजनीति एवं अर्थनीति का प्रश्न है तो युग्म भावना एवं रागात्मकता का प्रश्न कल की संस्कृति का प्रश्न है।"[16] इस समस्या पर अपना मत व्यक्त करते हुए वह आध्यात्मिक और लौकिक मूल्यों के समन्वय पर जोर देता है, क्योंकि उसके अनुसार "यह मात्र मध्ययुगीन नैतिक दृष्टिकोण है, जो स्त्री सम्पर्क को आध्यात्मिकता का विरोधी मानता है। सच तो यह है कि पिछली आध्यात्मिकता तथा नैतिकता की धारणा ही खोखली, एकांगी तथा अवास्तविक रही है, जिसे स्त्री-स्पर्श तथा सम्पर्क उन्नत करने के बदले कलुषित कर सका है।...इसीलिए न हमारा गृह-जीवन और सामाजिक जीवन ही संस्कृति की दृष्टि से पूर्ण बन सका है, न हमारे आश्रमों, तपोवनों तथा तीर्थ-स्थानों का जीवन ही वास्तविक अर्थ में भगवत् जीवन बन सका है, दोनों ही एकांगी, स्वर्ण (पुण्य) भीरु तथा धरा (पाप) भीत होकर पंगु, निष्क्रिय तथा अर्थ सक्रिय, अपूर्ण तथा अक्षम ही रह गये हैं, न हमारे दिव्य जीवन की ही धारणा पूर्णता प्राप्त कर सकी है, न लौकिक जीवन की ही।"[16] कवि के अनुसार यह पूर्णता प्राप्त करने के लिए, "समग्र लोकजीवन को ही रागात्मक विकास की उपयुक्त पीठिका बनाना होगा।"[17]

इसमें कोई सन्देह नहीं कि पन्त की आरम्भिक कविताओं—विशेषतः प्रकृति सम्बन्धी कविताओं—में जो कल्पना, ऐन्द्रियता, चाक्षुष संवेदना तथा चित्रमयता प्राप्त होती है, वह छायावाद के अन्य कवियों में दुर्लभ है, परन्तु अपनी परवर्ती कविताओं में पन्त अपना यह विशिष्ट मौलिक रूप बनाये न रख सके। उनकी ताजगी खत्म हो गयी है और वे कुछ सामान्यीकरणों में फँसकर रह गये हैं। चिन्तन भी जब कवि-मन से टकराता है, कवि के आवेगों का रूप धारण करता है, उसकी मानसिक हलचल और तनाव की शक्ल अख्तियार करता है तो पाठक में समान अनुभव पैदा करता है। परन्तु पन्त का परवर्ती चिन्तन ऐसा कुछ नहीं कर पाता। उनकी कल्पना और दृश्य-संवेदना का आकर्षण यहाँ समाप्त हो गया लगता है। कविता में केवल विचार और सिद्धान्त-कथन मात्र रह गये हैं। सम्भवतः कवि ने अपने चिन्तक-दार्शनिक रूप को उजागर करने के लिए ही युग की प्रतिनिधि विचारधाराआं को अपनी कविता में समेटने का प्रयास किया है, पर उसे अधिक गहरे उतार कर अपने अनुभव का हिस्सा वह नहीं बन पाया है। युग की इन विचारधाराओं का यदि कभी टकराहट सम्भव भी हुआ तो पन्त का कवि-मन उसे बचा गया और कवि ने जगत् की मंगल कामना में उसका सामंजस्य-समाधान ढूँढ़ लिया। वह जीवन के उद्यान में मधुर वसन्त लाने के लिए बेचैन हो उठा—

क्यों मानव यौवन वसन्त-सा हो न लोक में कुसुमित
मधुर प्रीति हो सामाजिक सुख, प्राण भावना आत्मसंयमित।
करे मुक्त उपभोग हृदय का नर-नारी निज रुचि से प्रेरित,
आदर प्रीति विनय हो उर में, अंग लालसा का मुख संस्कृत।

इस प्रकार की मंगल-कामनाओं में न तीखी अनुभूति है और न आत्मसात किया गया विचार। तात्पर्य यह कि जिसे कविता का आत्मसंघर्ष कहा जाता है वह

पन्त जी में कम है। परवर्ती कृतियों में पन्त की अधिकांश कविताएँ आध्यात्म और रहस्य की ज़मीन पर हैं। कहीं वे आत्मरूप और वस्तुसत्य का समन्वय करते हैं और कहीं मन के उर्ध्व-विकास पर ज़ोर देते हैं तथा इन सबको मिलाकर जीवन में स्वर्णिम भविष्य की मंगल-कामना करते हैं—

वही सत्य कर सकता मानव-जीवन का परिचालन
भूतवाद हो जिसका रज-तन प्राणिवाद जिसका मन
औ' आध्यात्मवाद हो जिसका हृदय गम्भीर चिरन्तन।

× × ×

ब्रह्म ज्ञान रे विद्या; भूतों का एकत्व-समन्वय,
भौतिक ज्ञान अविद्या, बहुमुख एक सत्य का परिचय।
आज जगत में उभय रूप तम में गिरनेवाले जन,
ज्योति-केतु ऋषि-दृष्टि करे उन दोनों का संचालन।
बहिरन्तर के सत्यों का जगजीवन में कर परिणय,
ऐहिक आत्मिक वैभव से जन-मंगल हो निःशंसय।

कहना न होगा कि इस प्रकार के सिद्धान्त-कथनों द्वारा पन्तजी ने एक दार्शनिक की भाँति पूर्ण सत्य की अभिव्यक्ति करनी चाही है, पर ऐसी अभिव्यक्ति हमेशा कविता नहीं होती। कविता वह तब होती है, जब कवि की भट्ठी से होकर निकलती है। परवर्ती कविताओं में पन्त के विचार उनकी भट्ठी में गलकर नहीं निकले हैं, इसीलिए श्रेष्ठ काव्य होने से रह गये हैं।

जुलाई, 1938 में 'रूपाभ' का पहला अंक प्रकाशित हुआ। सम्पादक थे—श्री सुमित्रानन्दन पन्त और श्री नरेन्द्र शर्मा। प्रकाशन गृह, कालाकांकर (अवध)। वार्षिक मूल्य चार रुपये। कुल 64 पृष्ठ की इस डिमाई आकार वाली पत्रिका के अंत में डेढ़ पृष्ठ का सम्पादकीय है। जिसमें पंत जी लिखते हैं, ''कविता के स्वप्नभवन को छोड़कर हम इस खुरदुरे पथ पर क्यों उतर आये, इस सम्बन्ध में दो शब्द लिखना आवश्यक हो जाता है। इस युग में **जीवन की वास्तविकता** ने जैसा उग्र आकार धारण कर लिया है, उससे प्राचीन विश्वासों में प्रतिष्ठित हमारे भाव और कल्पना के मूल हिल गये हैं। श्रद्धा अवकाश में पलने वाली संस्कृति का वातावरण आंदोलित हो उठा है और काव्य की स्वप्न जड़ित आस्था **जीवन की कठोर आवश्यकता** के उस नग्न रूप से सहम गई है। अतएव इस युग की कविता **स्वप्नों में नहीं** पल सकती। उसकी जड़ों को अपनी पोषण सामग्री ग्रहण करने के लिए **कठोर धरती** का आश्रय लेना पड़ रहा है। और युग जीवन ने उसके चिर संचित सुख स्वप्नों को जो चुनौती दी है, उसको उसे स्वीकार करना पड़ रहा है।. ..वर्तमान युग में जो अनेक परस्पर विरोधी ज्ञान-विज्ञान सम्बन्धी विचारधाराओं का संघर्ष चल रहा है, हम अपने पाठकों के साथ रूपाभ द्वारा उनका अध्ययन मात्र करना चाहते हैं और जिसके फलस्वरूप, अपने देश और समाज में व्याप्त अन्ध विश्वासों एवं रूढ़ियों के ऊपर उस **नवीन वैज्ञानिक दृष्टिकोण** को प्रतिष्ठित

करना चाहते हैं जिसकी सहायता से हम जाति वर्ग, देश राष्ट्र की सीमाओं को तोड़ कर तथा धर्म और नीति सम्बन्धी विरोधी भावनाओं को सुलझा कर जन साधारण के मन में नवीन मानवता की भावनाओं को जाग्रत करने का प्रयत्न कर सके; और अपने मध्ययुग के **संकीर्ण व्यक्तिवाद** से हृदय को मुक्त कर **सामूहिक जीवन** की ओर अग्रसर होने का सन्देश दे सकें।''

'रूपाभ' के दूसरे अंक (अगस्त, 1938) के सम्पादकीय में पंत जी की मुख्य चिन्ता संस्कृति की चिन्ता है। वे लिखते हैं, ''जो लोग राजनीतिक क्षेत्र में अपने विचारों एवम् विश्वासों का प्रयोग कर रहे हैं उनसे इस लेख का सम्बन्ध नहीं। जिन साहित्यिकों एवम् लेखकों से हमारा सम्बन्ध है वे सांस्कृतिक उपायों द्वारा ही युगान्तर उपस्थित कर सकते हैं, जो अपने देश के लिए अधिक सुलभ है। अब प्रश्न यह उठता है कि हमारे साहित्यिक इस सांस्कृतिक क्रान्ति को कैसे प्रगति दे सकते हैं, और उनके प्रगतिशील साहित्य की विशेषता क्या हो? साथ ही वे साम्राज्यवाद तथा फ़ाशिज़्म जैसी लोक प्रगति विरोधी शक्तियों का सामना किस संयुक्त एवम् सार्वजनिक सांस्कृतिक बल पर कर सकते हैं?'' अब यहाँ एक क्षेपक है जिसका उल्लेख ऐतिहासिक दृष्टि से जरूरी है। मई, 2000 में पुरानी 'आलोचना' का नया अंक प्रकाशित हुआ है जिसे 'सम्पादकीय' में 'पुनर्नवा आलोचना' कहा गया है। सम्पादकीय में नामवर जी दावा करते हैं ''प्रतिरोध का ऐसा ही क्षण है अप्रैल-जून 1967 की आलोचना का प्रथम अंक जिसने पहली बार भारत में फासीवादी खतरे की चेतावनी दी थी।'' यहाँ ''पहली बार भारत में'' जैसी शब्दावली में जो दर्प है उसका खंडन आज के बासठ वर्ष पूर्व लिखे गये पंत जी के सम्पादकीय से हो जाता है। पंत जी के सम्पादकीय में भी फासीज़्म के विरुद्ध चेतावनी दी गयी है। 'आलोचना' के आवरण पृष्ठ पर छपा है—'फासीवाद और संस्कृति का संकट'। पंत जी के सम्पादकीय का भी मुख्य विवेच्य है 'संस्कृति का संकट'। मगर दोनों में एक बड़ा अन्तर है। पंत जी इस संकट पर जहाँ साहित्य के दायरे में विचार करते हैं वहाँ नामवर जी राजनीति के दायरे में। नामवर जी का सारा सम्पादकीय राष्ट्रीय स्वयं सेवक संघ और भारतीय जनता पार्टी के विरुद्ध है। नामवर जी को संस्कृति का संकट सिर्फ हिन्दू फासीवाद में दिखाई पड़ता है। उन्हें अन्य दलों, धर्मों और विचारधाराओं के फासीवाद चरित्र से कोई मतलब नहीं है। यही संकीर्ण सोच उनके सम्पादकीय को राजनीतिक बनाता है।

अब पंत जी के सम्पादकीय पर विचार करें जो 'आलोचना' के सम्पादकीय से ज्यादा प्रगतिशील, गंभीर, व्यापक और जनात्मक है। पंत जी महसूस करते हैं ''नंगी और भूखी जनता का प्रश्न सबसे आवश्यक और महत्व का प्रश्न बन गया है। राजनीतिक समस्या को सुलझाने के लिए इस असंख्य जन समुदाय का उपयोग संख्या और बहुमत द्वारा किया जा रहा है। किन्तु संस्कृति का सवाल भी इस जनसाधारण द्वारा हल हो सकता है, और वह इसे आने वाले संस्कृति की ईकाई बनाकर।...पूँजीवाद से पैदा हुई परिस्थिति के कारण यह जन साधारण आने वाली

संस्कृति के लिए और भी उपयुक्त आधार बन गया है। इसके मानवीय मौलिक संस्कार अधिक स्पष्ट, प्रबल, प्राकृत होकर एक सुगठित सौन्दर्य एवम् सजीव शक्ति में परिणत हो गये हैं और यह सांस्कृतिक दृष्टि से एक गुण विशेष, एक तत्व ही बन गया है।'' आगे पंत जी लिखते हैं, ''इस युग की जो सबसे बड़ी वास्तविकता है—अर्थात् असंख्य अशिक्षित, पीड़ित जन समुदाय-उसके सक्रिय सम्पर्क से अलग रहने के कारण वर्गों की वे एकांगी संस्कृतियाँ अपने विकास के सर्वोच्च शिखर पर पहुँचने के बाद, केवल अति सूक्ष्म और अति सुन्दर बन कर, अब निःशक्त एवम् निःसार हो गयी हैं और विश्व जीवन के लिए अपनी उपयोगिता खोकर अत्यन्त वेग से विच्छिन्न तथा नष्ट हो रही है।'' पंत जी महसूस करते हैं कि आने वाली संस्कृति को असंस्कृत जनसमुदाय के अन्धकार से आलोक ग्रहण करना ही पड़ेगा। और नवीन नैतिक मूल्यांकनों के विकासक्रम में हमारा सौन्दर्य बोध भी धीरे-धीरे बदल जायेगा। पन्त जी के ही शब्दों में, ''प्रगतिशील साहित्य को न केवल जन समुदाय की वर्तमान वास्तविक दशा का वर्णन करना है, न निम्न वर्गों के सम्पर्क में आने के फलस्वरूप संस्कृत वर्गों की मानसिक प्रतिक्रियाओं का चित्रण करना है, प्रत्युत इस विशाल जन समुदाय की मानवता को भावी संस्कृति के गुण में परिवर्तित करना है।'' तभी प्रगतिशील साहित्यिक ''साम्यवाद, पूँजीवाद एवं हमारे देश के सामन्तवादी वातावरण में जो परस्पर प्रतिक्रियात्मक मनोवृत्तियाँ प्रबल रूप धारण कर रही है उनके विनाशकारी संघर्ष को एक विशाल सांस्कृतिक संश्लेषण द्वारा निर्मूल एवम् शान्त कर सकेंगे।'' इस सम्पादकीय का समापन करते हुए पंत जी लिखते हैं, ''इस युग का मध्यमोत्तम साहित्य ही उत्तम साहित्य है क्योंकि वह गत युगों के सर्वोत्तम से अधिक सत्य एवम् वास्तविक है।....संक्षेप में हम सूक्ष्म से स्थूल की ओर अग्रसर हो रहे हैं, सौकुमार्य से शक्ति की ओर, संस्कृत से प्राकृत की ओर। पिछले ऐतिहासिक युगों के स्थूल का प्रतीक आने वाले युग के लिए सूक्ष्म का प्रतीक बन गया है।''

नयी कविता एक स्तर पर छायावादी साहित्यिक मान्यताओं के विरुद्ध प्रतिक्रिया थी। नयी कविता ने छायावाद की मनोभूमि को जीवन की वास्तविकता से दूर माना था। उसके अनुसार जीवन के वास्तविक सवालों को छायावाद ने आदर्शवादी, काल्पनिक और भावुक दृष्टि से देखा था। उसकी दृष्टि बौद्धिक और यथार्थवादी नहीं, बल्कि स्वप्निल और वायवीय थी। मासिक रूपाभ के प्रथम एक वर्ष के अंकों में पंत जी ने कुल तीन सम्पादकीय लिखे हैं और तीनों में छायावाद की इन प्रवृत्तियों को अपर्याप्त बताते हुए कविता की नयी दिशा का सुझाव दिया है। इतना ही नहीं, उन्होंने सम्पादकीय के अनुरूप ही सामग्री का चयन भी किया है। 'रूपाभ' के प्रवेशांक में पहला ही लेख है जवाहरलाल नेहरू का —'विज्ञान और युग'। कहना न होगा कि पंत जी अपने सम्पादकीय में नवीन वैज्ञानिक दृष्टि की कई बार चर्चा कर चुके हैं। इसी अंक में राममनोहर लोहिया का लेख है—'साम्राज्यवादी इतिहासकार और भारत में अंग्रेजी राज।' इस अंक में रामविलास शर्मा की चार

कविताएँ हैं—कलियुग, हड्डियों का ताप, तूफान के समय, भविष्य के दिन। 'रूपाभ' के दूसरे अंक में भी पहला लेख जवाहर लाल नेहरू का ही है—'हिन्दुस्तान की वैदेशिक नीति।' आगे के अन्य अंकों में भी राममनोहर लोहिया, प्रकाश चन्द्रगुप्त, रामविलास शर्मा, हजारी प्रसाद द्विवेदी आदि के लेख हैं तथा पंत जी के अतिरिक्त सबसे अधिक कविताएँ प्रकाशित हुई हैं रामविलास शर्मा और नरेन्द्र शर्मा की। अन्य प्रकाशित कवियों में हैं—अंचल, निराला, केदारनाथ अग्रवाल, शमशेर बहादुर सिंह, अज्ञेय, भगवतीचरण वर्मा, बच्चन, महादेवी वर्मा, रामकुमार वर्मा आदि। अंक छः में काजी नजरूल इस्लाम की कविता प्रकाशित है—'विद्रोही'। अनुवादक, रामविलास शर्मा। अंक पांच में भुवनेश्वर का एकांकी प्रकाशित हुआ है—'आदमखोर' तथा अंक आठ और नौ में क्रमशः प्रकाशित है निराला की 'चमेली' और 'बिल्लेसुर बकरिहा।'

मार्च, 1939 के 'विशाल भारत' में महालक्ष्मी नामक एक पाठिका का पत्र प्रकाशित हुआ है जिसका शीर्षक है 'ठेठ या घासलेट'। इस पत्र में फरवरी, 39 के 'रूपाभ' में निराला के उपन्यास 'चमेली' के प्रकाशित अंश की भाषा पर असंयम का आरोप लगाया गया है और इस प्रकार के यथार्थवादी चित्रण को 'साहित्यिक नग्नवाद' कहा गया है। इस पत्र के साथ 'विशाल भारत' के सम्पादक श्री बनारसीदास चतुर्वेदी का दस पंक्तियों का एक नोट भी है जिसमें पत्र को प्रकाशित करने का औचित्य बताते हुए इस पर प्रतिक्रिया का स्वागत किया गया है। महालक्ष्मी के इस पत्र के उत्तर में 'रूपाभ' के मार्च, 1939 के ही अंक में श्री विष्णु स्वरूप का एक चार पृष्ठों का लम्बा पत्र प्रकाशित हुआ है। जिसका शीर्षक है—'विशाल भारत द्वारा घासलेट का प्रचार।' श्री विष्णु स्वरूप के उत्तर के साथ 'रूपाभ' के सम्पादक का भी एक पृष्ठ का नोट छपा है। इस नोट में पंत जी लिखते हैं—"वास्तव में हमें चाहिए कि हम अब सत्ता को अपनावें, वह प्रिय हो अथवा अप्रिय, रुचिकर हो अथवा कठोर, बहकाने वाली झूठी सुरुचि और शिष्टता को नहीं। हमारे युग का यही तकाजा है कि अब हम साहित्य में यथार्थता को ही अधिक स्थान दें।"

यह छायावादी पंत की बदली हुई मनोभूमि है। जिसमें गाँधी और मार्क्स दोनों के बिम्ब झलकते हैं। पंत जी के भाई जो अल्मोड़ा जिला कांग्रेस के मंत्री थे, सन् 1934 में जेल से छूटने के बाद गाँधी जी से मिलने दिल्ली गये और साथ में पंत जी को भी ले गये। गाँधी जी उन दिनों नमक सत्याग्रह के बाद ग्राम संगठन में लगे थे और हरिजन बस्ती में ठहरे हुए थे। प्रथम भेंट में ही पंत जी को गाँधी के महत् व्यक्तित्व के अन्तःस्पर्श का अनुभव हुआ। इसे उन्होंने इस प्रकार कहा है—

प्रथम भेंट में मिला हृदय को सूक्ष्म स्पर्श, दृग विस्मय प्रेरित।
स्फुरित इन्द्रधनु अर्चि विनिर्मित हुआ मनोमय वपु उद्भासित।।

पंत जी ने 'बापू के प्रति' शीर्षक अपनी पहली रचना सन् 1936 के आरम्भ में लिखी। 1936 के ही जाड़ों में पंत जी दुबारा कालाकांकर गये और 1940 तक

अधिकतर वहीं रहे। इस अवधि में उन्होंने ग्राम्य प्रकृति का निरीक्षण तो किया ही, ग्राम जीवन की विपन्नता का भी अनुभव किया। इस समय का अधिकांश उनके अध्ययन और चिन्तन में बीता जिसमें पूर्व और पश्चिम की प्राचीन और नवीन सभी प्रकार की विचारधाराएँ थीं। फलतः युग की वास्तविकता को आत्मसात करना उनके लिए अनिवार्य बन गया। 'रूपाभ' का प्रकाशन इसी अवधि में हुआ। इसमें प्रकाशित पंत जी की लगभग सभी रचनाएँ 'युगवाणी' और 'ग्राम्या' में संकलित हैं। इन दोनों संग्रहों की विचारभूमि के बारे में पंत जी लिखते हैं, ''युगवाणी-ग्राम्या में मैंने गाँधीवाद-मार्क्सवाद का समन्वय करने की चेष्टा तो नहीं की है, पर हाँ, गाँधीवाद के शुद्ध साधन—जिसका अर्थ मैं मानवीय साधन लेता हूँ—के सिद्धान्त तथा उसके सांस्कृतिक पक्ष को मेरा मन महत्व देता रहा है और मार्क्सवाद की जनतंत्र की धारणा मुझे सदैव अधिक वास्तविक तथा वैज्ञानिक लगती रही है। दोनों के जीवन-दर्शनों में मेरे मन को जो रुचिकर तथा संग्रहणीय प्रतीत हुआ है, उसे मेरे इस युग की रचनाओं में स्वतः ही वाणी मिल गई है। ''समाजवाद और गाँधीवाद' शीर्षक रचना में मैंने 'युगवाणी' में कहा है—

मनुष्यत्व का तत्व सिखाता निश्चय हमको गाँधीवाद
सामूहिक जीवन विकास की साम्य योजना है अविवाद।''

(साथ वर्ष : एक रेखांकन)

'युगवाणी' (1939) और 'ग्राम्या' (1940) की रचनाओं में पंत जी का समाज दर्शन और ग्राम्य जीवन का चित्रण मुख्य है। युगवाणी में जहाँ प्रायः विचारधारात्मक चिन्तन है, वहाँ ग्राम्या में परिवेश का निरीक्षण भी। 'युगवाणी' में कवि ने पदार्थ और चेतना को दो किनारों की तरह माना है जिनके भीतर जीवन का सत्य प्रवाहित होता है। कवि के ही शब्दों में, ''मध्ययुग के दार्शनिकों ने जिस प्रकार बाह्यजीवन -सत्य की अवहेलना कर जगत को माया या मिथ्या कहा है और आधुनिक भूत दर्शन जिस प्रकार अन्तर्जीवन सत्य की उपेक्षा कर उसे बहिर्जीवन के अधीन रखना चाहता है, 'युगवाणी' में इन दोनों एकांगी दृष्टिकोणों का खंडन किया गया है।'' (साठ वर्ष : एक रेखांकन)। 'युगवाणी' की कविताओं में कवि ने मार्क्सवादी शब्दावली का भरपूर इस्तेमाल किया है। 'मार्क्स के प्रति', 'भूतदर्शन', 'साम्राज्यवाद', 'समाजवाद-गाँधीवाद' 'धनपति', 'मध्यवर्ग', 'कृषक', 'श्रमजीवी', 'क्रान्ति' आदि शीर्षकों से कविताएँ भी इस संग्रह में हैं। 'नारी' शीर्षक कविता में नारी मुक्ति का उद्घोष किया है—

मुक्त करो नारी को मानव ! चिर बंदिनी नारी को
युग युग की बर्बर कारा ऐ जननि, सखी, प्यारी को।।

'युगवाणी' में कवि के पूर्व संग्रहों की तुलना में जो कलात्मक अभाव है उसका कारण भी बताया गया है—

खुल गये छन्द के बन्ध, आस के रजत प्राश
अब गीत मुक्त, और 'युगवाणी बहती अभास

बन गये कलात्मक भाव जगत के रूप नाम
जीवन संघर्षण देता सुख, लगता ललाम।
सुन्दर, शिव ससि कला के कल्पित माप-मान
बन गये स्थूल , जग जीवन से हो एक प्राण !

स्पष्ट है कि कवि जीवनसंघर्षण की तुलना में कला के कल्पित मानदण्डों को अस्वीकार कर रहा है।

'ग्राम्या' में कवि संसार को ग्रामीण नयन से देखने की कोशिश कर रहा है—

देख रहा हूँ आज विश्व को मैं ग्रामीण नयन से
सोच रहा हूँ जटिल जगत पर, जीवन पर जन-मन से।

ग्राम जीवन के मरुस्थल का चित्रण करते हुए कवि लिखता है—

यहाँ न पल्लव वन में मर्मर, यहाँ न मधु विहगों में गुंजन
जीवन का संगीत बन रहा यहाँ अतृप्त हृदय का रोदन
× × ×
जहाँ दैन्य जर्जर असंख्य जन पशु-जघन्य क्षण करते यापन
कीड़ों से रेंगते मनुज शिशु, जहाँ अकाल वृद्ध है यौवन !
सुलभ यहाँ रे कवि को जग में युग का नहीं सत्य शिव सुन्दर
कँप कँप उठते उसके उर की व्यथा विमूर्छित वीणा के स्वर !

गौर करें तो इस कविता में 'पल्लव', 'गुंजन', 'वीणा', जैसे शब्द अनायास नहीं हैं। ये कवि के पूर्व संग्रहों के नाम भी हैं जो उन संग्रहों के भाव लोक से कवि मन की विदाई का संकेत करते हैं। यद्यपि 'ग्राम्या' की कुछ कविताओं में जिनमें ग्राम्य प्रवृति और ग्राम नारी का चित्रण है, कवि की पुरानी भावुकता उमड़ती-सी दीखती है पर यह भी ऐतिहासिक तथ्य है कि इन कविताओं ने ग्राम जीवन की ओर लेखकों-पाठकों का ध्यान आकृष्ट किया था। इस संग्रह की 'भारत माता' शीर्षक कविता को प्रसिद्ध ग्राम शिल्पी फणीश्वरनाथ रेणु ने 'मैला आंचल' के प्रथम पृष्ठ पर छापा था और उन्होंने अपने कालजयी उपन्यास के लिए 'मैला आंचल' शीर्षक भी पंत जी की इसी कविता से लिया था।

'ग्राम्या' के बाद पंत जी की विचारधारा में फिर एक परिवर्तन होने लगा था। गाँधी का दार्शनिक-आध्यात्मिक आदर्शवाद और मार्क्स का भौतिकवाद दोनों उन्हें अपर्याप्त लगने लगे थे। इसी बीच उन्हें अल्मोड़े के पास निवास करने वाले वयोवृद्ध अमरीकी कलाकार मिस्टर ब्रूस्टर से श्री अरविन्द की पुस्तक 'लाइफ डिवाइन' का प्रथम भाग पढ़ने को मिली जिसमें उन्हें अपनी अनेक शंकाओं का उत्तर मिलने लगा। इन्हीं दिनों अर्थात् 1944 ई० में, उन्हें श्री अरविन्द की कुछ अन्य पुस्तकें मिलीं और उदयशंकर ट्रुप के साथ मद्रास से कई बार पांडिचेरी जाने का अवसर मिला। पंत जी पर श्री अरविन्द का बहुत गहरा प्रभाव पड़ा। 'उत्तरा' की भूमिका में उन्होंने अभिभूत होकर लिखा है, "श्री अरविन्द को मैं इस युग की अत्यन्त महान तथा अतुलनीय विभूति मानता हूँ। उनके जीवन-दर्शन से मुझे पूर्ण

सन्तोष प्राप्त हुआ। उनसे अधिक व्यापक, ऊर्ध्व तथा अतलस्पर्शी व्यक्तित्व, जिनके जीवन-दर्शन में अध्यात्म का सूक्ष्म, बुद्धि-अग्राह्य-सत्य नवीन ऐश्वर्य तथा महिमा से मंडित हो उठा है, मुझे दूसरा कहीं देखने को नहीं मिला।'' स्वर्ण किरण (1947), स्वर्ण धूलि (1947), उत्तरा (1949) और आगे के अपने कई संग्रहों में पंत जी ऊर्ध्व संचरण, अन्तश्चेतना, नवीन चेतना आदि की जो चर्चा करते हैं वह श्री अरविन्द से ही प्रभावित है। इसमें बहिरन्तर जीवन के समन्वय की दृष्टि है। इन रचनाओं का नयी कविता से सीधा सम्बन्ध नहीं है।

पंत जी की 1958 की रचनाओं का संग्रह 'कला और बूढ़ा चाँद' नाम से प्रकाशित हुआ। इसकी कविताएँ उनकी पिछली कविताओं से कुछ भिन्न हैं। सबसे बड़ी भिन्नता तो यह कि ये एक छन्द प्रेमी कवि की अतुकान्त कविताएँ हैं। इन्हें पंत जी ने 'रश्मिपदी काव्य' काव्य कहा है। अर्थात् जिसमें 'पद' ही लगाम का काम करते हों। अपने एक इण्टरव्यू में पंत जी कहते हैं, 'रश्मिपदी माने जो कि बिल्कुल एक इण्ट्यूशनल पोयट्री है। मैने उसे छन्द भी देने की कोशिश नहीं की, क्योंकि उसमें इतना कवित्व का तत्व मेरे भीतर मुझे लगा कि मैंने सोचा कि उसे छन्द में क्यों बाँधूं?'' दूसरी विशेषता इस संग्रह की यह है कि इसमें प्रतीकों की योजना बहुत समृद्ध है। कवि ने स्वयं इस बात को स्वीकार किया है। और यह भी कि इसमें वह बोध के सर्वोच्च शिखर से बोल रहा है—

बोध के
सर्वोच्च शिखर से
बोल रहा हूँ
ओ टिमटिमाते
दीपकों
विश्व क्षितिज पर
महज्ज्योति
महत् सूर्य का उदय
हो रहा है। -(द्यावा पृथ्वी)

× × ×

मैं शब्दों की
इकाइयों को रौंदकर
संकेतों में
प्रतीकों में बोलूँगा
उनके पंखों को
असीम के पार
फैलाऊँगा -(अखण्ड)

'कला और बूढ़ा चाँद' में कविताओं के शीर्षक, उनकी शब्दावली और कवि का चिन्तन सब कुछ प्रतीकात्मक है। कवि के प्रतीक वैदिक, दार्शनिक और अंतश्चेतनावादी हैं। केवल कुछ उदाहरण पर्याप्त होंगे—

ओ रँभाती नदियों
बेसुध
कहाँ भागी जाती हो ?
वंशी रव
तुम्हारे ही भीतर है ! -(धेनुएँ)

× × ×

मैं सूर्य की किरणें दुहूँ
तुम चाँद की
मैं तुम्हें प्रकाश दूँ
तुम प्यार ! -(अमृत)

× × ×

शशक
मूषक में
कौन महान है ?
कला के सामने
गंभीर प्रश्न
उपस्थित हुआ
साँप
मूषक को निगल गया
मयूर साँप को -(प्रश्न)

× × ×

अमृत सरोवर में
रति सागर में डूब
मैं पूर्ण हो गया !
किसी वृहत शतदल का
पराग है यह स्वर्णधूलि
इसके कण कण में
मधु है ! -(दृष्टि)

कहना न होगा कि इस प्रकार की प्रतीकात्मकता विशेष व्याख्या की माँग करती है और पंत जी ने हरिवंशराय बच्चन को लिखे एक लम्बे पत्र में इस संग्रह के प्रतीकों की व्याख्या भी की है। (दे० कवियों में सौम्य संत : सुमित्रनन्दन पंत-बच्चन)। 'कला और बूढ़ा चाँद' को यद्यपि कुछ आलोचकों ने नयी कविता के अन्तर्गत रखा है, पर मेरी दृष्टि में इस संग्रह की काव्य-भूमि नयी कविता की नहीं है।

अब यह भी देख लेना चाहिए कि पंत जी की दृष्टि में नयी कविता है क्या? पंत जी ने अपनी चार टिप्पणियों में प्रयोगवाद और नयी कविता की चर्चा की है। वे टिप्पणियाँ हैं—'मेरी दृष्टि में नयी कविता', 'आज की कविता और मैं', 'नयी

काव्य-चेतना का संघर्ष' और 'प्रयोगशील काव्य'। (दे० सुमित्रानन्दन पंत ग्रन्थावली भाग 6)। 'प्रयोगशील काव्य' शीर्षक टिप्पणी में पंत जी लिखते हैं, "अज्ञेय ने तार सप्तक का सम्पादन कर हिन्दी पाठकों के लिए प्रयोगशील कविता का सर्वप्रथम संग्रह प्रस्तुत किया, किन्तु हिन्दी में प्रयोगशील कविता छायावाद के युग से ही लिखी जाने लगी थी। प्रसाद जी ने 'प्रलय की छाया', 'वरुणा की कछार' आदि लिखकर वस्तु तथा छन्द सम्बन्धी नवीन प्रयोग आरम्भ कर दिये थे। निराला जी ने मुक्त छन्द के अनेक रूप तथा शैलियाँ प्रस्तुत कर उसे निखारा और परवर्ती प्रयोगशील कवियों ने उसमें युद्धोत्तर कालीन जन भावना, विद्रोह, वैचित्र्य, नवीन वस्तु दृष्टि, व्यापक सौन्दर्य बोध, तीव्र उद्‌गार तथा अतृप्त रागात्मकता का समावेश कर उसे सब प्रकार से संवारने तथा आधुनिक बनाने का प्रयत्न किया।"

'नयी काव्य चेतना का संघर्ष' शीर्षक टिप्पणी में पंत जी पुनः दुहराते हैं कि नयी कविता का आरम्भ छन्द, भाव-बोध आदि सभी दृष्टियों से छायावाद युग से होता है। इस टिप्पणी में वे यह भी कहते हैं कि प्रयोगवाद एवं नयी कविता प्रगतिवादी काव्य की रूक्षता या शुष्कता की प्रतिक्रिया है। नयी कविता की सीमा बताते हुए वे उसे रूप विधान तथा शैली के क्षेत्र में सीमित मानते हैं। उनके अनुसार सत्य में उसकी आस्था नहीं, बल्कि क्षण के बदलते हुए यथार्थ में है। सर्वदेशीय संस्कृति, विश्व मानवता एवं नव मानवता की ओर उसका रुझान नहीं है बल्कि उसकी मानवता वैयक्तिक है। क्षणिकवाद, अस्तित्ववाद जैसी अनेक प्रकार की अनास्थापूर्ण धाराओं का प्रभाव नयी काव्य चेतना में पड़ा है जो यूरप के कुण्ठाग्रस्त बुद्धिजीवियों की देन है। लेकिन पंत जी यह भी स्वीकार करते हैं कि नयी कविता अपनी वर्तमान स्थिति में भी मध्ययुगीन नैतिक पूर्वग्रहों से मुक्त तथा वर्तमान युग-संघर्ष के प्रति जागरूक है। पंत जी के अनुसार छन्दों की दृष्टि से नयी कविता ने कोई महत्वपूर्ण मौलिक प्रयोग नहीं किये।

'मेरी दृष्टि में नयी कविता' शीर्षक टिप्पणी में पंतजी पुनः छायावाद, प्रगतिवाद, प्रयोगवाद और नयी कविता को एक-दूसरे का पूरक बताते हुए नयी कविता को खास तौर से व्यक्तिगत जीवन के अन्तर्यथार्थ का चित्रण करने वाली मानते हैं। उनके अनुसार काव्य की यह नयी धारा सौन्दर्य, विषाद, करुणा, भय, संशय, अनास्था, विवेक, चिन्तन तथा कभी प्रज्ञा को भी काव्य में गूंथने का प्रयत्न करती है। उनके अनुसार प्रतिष्ठित मान्यताओं, प्रचलित काव्य-पद्धतियों, उपमा-अलंकरणों तथा शब्दों के प्रति उपेक्षा तथा विरक्ति और विद्रोह की भावना भी नयी कविता की एक विशेषता है। यहाँ पंत जी यह भी रेखांकित करते हैं कि नया कवि अपनी अनास्था के समानान्तर उनके जोड़ की नयी मान्यताओं को जन्म देने में अभी समर्थ नहीं हो सका है। उसके वैयक्तिक स्वातन्त्र्य की पुकार बहुत हद तक केवल उसकी अहंता की पुकार अथवा युग के बिखरे व्यक्ति की पुकार बन कर रह गयी है। उसमें शिव का सत्य, लोक मंगल तथा मानव मंगल का भीतरी सत्य दृष्टिगोचर नहीं होता। यही पंत जी की दृष्टि में 'नयी कविता की सबसे बड़ी कमी है।

'आज की कविता और मैं' शीर्षक टिप्पणी में पंत जी एक बार पुनः छायावाद, प्रगतिवाद और प्रयोगवाद को एक दूसरे का पूरक बताते हैं। किन्तु यहाँ वे यह भी कहते हैं कि ये तीनों धाराएँ धीरे-धीरे एक-दूसरे के निकट जा रही हैं। इस सन्दर्भ में वे लिखते हैं, "आज के युद्ध-जर्जर युग में हम एक नवीन सन्तुलन चाहते हैं। अपनी वैयक्तिक और सामाजिक धारणाओं में नवीन समन्वय चाहते हैं, अपने भीतर के सत्य और बाहर के यथार्थ को परस्पर सन्निकट लाना चाहते हैं। अपनी रागात्मक वृत्ति (प्रेय) तथा लोक जीवन के प्रति अपने उत्तरदायित्व (श्रेय) में नया सामंजस्य चाहते हैं।"

नयी कविता के सम्बन्ध में पंत जी की उपर्युक्त टिप्पणियों पर विचार किया जाय तो नयी कविता की प्रवृत्तियों और उसकी सीमाओं का जो उल्लेख उन्होंने किया है, वह बहुत हद तक सही है। अगर साहित्य को एक ऐतिहासिक नैरन्तर्य में देखा जाय तो नयी कविता को एक सीमा तक आधुनिक कविता की निरन्तरता में भी देखा जा सकता है। किन्तु पंत जी का यह कहना कि छायावाद से नयी कविता तक की धाराएँ एक दूसरे के निकट आ रही हैं, सही नहीं है। हाँ, इसमें कोई सन्देह नहीं कि स्वयं पन्त जी इनमें परस्पर सन्तुलन और सामन्जस्य लाना चाहते हैं। 'युगवाणी' के बाद की उनकी तमाम भूमिकाएँ और टिप्पणियाँ इसके प्रकरण में रखी जा सकती हैं। पंत जी के सम्पूर्ण रचनात्मक और विचारात्मक लेखन को सहानुभूति के साथ पढ़ते हुए किसी को भी यह लगेगा कि मनुष्य के लिए उनके मन में गहरी चिन्ता है। वे मनुष्य की वर्तमान स्थिति से दुखी हैं। वे उसके उद्धार के लिए प्रतिपादित विभिन्न विचारधाराओं खास तौर से मार्क्सवाद, गाँधीवाद और भारतीय अध्यात्म का अध्ययन करते हैं मगर वे सभी उन्हें अपर्याप्त और एकांगी प्रतीत होती हैं। पंत जी इनके बीच सन्तुलन और सामन्जस्य बनाने की कोशिश करते हैं। गत्यात्मक टिप्पणियों में तो यह सम्भव हो जाता है किन्तु अपने इन विचारों को पंत जी कविता का कलात्मक रूप नहीं दे पाते। वे मनुष्य के लिए एक सम्पूर्ण सत्य प्राप्त करने की अपनी बेचैनी को काव्यरूप देने में असफल हो जाते हैं। अपनी परवर्ती कविताओं में पंत जी अपने आलोचकों के उत्तर भी कविताओं में ही देने लगते हैं। इससे उनकी कविताएँ अवधारणा प्रधान और गद्यात्मक हो जाती हैं। पंत जी की नई कविताएँ इसी प्रकार की है। ये कविताएँ यह प्रमाणित करती हैं कि किसी विचारधारा के प्रवक्ता, सिद्धान्त निर्माता (आइडियोलॉजिस्ट) या दार्शनिक के लिए कविता का प्रदेश एक खतरनाक और अनुर्वर प्रदेश है।....

सन्दर्भ :

1. उत्तरा : प्रस्तावना, पृ० 2
2. सुमित्रानन्दन पन्त, पृ० 17
3. आधुनिक कवि, पर्यालोचन, पृ० 39
4. वही, पृ० 7-8

5. वही, पृ० 8
6. वही, पृ० 9
7. वही, पृ० 9
8. चिदम्बरा, पृ० 15
9. आधुनिक कवि : पर्यालोचन, पृ० 30
10. वही, पृ० 41
11. चिदम्बरा, पृ० 12
12. वही, पृ० 20
13. वही, पृ० 14
14. वही, पृ० 33
15. वही, पृ० 26
16. वही, पृ० 25-26
17. वही, पृ० 26

●●●

अस्तित्व की जिज्ञासा का काव्य

—भगवतीचरण वर्मा

भारत में भरतमुनि से लेकर आचार्य रामचन्द्र शुक्ल तक और पश्चिम में प्लेटो-अरस्तु से लेकर टी० एसअ इलिएट और आई० ए० रिचर्ड्स तक कविता की कोई एक और अन्तिम कसौटी नहीं बतायी या बनाई जा सकी। अत्यन्त प्राचीन काल से, सारी दुनिया में, कवि, दार्शनिक, आचार्य, आलोचक और प्रबुद्ध विचारक काव्य की अपनी अपनी परिभाषा देते रहे हैं। कविता क्योंकि कवि की अर्थात् एक चेतन मनुष्य की मानस कृति है अतः इसका किसी कारखाने में बनी हुई वस्तु के समान तात्विक विश्लेषण सम्भव नहीं है।

कविता के बारे में कोई ऐसी सर्वमान्य कसौटी जिस पर हर काल, हर भाषा और कवि की कविता शत-प्रतिशत खरी उतरे—प्रस्तुत करना कठिन होता है। अलग-अलग देशों और कालों में कविता के प्रतिमान भी बदलते रहे हैं। किसी कवि के काव्य-विश्लेषण के प्रसंग में इरा तथ्य को स्वीकार करके आगे बढ़ना होगा। फिर भी जिस प्रकार कुछ ऐसे सामान्य धर्म होते हैं जहाँ विविध आकृति-प्रकृति के मनुष्य मिलते हैं और मनुष्य के रूप में अपनी पहचान सुरक्षित रखते हैं, उसी प्रकार कविता के भी कुछ बुनियादी तत्व होते हैं जिनके कारण विविध कालों, विविध भाषाओं और विविध कवियों की विविध भंगिमाओं वाली कविताएँ कविता के एक विशिष्ट रूप में पहचान ली जाती हैं। अतः किसी कवि के काव्य विश्लेषण में कविता के सामान्य धर्म को ही कसौटी बनाना चाहिए।

दूसरी बात यह है कि कविता क्योंकि कवि मानस में सृजित होती है अतः वह वही होती है जो कि कवि स्वयं होता है। टी० एस० इलिएट ने इसी को यों कहा है कि कलाकार का मन एक प्रकार का भंडार है जिसमें अनेक प्रकार की अनुभूतियाँ, शब्द, विचार, चित्र इकट्ठे हुए रहते हैं, उस क्षण की प्रतीक्षा में जब तक कि कवि प्रतिभा के ताप से एक नया रसायन, चमत्कारिक योग उत्पन्न नहीं हो जाता। इस सन्दर्भ में वे लोग जो रचनाओं का सर्वांग और अन्तिम रूप से मूल्याँकन इतिहास के प्रसन्ग में किया करते हैं, सौ फीसदी उपयुक्त नहीं होते। रचना का स्रोत जितना इतिहास हुआ करता है अर्थात् वाह्य घटनाक्रम जगत हुआ करता है, उतना ही रचनाकार का अंतर्मन भी जोकि सचेतन के साथ ही अवचेतन से भी घिरा होता है।

भगवतीचरण वर्मा (1903-1981) के सम्पूर्ण काव्य से बल्कि कहूँ कि सम्पूर्ण लेखन से जो गूँज निकलती है वह है—'अस्तित्व की जिज्ञासा'। जीवन क्या है, अस्तित्व का रहस्य क्या है, जीवन का उद्देश्य क्या है, सत्य क्या है, जैसे गम्भीर दार्शनिक प्रश्न उन्हें कहीं न कहीं भीतर से मथते रहते हैं, जिन्हें सुलझाने की

कोशिश उनकी अभिव्यक्तियों में दिखायी पड़ती है। 1934 में प्रकाशित उनके प्रसिद्ध उपन्यास 'चित्रलेखा' का केन्द्र बिन्दु है—पाप और पुण्य की जिज्ञासा। मगर सच यह है कि इस प्रकार की जिज्ञासाएँ उनके काव्य में शुरू से अन्त तक अर्थात् 1926-27 से लेकर 1960-61 तक भरी पड़ी हैं। वर्मा जी के सम्पूर्ण काव्य की शब्दावली का यदि विश्लेषण किया जाय तो वह कुल मिलाकर दर्शन और विचार की शब्दावली है, जीवन के चरम हल की खोज की शब्दावली है, मनुष्य की सीमा और नियति की स्वीकृति की शब्दावली है। उनकी एक कविता है—'चिन्तन'। यह 1944 की लिखी कविता है। इसमें परिवेश है बम्बई जुहू तट और समुद्र। समुद्र की लहरों को देख कर कवि आनन्दित नहीं होता बल्कि स्वयं प्रश्नों की अथाह गहराई में डूबने-उतराने लगता है—

मैं पूछ रहा हूँ पागल सा
मैं क्या हूँ? क्या अस्तित्व यहाँ?
यह बनना और बिगड़ना क्या?
क्या है खोना, क्या है पाना?
वह दूर क्षितिज धुँधला अशान्त
वैसा ही जैसा मेरा मन
वह बोझिल सा काँपता पवन
वैसा ही जैसा मेरा पग।
अपनी गहराई में सीमित
हिलकोरें लेता हुआ जलधि
जब तब भर उठता है कराह
ज़ैसे मेरे सपनों का जग।

जुहू के उस समुद्र परिवेश से कवि अपने तन, मन और सपनों की तुलना करने लगता है। फिर उसे लगता है कि उसकी जिज्ञासाएँ और शंकाएँ सारे संसार की हैं—

मेरी शंका, जग की शंका
मेरा विभ्रम, जग का विभ्रम
देगा फिर तुमको कौन यहाँ
इन मेरे प्रश्नों का उत्तर?

कवि क्योंकि मानव है इसलिए उसको मानव के सामर्थ्य का बोध होता है कि उसने सागर और अम्बर सब कुछ मथ डाला है लेकिन तुरन्त ही कवि को अपनी सीमा का भी बोध हो जाता है—

पर फिर भी मैं हूँ विजित-विवश
अपनी सीमा का लिए शाप
मैं पूछ रहा हूँ "अरे कौन
वह शक्ति जो कि मेरे ऊपर?"

इस 'चिन्तन' शीर्षक कविता में कवि की जो मनः स्थिति है वह उसकी अनेक कविताओं में व्यक्त हुई है। वह सत्य की जिज्ञासा करता है प्रश्न पूछता है, मनुष्य की उपलब्धियों की चर्चा करता है, लेकिन प्रकृति की विराटता और अज्ञेयता के सम्मुख अपनी सीमाओं का अहसास करते हुए नतशिर भी होता है। 'आवाहन', 'मैं कब से ढूढ़ रहा हूँ', 'प्रिय कितना व्यापक अन्तरिक्ष', 'अपना सर नीचा कर मानव', 'समर्थ शीश दान दो', 'उड़ान', 'तू धूल है', 'समस्या' आदि कितनी कविताओं का उल्लेख करूँ।

सब मेरे कथन को प्रमाणित करेंगी। उद्धरण इतने अधिक होंगे कि न देना ही उपयुक्त होगा। फिर भी वर्मा जी की दो प्रसिद्ध और लम्बी कविताओं से दो उद्धरण नीचे प्रस्तुत हैं। एक कविता का शीर्षक है—''नूरजहाँ की कब्र पर' और दूसरी का शीर्षक है 'संसार'।

वासनाओं का यह संसार
भयानक भ्रम का है बंधन
और इच्छाओं का मण्डल
आदि से अन्त रुदन है रुदन
एक अनियंत्रित हाहाकार
इसी को कहते हैं जीवन। -(नूरजहाँ की कब्र पर)

× × ×

कल्प का कल्प आपार
अरे जीवन के दिन दो चार।
उदधि के वक्षस्थल में व्याप्त
बुलबुले का यह क्षणिक उभार,
निरन्तर उत्पीड़न उल्लास
जिसे कहते वैभव का भार
एक अभिनय का छाया चित्र
इसी को कहते हैं संसार। -(संसार)

इन दोनों कविताओं की तुलना पंत जी की प्रसिद्ध कविता 'परिवर्तन' से की जा सकती है। लगभग वही शब्दावली, वही छन्द और वही भाव। जीवन की नश्वरता, क्षणभंगुरता और परिवर्तन के चक्र को रेखांकित करती ये कविताएँ वर्मा जी के जीवन-दर्शन के अनुकूल ही हैं। ऐसा मनोजगत जो कि रहस्यवाद, संशयवाद, और नियतिवाद के ताने बाने से बनता हो, में जीने की तड़प, जीवन-प्रवाह में बहने की लालसा और मस्ती का आना स्वाभाविक है। यह एक ही सिक्के का दूसरा पहलू है। इसीलिए वर्मा जी की कविताओं में क्षणवादी छौंक और मस्ती का आग्रह भी भरपूर मिलता है। जीवन संघर्षमय है, परिवर्तनशील है और अनिश्चित है तो फिर उस प्रवाह में बहते रहने और चलते रहने में ही-अपनी सार्थकता है। वर्मा जी की अनेक कविताओं में यह भाव स्तर दिखाई पड़ता है—

मैं समय-सिन्धु में डूब चुका अपनापन
कल एक कल्पना और आज है जीवन

-(कुछ क्षण)

तुम बहते जाना, बहते जाना, बहते जाना भाई।
तुम शीश उठा कर सरदी गरमी सहते जाना भाई।
सब यहाँ कह रहे हैं रो-रो कर अपने दुख की बातें।
तुम हँस कर सबके सुख की बातें कहते जाना भाई।

-(बहते जाना भाई)

जो रुक गया वह मर गया
चलता अकेले जिन्दगी
विश्वास-भ्रम से खेलता
मैं चल रहा, बस चल रहा। -(मैं चल रहा)

सत्य की खोज की दृष्टि मूल्यवादी दृष्टि हुआ करती है। वर्मा जी की दृष्टि यही है। अपनी कविताओं में वे तर्क वितर्क करते हुए, जीवन की सच्चाइयों को स्वीकार करते हुए सकारात्मक निष्कर्षों तक पहुँचते हैं। उनकी अनेक कविताओं में सोच की यह प्रक्रिया देखी जा सकती है। 'विस्मृति के फूल' शीर्षक कविता इस प्रक्रिया का एक अच्छा उदाहरण है-

जग जीवन के महा यज्ञ की बलि वेदी है त्याग
जहाँ चढ़ाना होगा तुमको अपना-अपना भाग
एक यन्त्र ब्रह्माण्ड और तुम सब तो उसके अंश
जीवन पर मिट मिट जाना है जीवन का अनुराग।
आओ, मिल लें हम तुम पल भर कर लें प्यार
वह अक्षय विस्मृति का पल ही बने सकल संसार
यहाँ प्राण है एक प्रेरणा, एक साधना जीवन है
एक कल्पना सुख का वैभव है, दुख का सूनापन है
कितने युग-मन्वन्तर बीते-इसका मुझको ज्ञान नहीं
अपनी सीमा की व्यापकता का मुझको अनुमान नहीं
अनिल-अनल-जल-शून्य-वायु से लड़ना और विजय पाना
आगे बढ़ते जाना-हटने से मुझको पहचान नहीं

-(विस्मृति के फूल)

भगवतीचरण वर्मा का काव्य रचना-काल विस्तृत है। उन्होंने जब लिखना शुरू कर दिया था वह छायावादी दौर था। उत्तर छायावाद, प्रगतिवाद और स्वाधीनता के बाद तक उनका रचनाकाल फैला हुआ है। इसीलिए उसकी कविताओं में अनेक रंग हैं, अनेक भाव-स्तर और अनेक अर्थ छवियाँ हैं। उन्होंने प्रेम, विरह, प्रकृति की कविताएँ तो लिखी ही हैं, प्रगतिवादी दौर में विषमता और कटु यथार्थ का चित्रण करने वाली विद्रोह राग की कविताएँ भी लिखी हैं। उनकी एक कविता का शीर्षक

ही है 'विषमता'। महल और भिखारी, मिल मालिक और मजदूर, किसान और जमींदार, शहर और गाँव का वैषम्य उनकी कविताओं में सहज ढंग से व्यक्त हुआ है। इस दृष्टि से उनकी 'ट्राम', 'भैंसागाड़ी', 'जीवन-दर्शन', 'विषमता', 'राजासाहब का वायुयान' आदि कविताएँ विशेष रूप से उल्लेखनीय हैं।

बच्चन जी की प्रसिद्ध काव्य कृति 'मधुशाला' (1933) में लिखी गयी। काशी हिन्दू विश्वविद्यालय के शिवाजी हाल में दिसम्बर, 1933 में आयोजित कवि सम्मेलन में पहली बार बच्चन जी ने 'मधुशाला' सुनायी थी। इसका प्रथम प्रकाशन अप्रैल, 1935 में प्रयाग से हुआ था। कहा जाता है कि 'मधुशाला' की लोकप्रियता ने 'हालावाद' नामक एक नया 'वाद' ही चला दिया, जिसका समय कुछ लोग 1933 से 1936 के बीच मानते हैं और इसके अन्तर्गत बच्चन जी की दो अन्य कृतियों—'मधुबाला', और 'मधुकलश' की गणना की जाती है। पर हालावादी शब्दावली का प्रयोग 'मधुशाला' की रचना के पूर्व ही शुरू हो गया था और छायावादी कवियों की कविताओं में-खास तौर से महादेवी वर्मा की रचनाओं में इसके पर्याप्त उदाहरण मिल जायेंगे। भगवती चरण वर्मा की एक कविता है—'प्यास' जो 1927 में लिखी गयी थी। यह पूरी कविता जो कुल सोलह पंक्तियों की है, इसी शब्दावली में लिखी गयी है। इसकी प्रथम आठ पंक्तियाँ देखिये—

पीने दे ! पीने दे ओ !
यौवन मदिरा का प्याला
मत याद दिलाना कल की
कल है कल आने वाला
है आज उमंगों का युग
तेरी मादक मधुशाला
पीने दे जी भर रुपसि
अपने पराग की हाला।

'साकी' शीर्षक एक और कविता है वर्मा जी की, जो 1933 की है। इसमें हालावादी शब्दावली को वे दार्शनिक अर्थ देते हैं और उसे जीवन की तृप्ति-अतृप्ति के साथ जोड़ते हुए जीवन में गहरी आस्था और उसे जीने की ललक व्यक्त करते हैं।

अपनी परवर्ती कविताओं में वर्मा जी ने व्यक्तियों और घटनाओं से भी कविता का विषय बनाया है तथा कुछ व्यंग्य विनोद की खिलन्दड़ी अन्दाज वाली कविताएँ भी लिखी हैं। उनकी दो कविताएँ गाँधी जी पर है, दो-तीन स्वतंत्रता दिवस और जनतन्त्र दिवस पर, एक हिन्दू-मुसलमान एकता पर एक मातृभूमि वन्दना पर तथा एक एक होली, वसन्त और विजयदशमी पर। ये कविताएँ सामाजिक अवसरों वाली कविताएँ हैं, जो कवि के सहज भावों को सहज ढंग से व्यक्त करती हैं। वर्मा जी की खिलन्दड़ी अन्दाज वाली कविताएँ ऊपर से देखने पर तो मात्र चुहलबाजी

वाली कविताएँ लगती हैं पर वे वास्तव में गहरे व्यंग्य की गम्भीर कविताएँ हैं। 'वर्मा जी ने खाए आम', 'वर्मा जी ने मारी लात', 'कुत्ते की दुम', 'दोस्त वक्त है बहुत बुरा', 'मैं महान हूँ—राम कहो' आदि कविताएँ इसी प्रकार की हैं। इनमें अपने समय का गहरा यथार्थ और उनके साथ कवि का निजी साहचर्य तथा साथ ही कविता का एक विशिष्ट शिल्प-अन्दाज एक साथ देखा जा सकता है। आत्म व्यंग्य ने इन कविताओं को और भी अर्थवान कर दिया है।

वर्मा जी के काव्य शिल्प की सबसे बड़ी विशेषता है कि उनकी कविता में कोई बुनावट नहीं है। उनकी कविताएँ चाहे प्रेम की हों या जीवन दर्शन की या यथार्थ की, कवि की सहज अभिव्यक्ति हैं। उनकी सहजता ही उनकी कला है। छन्दमय प्रवाह और गीतात्मक चेतना वर्मा जी की कविताओं की एक प्रभावशाली विशेषता है। एक जमाने में 'हम, दीवानों की क्या हस्ती' और 'जल उठ जल उठ अरी धधक उठ, महानाश सी मेरी आग' जैसी कविताएँ अपने गीतात्मक आवेग के बल पर युवकों के होठों पर लहराया करती थीं।

●●●

कविता का लोक राग

—सुभद्रा कुमारी चौहान

'कविता क्या है' अर्थात् कैसी शब्दाभिव्यक्ति को कविता कहेंगे, इसके बारे में आज तक कोई अन्तिम कसौटी नहीं बनी। हालाँकि पूरब और पश्चिम में भरतमुनि से लेकर आचार्य शुक्ल तक और प्लेटो से लेकर आई० ए० रिचर्ड्स तक प्रतिमानों के निर्माण की कोशिशें जरूर हुईं। कवि-स्वभाव और काव्य-विषय के संख्यातीत होने के कारण किसी एक काव्य प्रतिमान का होना भी असम्भव है। जो लोग किसी एक ही कसौटी पर भिन्न-भिन्न प्रकृति की कविताओं को परखने की कोशिशें करते हैं, वे स्वयं अपने को हास्यास्पद बना लेते हैं। यदि कविता को जाँचने के मानदण्ड स्वयं उसी के भीतर से नहीं निकलेंगे तो फिर उसकी परख भी मुश्किल होगी। एक ही मानदण्ड पर सभी देशों, सभी कालों और सभी भावभूमियों की कविताएँ कैसे खरी हो सकती हैं?

दूसरी बात जिसे मैं कई बार लिख चुका हूँ वह यह है कि कविता कवि से अभिन्न होती है। वह वही होती है जो कि कवि स्वयं होता है। इसीलिए कविताओं के रूप, स्वभाव और अन्दाज अलग हो जाते हैं। कविता का अलग-अलग पाठकों पर प्रभाव भी अलग-अलग हुआ करता है। इन सारी स्थितियों को ध्यान में रखते हुए किसी कविता के मूल्यांकन के लिए एक उदार, समावेशी दृष्टि आवश्यक होती है। किसी एक सिद्धान्त, मतवाद या संकीर्ण दृष्टि से न किसी कविता का मूल्यांकन किया जा सकता है न किसी कवि का।

सुभद्रा क़ुमारी चौहान (1904-1948 ई०) का व्यक्तित्व एक सहज, संवेदनशील, स्वाभिमानी, देशभक्त नारी का व्यक्तित्व है। यही उनके काव्य से भी प्रतिबिम्बित होता है। संवेदनशीलता ही उनकी पूँजी है और सहजता ही उनकी कला। इन्हीं प्रतिमानों पर उनकी कविता को परखा जा सकता है। अन्य काव्यशास्त्रीय सिद्धान्तों और मतवादों के आग्रह उनके काव्य मर्म के प्रवाह को अवरुद्ध ही करेंगे। सहृदय पाठक कला का चमत्कार नहीं ढूँढ़ता, दर्शन की गहराई नहीं नापता, वह जीवन के प्रकृत रागरंग में अपना आस्वाद पा लेता है। इसीलिए सुभद्राकुमारी चौहान की कविताएँ लोक की जुबान पर चढ़ी रहती थीं और आज भी उनका पाठ रोमांचित कर देता है। 'झाँसी की रानी', 'वीरों का कैसा हो वसन्त', 'झांसी की रानी की समाधि पर', 'जालियाँ वाले बाग में वसन्त', 'ठुकरा दो या प्यार करो', 'लोहे को पानी कर देना' आदि कविताएँ लोक की मूल्यवान धरोहर हैं। वह कवि धन्य हो जाता है, जिसकी लेखनी से निकलकर कविता लोक का सुर बन जाय।

फिर उसे किसी आलोचक की जरूरत नहीं होती, किसी पुरस्कार की कामना नहीं रहती। पाठक ही कवि का चरम काम्य है। बेंजामिन फ्रैंकलिन ने एक जगह लिखा है, ''यदि आप चाहते हैं कि मरने के बाद दुनिया आपको जल्दी भुला न दे तो कुछ ऐसा लिखें, जो पढ़ने योग्य हो या कुछ ऐसा करें जो लिखने योग्य हो।'' (If you would not be forgotten as soon as you are dead, either write something worth reading or do something worth writing.)

कहना न होगा कि लक्ष्मीबाई ने कुछ ऐसा किया जो लिखने योग्य है और सुभद्रा कुमारी चौहान ने कुछ ऐसा लिखा जो पढ़ने योग्य है। 'पढ़ना' भी शिक्षित वर्ग का संस्कार है। उससे भी गहरा है 'स्मरण रखना' जो लोक की चेतना है। सुभद्राकुमारी चौहान की कुछ कविताएँ लोक स्मृति का अंग बन चुकी हैं–

सिंहासन हिल उठे, राजवंशों ने भृकुटी तानी थी।
बूढ़े भारत में भी आयी फिर से नयी जवानी थी।
गुमी हुई आजादी की कीमत सबने पहचानी थी।
दूर फिरंगी को करने की सबने मन में ठानी थी।
× × ×
चमक उठी सन् सत्तावन में वह तलवार पुरानी थी।
बुन्देले हर बोलों के मुँह हमने सुनी कहानी थी।
खूब लड़ी मर्दानी वह तो झाँसी वाली रानी थी। -(झाँसी की रानी)
× × ×
इस समाधि में छिपी हुई है एक राख की ढेरी
जल कर जिसने स्वतन्त्रता की दिव्य आरती फेरी।
यह समाधि, यह लघु समाधि है झासी की रानी की।
अन्तिम लीला स्थली यही है, लक्ष्मी मर्दानी की ।
यहीं कहीं पर बिखर गयी वह भग्न विजय माला-सी।
उसके फूल यहाँ संचित हैं है यह स्मृति-शाला-सी ।
(झाँसी की रानी की समाधि पर)

इस कविता में क्या है जो हमारी स्मृति का अंग बन गया है? न कोई गम्भीर दर्शन है, न कोई उत्कृष्ट काव्य-कला। न कोई विचारधारा है, न कोई प्रेम-पीर। फिर यह किस बूते पर पाठक की स्मृति में अंकित है? वस्तुतः इस कविता में स्वाधीनता, देशप्रेम और उत्सर्ग के प्रति वह पूज्य भाव है, जो सभी दृश्यों में शाश्वत रूप से वर्तमान इन रागकेन्द्रों को झनका देता है। इसी प्रकार इस कविता में वह आवेग है जो लोकचित्त की तरलता को सहज प्रवाह दे देता है। कविता पाठक को इसी तरह प्रभावित करती है–उसके हृदय में संचित भावतन्तुओं को झंकृत करके। इस कविता का छन्द-प्रवाह उतना ही सक्षम और प्रभावकारी है जितना कि कथ्य का तेज। कथ्य का तेज पाठक के हृदय में कुछ इसलिए भी और बढ़ जाता है

क्योंकि लक्ष्मीबाई एक नारी हैं, वीर हैं और रानी भी हैं। कुछ लोग ऐसे भी हैं जो 'फनकार की कलम की स्याही की एक बूँद' को 'शहीदों के खून' से भी ज्यादा महत्त्व देते हैं। मगर सुभद्रा जी उनमें नहीं हैं। एक बार उन्हें किसी पुरस्कार के लिए झाँसी आमन्त्रित किया गया। इस पर उन्होंने एक कविता लिखी है—'पुरस्कार कैसा'। इस कविता में वे लिखती हैं—

हर पत्थर पर लिखा जहाँ
बलिदान लक्ष्मीबाई का
कौन मूल्य है वहाँ सुभद्रा
की कविता - चतुराई का?

शब्द कर्म और सीधे कर्म के बीच द्वन्द्व आज भी विचार विमर्श में उठता रहता है। मगर सुभद्रा जी के सन्दर्भ में इसका कोई औचित्य नहीं है। वह दोनों क्षेत्रों में संलग्न (इन्वाल्ब्ड) थीं। उनका समय राष्ट्रीय स्वाधीनता आन्दोलन का समय था। क्रान्तिकारी गतिविधियों का भी और कांग्रेस के अहिंसात्मक सत्याग्रहों का भी। सुभद्रा जी स्वयं एक सक्रिय कार्यकत्री के रूप में कांग्रेस के आन्दोलनों में भाग लेती रहीं। अपने पति ठाकुर लक्ष्मण सिंह, जो कांग्रेस के नेता थे, के साथ कदम मिलाकर चलती रहीं। कई बार जेल भी गईं और मध्यप्रान्त एसेम्बली की कांग्रेस सदस्या भी रहीं। इस प्रकार साहित्य और राजनीति दोनों क्षेत्रों में उनकी सक्रियता जीवन के अन्त तक बनी रही। इसीलिए राष्ट्रीय भावना और देशभक्ति उनकी कविता का एक महत्वपूर्ण आयाम है—सम्भवतः सबसे ज्यादा महत्वपूर्ण। सुभद्रा जी का रचनाकाल भारतीय राजनीति में गाँधी के व्यापक प्रभाव का काल है। भारतीय राजनीति में गाँधी के आगमन से लेकर उनके पार्थिव अवसान तक का ही काल सुभद्रा जी का भी रचनाकाल है। इसी अवधि में लगभग सभी महत्त्वपूर्ण राजनीतिक-क्रान्तिकारी घटनाएँ घटित हुई थीं। 1908 में खुदीराम बोस को फाँसी हुई। 15 साल के इस वीर बालक के बलिदान ने सभी स्वतन्त्रता प्रेमियों को भीतर से हिला दिया। 1913 में जालियाँवाला बाग का नरसंहार, 1920 में असहयोग आन्दोलन, स्वदेशी का आग्रह तथा विदेशी का बहिष्कार, 1927-28 में साइमन कमीशन का बहिष्कार, 1929 में रावी तट पर पूर्ण स्वराज की माँग, 1930 में गाँधी की डांडी यात्रा और नमक सत्याग्रह, 1932 में भगतसिंह-सुखदेव-राजगुरु को फाँसी, 1942 में भारत छोड़ो आन्दोलन आदि घटनाएँ पूरे देश को आन्दोलित करने वाली थीं। सुभद्रा जी तो संवेदनशील कवयित्री भी थीं और कांग्रेस के आन्दोलनों में शरीक भी। उनकी कविता पर गाँधी के असहयोग, सत्याग्रह, अहिंसा, आदि का प्रभाव पड़ा है—

छेड़ दिया संग्राम, रहेगी
हलचल आठो याम सखी
असहयोग सर तान खड़ा है
भारत का श्रीराम सखी । -(विजयादशमी)

× × ×

असहयोग पर मर-मिट जाना
यह जीवन तेरा होगा
हम होंगे स्वाधीन, विश्व का
वैभव धन तेरा होगा। -(मातृ मन्दिर में)

× × ×

है इतना उत्साह कि डर है, हम उन्मत्त न बन जावें
है इतना विश्वास कि भय है, हम गर्विष्ठ न कहलावें
इतना बल है प्रबल, कहीं हम अत्याचार न कर डालें
यही सोच संकोच यही, मर्यादा पार न कर डालें
अतः विनय है शान्ति सहित माँ
हमको मार्ग सुझा देना
भड़की हुई हृदय की ज्वाला
माँ! कर प्यार बुझा देना । -(स्वागत)

सुभद्रा जी विज्ञान के लौह युग के मुकाबले गाँधी की शान्तिनीति को ज्यादा महत्व देती हैं। ऊपर की पंक्तियों से यह स्पष्ट है। उनकी एक और प्रसिद्ध कविता है–'लोहे को पानी कर देना'। इसमें वह लिखती हैं–

है यही आदि गाँधी-युग का, जो बापू ने विस्तारा है
है यही अन्त लोहे के दिन, जिनका विज्ञान सहारा है
विज्ञानी की है परम सिद्धि, जग को लोहे से भर देना
है हँसी खेल तुमको बापू, लोहे को पानी कर देना ।

सुभद्रा जी की अन्तिम कविता–'प्रभु तुम मेरे मन की जाना'–भी गाँधी के 'मन्दिर में हरिजन प्रवेश' कार्यक्रम से सम्बन्धित है–

कह देता है किन्तु पुजारी यह तेरा भगवान नहीं है
दूर कहीं मन्दिर अछूत का और दूर भगवान कहीं हैं
मैं सुनती हूँ जल उठती है मन में यह विद्रोही ज्वाला
यह कठोरता, ईश्वर को भी जिसने टूक टूक कर डाला

मगर गाँधी से प्रभावित होते हुए और उनके कार्यक्रमों में हिस्सा लेते हुए भी, सुभद्रा जी के मन में स्वाधीनता के लिए एक ऐसी आग है जो कभी-कभी अहिंसा और विनय के सारे आवरणों को भेद कर अपने ताप का अनुभव करा ही देती है। ऐसे अवसरों पर सुभद्रा की कविताएँ दिनकर की ओजस्वी कविताओं का रूप धारण कर लेती हैं और कवयित्री को अपने क्षत्राणी होने का स्मरण हो आता है–

कह दे अतीत अब मौन त्याग
लंके, तुझमें क्यों लगी आग ?

ऐ, कुरुक्षेत्र अब जाग जाग
बतला अपने अनुभव अनन्त
वीरों का कैसा हो वसन्त ?

× × ×

हल्दीघाटी के शिला खंड
ऐ दुर्ग ! सिंहगढ़ के प्रचण्ड
राणा ताना का कर घमण्ड
दो जगा आज स्मृतियाँ ज्वलन्त
वीरों का कैसा हो वसन्त ?

-(वीरों का कैसा हो वसंत)

× × ×

क्षत्राणी हूँ, सुख पाने दे
अरुणामृत की धारों से
बनने दे इतिहास देश का
पानी चढ़े दुधारों से। -(पुरस्कार कैसा)

वस्तुतः स्वाधीनता प्रेमी कवि में इस प्रकार के वीरभाव का उठना स्वाभाविक है। वह भी तब, जब जातीय और ऐतिहासिक स्मृति के अवसर हों तथा कवि को मंच से अपने श्रोताओं को भी सम्बोधित करना हो। जालियाँवाले बाग की घटना ने सुभद्रा जी के कवि-मन को बहुत गहरे झकझोर दिया था। इसकी मनोवेदना वे अपनी कई कविताओं में व्यक्त करती हैं। एक तो बहुत अच्छी कविता है जिसका शीर्षक ही है 'जालियाँवाले बाग में बसन्त'। इस कविता में वे वसन्त को सम्बोधित करते हुए कहती हैं–

कोमल बालक मरे यहाँ गोली खा-खाकर
कलियाँ उनके लिए गिराना थोड़ी लाकर
यह सब करना, किन्तु
बहुत धीरे - से आना ।
यह है शोक - स्थान
यहाँ मत शोर मचाना ।।

तिलक की मृत्यु पर सुभद्रा जी ने 'मत जाओ' शीर्षक कविता लिखी। 1920 में नागपुर में होने वाली कांग्रेस के स्वागत में कविता लिखी। सागर जिले के 'रतौना' नामक ग्राम में कसाईखाना बनाने के लिए सरकार की घोषणा होने पर उन्होंने 'विस्मृति की स्मृति' शीर्षक कविता लिखी। इस प्रकार की सामयिक घटनाओं पर प्रतिक्रियास्वरूप उनकी अनेक कविताएँ हैं, जो उनकी काव्यदृष्टि का भी पहचान कराती हैं। इन कविताओं में अधिकांश का लक्ष्य स्वराज्य और देश का भविष्य है।

सुभद्राकुमारी चौहान की एक कविता है—'साध'। इस कविता में वे लिखती हैं—

सरल काव्य सा सुन्दर जीवन
हम सानन्द बिताते हों
तरुदल की शीतल छाया में
चल समीर सा गाते हों।
× × ×
सरिता के नीरव प्रवाह सा
बढ़ता हो अपना जीवन
हो उसकी प्रत्येक लहर में
अपना एक निरालापन
रचें रुचिर रचनाएँ जग में
अमर प्राण भरने वाली
दिशि-दिशि को अपनी लाली से
अनुरंजित करने वाली।

यह कविता सुभद्रा जी की कामना, उनकी काव्यदृष्टि और जीवन दृष्टि को भी थोड़े शब्दों में व्यक्त करने वाली है। सरल काव्य सा सुन्दर जीवन जो सरिता के नीरव प्रवाह-सा बढ़ने वाला हो—कवयित्री का काम्य है। कहना न होगा कि यह सरलता और सहजता सुभद्रा जी के जीवन और काव्य की सबसे बड़ी विशेषता है। उनकी कविता गम्भीर से गम्भीर भाव को भी अत्यन्त सहज और सरल ढंग से व्यक्त करने वाली है। यही उनका शिल्प है। स्वाधीनता और देशभक्ति के अतिरिक्त उनकी कविता का एक दूसरा आयाम व्यक्तिगत और घरेलू है। स्नेह, विदाई, मिलन, प्रतीक्षा, जिज्ञासा, उल्लास, अवसाद आदि की व्यक्तिगत मनःस्थितियाँ उनके छोटे-छोटे मुक्तकों और गीतात्मक रचनाओं में व्यक्त हुई हैं। इनमें स्वयं को सम्बोधित कविताएँ हैं, प्रकृति निरीक्षण के गीत हैं, बच्चों की निश्छलता को व्यक्त करने वाली, बुजुर्गों के प्रति सम्मान प्रदर्शित करने वाली, हृदय और प्रेम को महत्व देने वाली तथा भक्ति और रहस्य भाव को व्यक्त करने वाली कविताएँ हैं। ये कविताएँ विश्वास, प्रेम, साहस, उत्साह आदि पूज्य भावों को रेखांकित करने वाली आशावादी कविताएँ हैं। इनका भोलापन पाठक को आकृष्ट करता है। बच्चों की निर्मल, उज्जवल हँसी की तरह। सुभद्रा जी की पहली कविता नौ साल की उम्र में जून-जुलाई, 1913 में 'मर्यादा' पत्रिका में प्रकाशित हुई थी। इस कविता का शीर्षक है 'नीम'। इस कविता में हरि से प्रार्थना की गई है कि नीम का वृक्ष जो वायु और पथिक जन को शीतल करता है, अपने देश में सदा फूला करे। जीव मात्र के प्रति

यह सदाशय भाव सुभद्रा जी की कविता में अपनी उसी निश्छलता और सादगी के साथ अन्त तक मिलता है। छायावाद काल में होते हुए भी सुभद्रा जी की कविता में न आध्यात्मिक रहस्यमयता है, न आलंकारिक शब्द-वैभव, न शिल्प का चमत्कार, न प्रतीकात्मकता, न अनेकार्थता, न गूढ़ व्यंजना। फिर भी उनकी कविता को जो शक्ति देती है वह है लोक-मन की सहजता, सादगी और स्वाभाविकता। यही उनका काव्य व्यक्तित्व भी है और शायद कवि-व्यक्तित्व भी।

●●●

प्राण रहने दो अकेला

—महादेवी वर्मा

'पन्थ होने दो अपरिचित प्राण रहने दो अकेला'—महादेवी (1907-1987 ई०) की इस गीत-पंक्ति में प्रयुक्त शब्दों पर गौर करें। इस पंक्ति में चार प्रमुख शब्द हैं—पथ, अपरिचित, प्राण और अकेला। आप चाहें तो महज इन चार शब्दों के सहारे भी महादेवी के काव्य-संसार में घुस कर उससे परिचित हो सकते हैं। 'पन्थ' या 'पथ' शब्द का इस्तेमाल महादेवी ने बहुत बार किया है और शायद उतनी ही बार 'प्राण' शब्द का भी। 'पथ' और 'प्राण' का यह रिश्ता उनके सम्पूर्ण काव्य में मिलेगा। महादेवी की कविता जिस 'नारी' की आत्माभिव्यक्ति है उसके लिए जीवन एक 'पथ' है—एक अनवरत 'साधना'। इस पथ पर उसके पग अग्रसर हैं और उसके प्राण साधनारत। महादेवी के सम्पूर्ण काव्य में यात्रा और साधना की यह मनःस्थिति भीनी हुई है। उनकी कविता की, लगभग सारी, शब्दावली इसी 'यात्रा' और 'साधना' की शब्दावली है। यह यात्रा कहीं मिलन की यात्रा है, कहीं विरह की; कहीं जीवन और मृत्यु की; कहीं अज्ञात और रहस्य की। यह यात्रा सरल नहीं है—दुर्गम है।[1] यह अग्नि पथ है।[2] इस पथ में 'तिमिर' है, 'झंझा' है, 'शूल' है, 'धूल' है, 'पंक' है, 'प्रलय' है, 'ज्वाला' है, 'गर्जना' है।[3] फिर भी इस पथ पर कवयित्री के पग आगे बढ़ते रहते हैं। पथ के साथ उसके प्राण का रिश्ता जुड़ा रहता है। कहीं यह पथ 'तिमिर', 'तम' या 'रात' बन जाता है। कहीं 'मन्दिर' या 'देवता'। कहीं 'सागर' या 'नभ'। इन सबके साथ कवयित्री के प्राणों का रिश्ता विविध रूपों में कायम रहता है। जहाँ पथ 'तिमिर' का पर्याय बनता है वहाँ कवयित्री के प्राण 'दीप' बन जाते हैं। जहाँ वह मदिर या देवता बनता है वहाँ कवयित्री साधिका हो जाती है। जहाँ वह सागर बनता है वहाँ यह 'तरी' बनती है और जहाँ वह 'नभ' बनता है, वहाँ यह 'विहग'।[4]

कहना न होगा कि 'दीप' महादेवी के काव्य का एक अत्यन्त महत्त्वपूर्ण प्रतीक है। इसका प्रयोग उनकी कविता में बार-बार हुआ है। यह प्रतीक उनको इतना प्रिय है कि उन्होंने अपनी कविता में इसके साथ तादात्म्य-सा कर लिया है।[5] भिन्न सन्दर्भों में यह प्रतीक अपनी भिन्न अर्थ-छवियों में आता है। कहीं तो यह गलने, घुलने और जलने के सन्दर्भ में आता है और आत्मदान का अर्थ देता है।[6] कहीं अन्धकार के बीच अकेला जलता हुआ यह दीप आलोक बिखेरता है और विश्वास का सम्बल बनता है।[7] कहीं यह मन्दिर में इष्टदेवता के सम्मुख जलता हुआ एकान्त समर्पण का प्रतीक बनता है।[8] इस सन्दर्भ में उल्लेखनीय है कि महादेवी के काव्य में पूजा की शब्दावली भी कम नहीं है। मन्दिर, इष्टदेवता, पुजारी, आरती, फूल, चन्दन, अक्षत, घनसार, धूप, दीप, नैवेद्य आदि शब्दों का कई गीतों में प्रयोग हुआ है। पूजा की यह शब्दावली कवयित्री के व्यक्तिगत संयम और पवित्रता की

शब्दावली है। साधना की शब्दावली है। यह साधना व्यक्तिगत साधना है। तन और मन की साधना है। इसमें नितान्त निजीपन और वैयक्तिकता है। इसीलिए महादेवी के काव्य में शरीर की शब्दावली भी बहुत अधिक मिलती है। तन, मन, साँस, दृग, पलक, प्राण, उर, अधर, कुन्तल, पुतली, उँगलियाँ आदि उनकी कविता में बार-बार आती हैं। साँस गिनने और घड़ी गिनने की चर्चा भी बार-बार आती है। यह कवयित्री के भीतर की तीव्रता और बेचैनी को प्रकट करती है। यह आकस्मिक नहीं है कि महादेवी की कविता में 'आज', 'अब' जैसे वर्तमानबोधक शब्दों का अधिक प्रयोग हुआ है। यह एक ओर तो इस बात का सूचक है कि कवयित्री में क्षण के प्रति सचेतता है और दूसरी ओर इस बात का सूचक भी कि कवयित्री अपने वर्तमान से दुखी है तथा उसे अपनी साधना से सुखद बनाने की चेष्टा कर रही है।[10] कवयित्री में वर्तमान की तैयारी भविष्य के लिए है। 'स्वप्न', 'अँधेरा', 'जाने क्यों', 'उस पार', 'किस', 'कौन' आदि शब्दों का प्रचुर प्रयोग इस बात का द्योतक है कि कवयित्री का झुकाव एक तीसरे संसार की ओर है। यह संसार रहस्य का संसार है। उसके प्रिय का संसार है। सपनों का संसार है। वह इसे पूरी तरह समझ नहीं पाती। उसका जीवन इसी तक पहुँचने की साधना है। एक पूजा है। एक दीप है। एक पथ है। एक यात्रा है। यह यात्रा अन्धकार से प्रकाश की यात्रा है। वर्तमान से भविष्य की यात्रा है।

इस सन्दर्भ में महादेवी की रहस्यभावना पर प्रायः दो तरह के विचार प्रकट किये गये हैं। कुछ लोग उनकी प्रेमानुभूति को अलौकिक मानते हैं और कुछ लोग लौकिक। यह सही है कि महादेवी के काव्य में ऐसी शब्दावली है जिससे उनकी आध्यात्मिक चेतना का भान होने लगता है। बीन और रागिनी, दर्पण और छाया, घन और दामिनी, रश्मि और प्रकाश, असीम और ससीम आदि का बार-बार उल्लेख उनके गीतों में हुआ है।[11] यह शब्दावली आत्मा और परमात्मा के सम्बन्ध ों को व्यक्त करनेवाली शब्दावली है। पर इस शब्दावली को सभी प्रसंगों में आध यात्मिक अर्थ में स्वीकार करना सम्भव नहीं है। आज के भौतिक-वैज्ञानिक युग में आध्यात्म किसी बुद्धिजीवी का स्थायी भाव नहीं हो सकता। दूसरी ओर कुछ विद्वान महादेवी की रहस्यभावना में अतृप्त काम की प्रेरणा मानते हैं। पर महादेवी के व्यक्तित्व के साथ उनकी कविताओं को रखकर देखने से इस प्रकार का आरोप भी पूर्णतः सही नहीं प्रतीत होता।

यह तो सही है कि महादेवी के काव्य में वेदना और पीड़ा की शब्दावली भरी पड़ी है। आँसू, दृगजल, अश्रुकण उनकी कविता में बार-बार आते हैं। घन, घटा, वारिद, निर्झर, मेघ जैसे प्रतीक भी प्रायः घनीभूत पीड़ा का अर्थ देते हैं। रजनी, रात, तम, यामिनी जैसे शब्द आन्तरिक अभाव और अकेलापन को व्यक्त करते हैं।[12] पर महादेवी की कविता में पीड़ा और वेदना की शब्दावली के साथ ही उल्लास और प्रफुल्लता की शब्दावली भी कम नहीं है। शूल के साथ फूल भी हैं, दुख के साथ सुख भी, विरह के साथ मिलन भी, ज्वाला के साथ शीतलता भी, तिमिर के साथ आलोक भी। झंझा, तूफान, रात और पतझर के साथ ही उषा, प्रभात, मुकुल और

मधुकाल भी।[13] स्वर्ण और रजत जैसे रंगों का अधिक वर्णन आन्तरिक उल्लास को ही प्रकट करता है। महादेवी के काव्य में यदि विरह की शब्दावली अधिक है तो मिलन की शब्दावली भी कम नहीं है। मादकता, मधु-प्याला, मदिरा, आसव, छलकना, छलछल, पीना, चुम्बन, आलिंगन आदि शब्द उनकी कविता में बार-बार आते हैं। मिलन की अनेक मुद्राएँ उनके गीतों में मिलती हैं । उनके प्रकृति-गीतों में भी शब्दावली वही है। उनमें भी श्रृंगार और मिलन की अनेक कोमल अनुभूतियाँ भरी पड़ी हैं। तात्पर्य यह कि महादेवी की कविता में विरोधाभास बहुत है। शायद इतना विरोधाभास किसी दूसरे कवि में न मिले। इनकी शब्दावली एक ओर तो रहस्य की दुनिया में भागती प्रतीत होती है और दूसरी ओर उसमें जीने की चाह भी उतनी ही बनी हुई है।[14] अपने अनेक गीतों में कवयित्री ने सारी बाधाओं को तोड़कर आगे बढ़ने का संकल्प व्यक्त किया है।[15] उसका तो सारा जीवन ही एक यात्रा है जिसके दो छोर हैं—आलोक और तिमिर।[16] वह एक ऐसी सरिता है जिसके दो किनारे हैं—मिलन और विरह।[17] इन्हीं के बीच उसे निरन्तर आगे बढ़ते जाना है—अपने पदचिन्ह अंकित करते हुए।[18] यह सही है कि उसके रास्ते में अँधेरा और सूनापन है, पर उसके साथ उसके प्राणों का दीप भी है जिसे जलाकर वह अँधेरे में भी दीवाली किये रहती है।[19] उसके प्राणों का यह दीप सुबह तक जलता रहेगा, क्योंकि यह दीप सामान्य दीप नहीं है, प्राणों का दीप है—

झंझा है दिग्भ्रान्त रात की मूर्छा गहरी,
आज पुजारी बने, ज्योति का यह लघु प्रहरी,
जब तक लौटे दिन की हलचल,
तब तक यह जागेगा प्रतिपल
रेखाओं में भर आभा-जल
दूत साँझ-सा इसे प्रभाती तक चलने दो। -(परिक्रमा, पृ० 82)

इसीलिए मैंने प्रारम्भ में ही कहा है कि पथ और प्राण के रिश्ते का महादेवी के काव्य में बराबर और अन्त तक निर्वाह होता रहता है। उनके गीतों को लेकर यह विवाद उठाना कि उनकी प्रणयानुभूति लौकिक है या अलौकिक कुछ विशेष महत्त्व नहीं रखता। एक तो नारी होने के नाते महादेवी अपनी अनुभूतियों को अत्यन्त सूक्ष्म कर देती हैं और दूसरी बात यह कि उनकी कविता में विरोधाभास भी बहुत मिलता है। मगर उनकी कविता की सारी शब्दावली यदि चुनी जाय और उनके सभी प्रमुख प्रतीकों का विश्लेषण किया जाय तो इतना निर्विवाद रूप से कहा जा सकता है कि महादेवी सुख-दुख, मिलन-विरह और तिमिर-आलोक के बीच अपनी निरन्तर-साधना, निरन्तर-यात्रा की चाह व्यक्त करती रहती हैं। यही उनकी कविता का स्थायी भाव है। 'दीप' और 'पथ' जैसे केन्द्रीय प्रतीक उनकी कविता में इसी भाव को व्यक्त करते हैं।

महादेवी के काव्य की शब्दावली का अध्ययन करते हुए इतना कहना और शेष रह जाता है कि महादेवी का काव्य-संसार एक सीमित संसार है। उनकी चुनी

हुई कुछ कविताओं की शब्दावली इकट्ठी की जाय तो वही उनके सम्पूर्ण काव्य में बार-बार प्रयुक्त मिलेगी। यह उनके अनुभव जगत की सीमा है। महादेवी की काव्य-चेतना अन्तर्मुखी है। उनकी कविता व्यक्ति-चेतना की अभिव्यक्ति है। उसमें बाह्य जगत का चित्रण बहुत कम मिलेगा। अपने एकान्त निजी क्षणों को कविता का विषय बनाने के कारण ही महादेवी में प्रयत्नसाधित सूक्ष्मता और प्रतीकात्मकता मिलती है। उनका संयम तथा संकोच एक दार्शनिक आवरण का रूप ले लेता है। यह आवरण कविता को ऊपर से ढककर उसकी काव्यात्मकता को प्रायः क्षतिग्रस्त करता है। अनुभूतियों पर चिन्तन हावी हो जाता है। कहीं कला की महीन सजावट के कारण और कहीं परस्पर-विरोधी शब्दों के प्रयोग के कारण कविता अस्पष्ट होने लगती है। इसे हम महादेवी के काव्यानुभूति की सीमा मान सकते हैं।

छायावादी कवियों में एकमात्र महादेवी ही ऐसी हैं जिनकी काव्य-भूमि और शैली आरम्भ से अन्त तक एक ही रही। छायावाद के अन्य कवियों का काव्य नये आयामों की ओर भी जाता है। उनमें से कुछ तो छायावाद की समाप्ति के बाद प्रगतिवाद और अन्य काव्य-प्रवृत्तियों को शुरू करने का श्रेय भी पा लेते हैं। पर महादेवी का काव्य-व्यक्तित्व इस अर्थ में गतिशील नहीं रहा। उन्होंने अपने युग की सीमा को तोड़कर आगे जाने की कोशिश नहीं की। उनके काव्य में कृत्रिम जोड़-गाँठ नही है। जो कुछ है उसकी जमीन एक ही है। महादेवी के काव्य में छायावादी प्रवृत्तियाँ शुरू से अन्त तक सुरक्षित हैं—स्वानुभूति, प्रकृतिप्रेम, सौन्दर्य-कल्पना, सूक्ष्म चित्रण आदि। किन्तु महादेवी रहस्य की कवयित्री हैं, इसीलिये छायावाद की मूलधारा से थोड़ी अलग भी हैं। अन्य छायावादी कवियों की मनःस्थिति से उनकी केन्द्रीय मनःस्थिति भिन्न है।

महादेवी की कविता व्यक्तिप्रधान है। उसमें अहं का महत्त्व सबसे अधिक है। महादेवी अपनी कविता में सबसे अधिक अपने ही बारे में कहती हैं । उनकी कविता में उनका निजी संसार ही प्रधान है। उनका वस्तु-संसार बहुत सीमित है—वही दीपक, शलभ, चातक, कोकिल, प्रातः, सन्ध्या, रजनी, अँधेरा, सावन आदि बार-बार आते हैं। महादेवी अपनी भावनाओं को प्रकृति चित्रों के माध्यम से प्रकट करती हैं। उनका काव्य प्रकृति का काव्य लगता है। मानवीय मिलन, विरह, उत्कण्ठा, लालसा, उल्लास, आनन्द, व्यथा आदि के अनेक चित्र उनके प्रकृति चित्रों के माध्यम से देखे जा सकते हैं—

1. सकुच सजल खिलती शेफाली
   अलस मौलश्री डाली डाली
   बुनते नव प्रवाल कुंजों में
   रजत श्याम तारों से जाली
   शिथिल मधु पवन, गिन गिन मधुकण
   हरसिंगार झरते हैं झर झर
   आज नयन आते क्यों भर-भर।

2. सौरभ का फैला केश जाल
करती समीर परियाँ बिहार।
गीली केसर मधु झूम झूम ।
पीते तितली के नव कुमार।
मर्मर का मधु संगीत छेड़
देते हैं हिल पल्लव अजान।।

3. विद्युत के चल स्वर्णपाश में बँध हँस देता रोता जलधर
अपने मृदु मानस की ज्वाला गीतों से नहलाता सागर।
दिन निशि को, देती निशि दिन को, कनक रजत के मधु प्याले हैं
अलि क्या प्रिय आनेवाले हैं?

निराला के काव्य में वस्तुजगत का वैविध्य है जबकि महादेवी का काव्य अन्तरजगत की गहराई का काव्य है। उसमें एक नारी के मिलन और विरह की साधना ही मुख्य है। वह स्वानुभूति की अभिव्यंजना है। महादेवी के काव्य में श्रृंगार मुख्य है पर वह श्रृंगार आध्यात्मिकता लिये हुए है। उनकी प्रेमभावना बड़ी संयत है। वे अलौकिक को अपना प्रियतम बनाकर अपनी प्रेमानुभूतियों की अभिव्यंजना करती हैं। उनका प्रेम भी सहज नारी-प्रेम न होकर चिन्तनप्रधान हो उठता है। महादेवी का मानसिक अवरोध उनके काव्य को क्षतिग्रस्त करता है। एक संकोच और आवरण उनकी अनुभूतियों को अस्पष्ट बनाये रहता है। वह अनेक प्रतीकों के द्वारा अपनी अनुभूतियों को स्पष्ट करती हैं जिससे उनकी सहज अभिव्यक्ति बाधित होती है और उन पर रहस्यमयता हावी हो जाती है। हिन्दी के आधुनिक रहस्यवादी काव्य के सम्बन्ध में महादेवी लिखती हैं—"उसने पराविद्या की अपार्थिवता ली, वेदान्त के अद्वैत की छाया मात्र ग्रहण की, लौकिक-प्रेम की तीव्रता उधार ली और इन सबको सांकेतिक दाम्पत्य-भावसूत्र में बाँधकर एक निराले स्नेह-सम्बन्ध की सृष्टि कर डाली, जो मनुष्य के हृदय को पूर्ण आलम्बन दे सका, उसे पार्थिव प्रेम से ऊपर उठा सका तथा मस्तिष्क को हृदयमय और हृदय को मस्तिष्कमय बना सका।" कहना न होगा कि उपर्युक्त पंक्तियों में महादेवी जी ने अपने ही रहस्य-काव्य का विश्लेषण किया है।

महादेवी के काव्य पर निराशावादी और पलायनवादी होने का आरोप लगाया गया है। ऐसा उनके पीड़ावाद या दुखवाद को ध्यान में रखकर किया गया है। इसमें कोई सन्देह नहीं कि महादेवी दुख और पीड़ा की मनः स्थिति को बराबर व्यक्त करती हैं पर इसके बावजूद उनका काव्य निराशावाद नहीं है। वस्तुतः उनकी रहस्यवादी-आध्यात्मिक चेतना उन्हें निराशावादी नहीं होने देती। उनमें आस्था और आशा भी उतनी ही है। 'जाग तुझको दूर जाना' और 'रात के उर में दिवस की चाह का सर हूँ' जैसी पंक्तियों में जो आस्था और आशा व्यक्त हुई है वह रेखांकित करने योग्य है। महादेवी में जीने की जितनी चाह है उतनी विरले कवियों में ही मिलती है—

कण्टकों की सेज जिसकी आँसुओं का ताज
सुभग ! हँस उठ, उस प्रफुल्ल गुलाब ही-सा आज
बीती रजनि प्यारे जाग।

शारीरिक श्रृंगार का अपूर्व उछाह इन पंक्तियों में देखा जा सकता है–

रंजित कर दे यह शिथिल चरण ले नव अशोक का अरुण राग,
मेरे मण्डन को आज मधुर ला रजनीगन्धा का पराग
यूथी की मीलित कलियों से
अलि दे मेरी कबरी सँवार ।

महादेवी पूरी आस्था के साथ चुनौती देती हैं–

बाँध लेंगे क्या तुझे यह मोम के बन्धन सजीले ?
पन्थ की बाधा बनेंगे तितलियों के पर रँगीले ?
विश्व का क्रन्दन भुला देगी मधुप की मधुर गुनगुन
क्या डुबा देंगे तुझे यह फूल के दल ओस-गीले?
तू न अपनी छाँह को अपने लिए कारा बनाना !
जाग तुझको दूर जाना !

महादेवी के काव्य में जो दुख और पीड़ा है वह भी एक व्यापक मानवीय करुणा के रूप में सामने आती है–

मैं कण कण में ढाल रही अलि
आँसू के मिस प्यार किसी का ।
मैं पलकों में पाल रही हूँ
यह सपना सुकुमार किसी का।

अपने दुखवाद के बारे में महादेवीजी लिखती हैं, "दुख मेरे निकट ऐसा काव्य है जो सारे संसार को एक में बाँध रखने की क्षमता रखता है। हमारे असंख्य सुख हमें चाहे मनुष्यता की पहली सीढ़ी तक भी न पहुँचा सकें, किन्तु हमारा एक बूँद आँसू भी जीवन को अधिक मधुर अधिक उर्वर बनाये बिना नहीं गिर सकता। मनुष्य सुख को अकेला भोगना चाहता है, परन्तु दुख सबको बाँटकर विश्व-जीवन में अपने जीवन को विश्ववेदना में अपनी वेदना को इस प्रकार मिला देना जिस प्रकार एक जलबिन्दु समुद्र में मिल जाता है, कवि का मोक्ष है।"

सच यह है कि महादेवी की कविता आज कविता के मुहावरे से दूर है। आज की कविता में जो यथार्थवादी आग्रह है, जो संघर्ष और विद्रोह है, जो विसंगति-बोध और तनाव है, वह महादेवी की कविता में नहीं है। महादेवीजी की दृष्टि भाववादी-आध्यात्मिक दृष्टि हैं। वस्तुवादी जीवनदर्शन उनका नहीं है। वे यथार्थवाद से अधिक सामंजस्य पर बल देती हैं। इसीलिए अपनी कविताओं में वे सुख-दुख का सामंजस्य करती दिखायी पड़ती है। दरअसल महादेवी के काव्य को उसकी अनेक सीमाओं के बावजूद उसकी आन्तरिक सम्पन्नता में देखना उपयुक्त होगा। अनुभूति की सघनता और गहनता, चित्रमयता, संगीतात्मकता, मार्मिकता आदि

महादेवी के गीतों की विशिष्टता है। इसीलिये उनका काव्य रहस्य और दर्शन की जमीन पर पहुँचकर भी अपनी काव्यात्मकता को पूरी तरह क्षतिग्रस्त होने से बचा लेता है।

सन्दर्भ

1. जीवन-पथ का दुर्गम तम तल
अपनी गति से कर सजल सरल
शीतल करता युग तृषित तीर ! -(आधुनिक कवि, पृ० 47)

2. अग्नि पथ के पार चन्दन-चाँदनी का देश है क्या?
-(परिक्रमा, पृ० 34)

3. इन उत्ताल तरगों पर सह
झंझा के आघात -(वही, पृ० 76)
× × ×
मोम-सी-साधें बिछा दीं
थीं इसी अंगार-पथ में -(वही, पृ० 80)

4. सो रहे उर-नीड़ में मृदु पंख सुख-दुख के समेटे
सघन विस्मृति में उनींदी अलस पलकों को समेटे -(दीपशिखा)

5. धूप-सा तन दीप-सी मैं ! -(परिक्रमा, पृ० 22)

6. सौरभ फैला विपुल धूप बन,
मृदुल मोम-सा घुल रे मृदु तन;
दे प्रकाश का सिन्धु अपरिमित,
तेरे जीवन का अणु गल गल!
पुलक पुलक मेरे दीपक जल ! -(परिक्रमा, पृ० 77)

7. लौ की कोमल दीप्त अनी से
तम की एक अरूप शिला पर
तूने दिन के रूप गढ़े शत
ज्वाला की रेखा अंकित कर
अपनी कृति में आज
अमरता पाने की बेला आती रे ! -(वही, पृ० 85)
× × ×
दीप मेरे जल अकम्पित
घुल अचंचल ! -(वही, पृ० 89)

8. स्नेह भरा जलता है झिलमिल मेरा यह दीपक-मन रे!
मेरे दृग के तारक में नव उत्पल का उन्मीलन रे ! -(वही, पृ० 45)
× × ×
यह मन्दिर का दीप इसे नीरव जलने दो ! -(वही, पृ० 81)

9. मोम-सा तन घुल चुका अब दीप-सा मन जल चुका है। -(वही, पृ० 33)

10. सब बुझे दीपक जला लूँ !
घिर रहा अब आज दीपक-रागिनी अपनी जला लूँ ! -(वही, पृ० 79)
11. बीन भी हूँ मैं तुम्हारी रागिनी भी हूँ!
× × ×
मैं तुमसे हूँ एक, एक हैं
जैसे रश्मि प्रकाश
मैं तुमसे हूँ भिन्न, भिन्न ज्यों
घन से तड़ित-विशाल । -(वही, पृ० 71)
12. शून्य मेरा जन्म था
अवसान है मुझको सवेरा
प्राण आकुल के लिए
संगी मिला केवल अँधेरा -(आधुनिक कवि, पृ० 88)
13. यह शूल फूल का चिर नूतन
पथ मेरी साधों से निर्मित
× × ×
मैं सुख से चंचल दुख-बोझिल
क्षण-क्षण का जीवन जान चली। -(परिक्रमा, पृ० 62)
× × ×
आयी दुख की रात मोतियों की देने जयमाल;
सुख की मन्द बतासा खोलती, पलकें दे दे ताल। -(वही, पृ० 21)
× × ×
आज मधुर विषाद की घिर करुण आयी यामिनी;
बरस सुधि के इन्दु से छिटकी पुलक की चाँदनी -(नीरजा)
14. रात के उर में दिवस की चाह का शर हूँ
15. कण्टकों का सेज जिसकी आँसुओं का ताज
सुभग! हँस उठ, उस प्रफुल्ल गुलाब ही सा आज
बीती रजनि प्यारे जाग ! -(परिक्रमा, पृ० 52)
16. हो मेरे लक्ष्य-क्षितिज की
आलोक-तिमिर दो छोरें ! -(आधुनिक कवि, पृ० 30)
17. चिर मिलन विरह पुलिनों की
सरिता हो मेरा जीवन; -(वही, पृ० 29)
18. पर तुझे है नाश-पथ पर चिन्ह अपने छोड़ आना !
जाग तुझको दूर जाना। -(सान्ध्यगीत)
19. प्राणों का दीप जलाकर
करती रहती दीवाली -(नीहार)

●●●

कविता का निजी संसार

–हरिवंशराय 'बच्चन'

आधुनिक हिन्दी कवियों में जितने आरोप बच्चन (1907-2002 ई०) की कविताओं पर लगाये गये हैं उतने शायद किसी अन्य कवि की कविताओं पर नहीं। बच्चन की कविताएँ 'वासनापूर्ण', 'निराशावादी', 'पलायनवादी', 'भाग्यवादी' आदि विविध विशेषणों से समय-समय पर सम्बोधित की गयी हैं और जिनके सम्बन्ध में कवि ने ''कह रहा जग वासनामय / हो रहा उद्गार मेरा' / या 'बृद्धजग को क्यों अखरती है क्षणिक मेरी जवानी' / या 'हैं कुपथ पर पाँव मेरे / आज दुनिया की नज़र में' जैसे गीतों में बड़ी पीड़ा के साथ उत्तर दिया है। ये आरोप एक सीमा तक सही भी कहे जा सकते हैं, क्योंकि 'मधुशाला' (1935) से 'उभरते प्रतिमानों के रूप' (1969) तक बच्चन की काव्य-यात्रा उनकी जीवन-यात्रा से भिन्न नहीं है और यकीनन कवि की यह जीवन-यात्रा परिस्थितियों के विविध मोड़ों से होकर गुजरी है। 'आरती और अंगारे' (1958) की भूमिका में कवि ने स्पष्ट किया है कि उसकी अभिव्यक्ति उसके व्यक्तित्व से भिन्न नहीं है और सुस्थिर इनमें से कोई भी नहीं है–न व्यक्तित्व न कवित्व। दोनों का विकास होता रहा है। कवि ने स्वीकार किया है कि जैसे उसका जीवन सांगिक (आरगेनिक) है, वैसे ही उसकी कविता भी है। यही कारण है कि कवि बच्चन के जीवन में जिस प्रकार का वैविध्य प्राप्त होता है उसी प्रकार का वैविध्य उनकी कविता में भी। बच्चन ने स्वयं लिखा है, ''मनः स्थितियों और परिस्थितियों के प्रति जिस प्रकार की मेरी प्रतिक्रिया होती है और प्रतिक्रिया होने पर जिस प्रकार की अभिव्यक्ति मैं उसे देता हूँ, यदि वह कवियों की-सी है तो मैं कवि हूँ, यदि वह अभिव्यक्ति कविता की-सी है तो जो मैं लिखता हूँ वह कविता है।'' वस्तुतः बच्चन की रचनाएँ उनकी जीवनानुभूतियों की ही उपज हैं। अपनी आत्मकथा में वे लिखते हैं–''इतने दिनों में मैं अपने हृदय पर हाथ रखकर कह सकता हूँ–और कलाकार के लिए इससे बड़ी सौगन्ध नहीं–कि मैंने कुछ भी ऐसा नहीं लिखा जो मेरे अन्तर से नहीं उठा, जो उसमें नहीं उमड़ा-घुमड़ा–अनुवादों के मामलों में भी।''[1]

सम्भवतः इसी कारण बच्चन के लिए कविता लिखना एक विवशता है–

मेरे दिल पर, दिमाग पर
साँस पर
एक भार है–
एक पहाड़ है।
मैं लिखता हूँ तो समझो

मैं अपनी कलम की निब से,
नोक से,
उसे छेड़ता हूँ, भेदता हूँ
कुरेदता हूँ ,
उस पर प्रहार करता हूँ।

-(बुद्ध और नाचघर)

वैसे उपर्युक्त उद्धरण की भाषा प्रमाण है कि कवि के दिमाग पर ऐसा कोई भार नहीं। अगर ऐसा होता तो इतने पर्यायवाची शब्दों को गिनाने की आवश्यकता न होती और तब कवि का शब्दप्रयोग अनुशासित होता और उपर्युक्त पंक्तियों का रूप शायद कुछ दूसरा होता।

प्रश्न उठा है और उठता है, क्या बच्चन की रचनाएँ व्यक्तिवादी हैं? निस्सन्देह बच्चन की प्रारम्भिक कविताएँ उनके निजी संसार की कविताएँ हैं जिस अर्थ में प्रसिद्ध अमरीकी कवि समीक्षक मैकलीश ने एमिली डिकिंसन की कविताओं के लिए 'पोएट्री आव द प्राइवेट वर्ल्ड' शब्द का प्रयोग किया है (पोएट्री एण्ड एक्सपीरिएन्स)। यों रचना में जो कुछ भी आता है रचनाकार से होकर आता है और रचना में रचनाकार का निजी संसार भी सूक्ष्म रूप में रहता ही है, पर वह निजी संसार बहुतों का निजी संसार होता है और इस रूप में रचना निजी सीमाओं को लाँघ जाती है। रचना के लिए रचनाकार के पास अपने अनुभव के सिवा दूसरा साधन भी क्या है और हो सकता है? इस सम्बन्ध में बच्चनजी कहते हैं—"कोई मुझसे कहता है, ये गीत आपकी व्यक्तिगत परिस्थितियों एवं जीवन-घटनाओं से परिसीमित हैं। मेरा उत्तर है, जीवन के जिस छोटे-से क्षेत्र को जानने-समझाने का प्रयत्न मैंने किया है उसके लिए मुझे आत्मानुभव का साधन ही उपलब्ध हुआ है, उपयुक्त जान पड़ा है।" 'मधुशाला' की भाषा में उत्तर देना होता तो बच्चन कहते—

मेरी हाला में सबने
पायी अपनी-अपनी हाला
मेरे प्याले में सबने
पाया, अपना अपना प्याला
ेरे साकी में सबने
अपना प्यारा साकी देखा
जिसकी जैसी रुचि थी उसने
वैसी देखी मधुशाला।

-(मधुशाला)

अपने दुख का सच्चा भोक्ता दूसरे के दुख का भी सच्चा द्रष्टा हो जाता है। कमजोरी वहाँ होती है जहाँ अनुभूति-शैथिल्य होता है। जहाँ अनुभूति प्रामाणिक होती है वहाँ वह केवल अनुभूति होती है—वैयक्तिक या सामाजिक नहीं। समीक्षक को यह देखकर आश्चर्य होगा कि बच्चन की जिन प्रारम्भिक रचनाओं को

'वासनापूर्ण' 'पलायनवादी', 'निराशावादी' और 'भाग्यवादी' कहा गया है उनमें अनुभूति की तीव्रता और इसीलिए काव्यात्मक शक्ति भी सबसे अधिक है। इन कविताओं में कवि अभिनेता के रूप में उपस्थित होता है, दर्शक के रूप में नहीं। वह स्वयं भोगता है–मात्र कहता नहीं। अधिकांश कविताएँ 'मैं' से शुरू होकर 'मैं के ही आस-पास घूमती हैं। ये कविताएँ सन्देश नहीं देतीं–अनुभव देती हैं–अनुभव भी सीधा और प्रत्यक्ष। एमिली डिकिंसन की कविताओं पर विचार करते हुए मैकलीश लिखते हैं–'द पोयट आफ द प्राइवेट वर्ल्ड इज नाट आब्जर्वर ओनली बट ऐक्टर इन द सीन दैट ही आब्जर्व्स। एण्ड द वायस दैट स्पीक्स इन हिज पोएम्स इज द वायस आव हिमसेल्फ ऐज ऐक्टर–ऐज सफरर ऑफ दोज सफरिंग्स, डीलाइटर इन दोज डिलाइट्स–ऐज वेल ऐज हिज वायस ऐज पोएट।''[2] मैकलीश का उपर्युक्त कथन बच्चन की आरम्भ की कविताओं के सन्दर्भ में भी सार्थक है।

बच्चन के साहित्यिक जीवन का आरम्भ विद्रोह से होता है। उनकी हालावादी रचनाएँ विद्रोह और नवजीवन के आग्रह के रूप में ही ग्रहण की जानी चाहिए। 'मधुशाला' की लोकप्रियता के पीछे मुक्त जीवन का आग्रह ही प्रबल है–

ध्यान मान का अपमानों का
छोड़ दिया जब पी हाला
गौरव भूला, आया कर में
जब से मिट्टी का प्याला
साकी की अन्दाज भरी
झिड़की में क्या अपमान धरा
दुनिया-भर की ठोकर खाकर
पायी मैंने मधुशाला।

-(मधुशाला)

कवि के लिए मधुशाला कुल मिलाकर अपने विद्रोही विचारों को व्यक्त करने का माध्यम मात्र है। वह पलायन नहीं, साहस का प्रतीक है जिसमें कहीं उसकी मस्ती, कहीं असमंजस, कहीं विवशता, कहीं आक्रोश, कहीं अतृप्ति और कहीं उमंग व्यक्त हुई है। इसमें कोई सन्देह नहीं कि यह कवि का अपना संसार है जो उसकी विवशता, उसकी अतृप्ति, उसके सुख-दुख के चारों ओर एक काव्य संसार का रूप ग्रहण करता है पर थोड़ी गहराई से विचार करने पर कवि की 'मधुशाला' सारे संसार की अतृप्ति, लालसा, निराशा, अशान्ति और विवशता का प्रतीक बन जाती है–

कितनी आयी और गयी थी
इस मदिरालय में हाला
अब तक टूट चुकी है कितने
मादक प्यालों की माला
कितने साकी अपना-अपना

काम खतम कर दूर हुए
कितने पीनेवाले आये
किन्तु वही है मधुशाला। -(मधुशाला)

जन्म और मृत्यु के बीच की मानवीय छटपटाहट ही इन मुक्तकों का विषय है। 'खैयूयाम की मधुशाला' (1935) की भूमिका में कवि ने लिखा है, 'इन रुबाइयों के अन्दर एक उद्विग्न और आर्त्त आत्मा की पुकार है, एक विषण्ण और विपन्न मन का रोदन है, एक दलित और भग्न हृदय का क्रन्दन है। संक्षेप में कहना चाहें तो यह कहेंगे कि रुबाइयात मनुष्य की जीवन के प्रति आसक्ति और जीवन की मनुष्य के प्रति उपेक्षा का गीत है...यह गीत जीवन-मायाविनी के प्रति मानव का एकान्तिक प्रणय निवेदन है।...रुबाइयात सुख का नहीं दुख का गीत है; सन्तोष का नहीं असन्तोष का गान है।'' यही बात किंचित हेर-फेर के साथ बच्चन की 'मधुशाला' के सम्बन्ध में भी कही जा सकती है। संसार की कटु सीमाओं के भीतर टकराकर चूर होती हुई मनुष्य की आशा-आकांक्षाओं की बड़ी तीखी व्यंजना 'मधुशाला' की पंक्तियों में हुई है—

छोटे-से जीवन गें कितना
प्यार करूँ, पी लूँ हाला
आने के ही साथ जगत में
कहलाया, 'जानेवाला'
स्वागत के ही साथ बिदा की
होती देखी तैयारी
बन्द लगी होने खुलते ही
मेरी जीवन-मधुशाला। -(मधुशाला)

आगे चलकर 'मधुबाला' (1936) और 'मधुकलश' (1937) के गीतों में जो विद्रोह, मुक्त जीवन की लालसा और सहज जीवन की उमंग प्राप्त होती है वह संसार की कटु सीमाओं की ही प्रतिक्रिया है।

मिट्टी का तन मस्ती का मन
क्षण-भर जीवन मेरा परिचय
× × ×
इस पार प्रिये मधु है, तुम हो
उस पार न जाने क्या होगा -(मधुशाला)
× × ×
है आज भरा जीवन मुझमें
है आज भरी मेरी गागर
× × ×

तीर पर कैसे रुकूँ मैं
आज लहरों में निमन्त्रण -(मधुकलश)

जैसे प्रसिद्ध गीतों में मुक्ति की जो छटपटाहट और वर्तमान को ही भोगने का जो आग्रह प्राप्त होता है वह मनुष्य की टूटती हुई आशा-आकांक्षाओं का ही विद्रोह कहा जा सकता है—

कल क्रूर काल के गालों में
जाना होगा इस कारण ही
कुछ और बढ़ा दी है मैंने
अपने जीवन की धूमधाम -(मधुबाला)

कवि को संसार एक बड़ा कारागार प्रतीत होता है, जहाँ उसकी इच्छाएँ बन्दी पड़ी हैं ('कवि की वासना'—मधुकलश)। उसे सांसारिक मनुष्य की सीमाओं, उसके दुख-दर्द और उसकी नियति का सीधा अनुभव है इसीलिए उसकी 'मधुबाला' सांसारिक ज्वाला में जलते हुए प्राणियों पर मरहम लेप करती है, उसके क्रन्दन को अपनी नूपुर-ध्वनि में लय करती है। एक वाक्य में कहना हो तो कहा जा सकता है कि 'मधुशाला', 'मधुबाला' और 'मधुकलश' के गीतों की मस्ती, लालसा, उमंग और विद्रोह जीवन-संघर्षों की ही उपज है जिसे यकीनन कवि ने निजी स्तर पर झेला है—

राग के पीछे छिपा
चीत्कार कह देगा किसी दिन
हैं लिखे मधुगीत मैंने
हो खड़े जीवन समर में -(पथभ्रष्ट : मधुकलश)

श्यामा जी की मृत्यु के बाद बच्चन को जिस गहरी व्यथा का अनुभव हुआ उसकी मार्मिक अभिव्यक्ति 'निशा निमन्त्रण' (1938), 'एकान्त संगीत' (1939) और 'आकुल अन्तर' (1943) में हुई है। इन कृतियों में एक गहरी उदासी और पीड़ा व्यक्त हुई है। 'क्या भूलूँ क्या याद करूँ', में इस घटना पर बच्चन ने लिखा है, "उसकी मृत्यु में (1969) आधा मैं भी मर गया था। मेरे जीवन में आधा वह भी जी रही है।" (पृष्ठ 316)

तेजी से विवाह के बाद बच्चन के मन का विषाद कुछ छँटा, जिसके संकेत 'सतरंगिनी' (1945) के निम्नांकित गीतों में प्राप्त होते हैं—

है अंधेरी रात पर
दीवा जलाना कब मना है?
× × ×
जो बीत गयी सो बात गयी
× × ×
नीड़ का निर्माण फिर-फिर
नेह का आह्वान फिर-फिर

आगे चलकर 'हलाहल' (1946), 'मिलन यामिनी' (1950) और 'प्रणय पत्रिका' (1955) के गीतों में मादक प्रकृति के बीच जो उद्दाम तृप्ति-अतृप्ति व्यक्त हुई है वह कवि की काव्य-यात्रा के अनुकूल ही है। 'चाँदनी फैली गगन में, चाह मन में'। 'आज कितनी वासनामय यामिनी है'/ 'प्राण कह दो आज तुम मेरे लिए हो' / 'प्रिय शेष बहुत है रात अभी मत जाओ'/'सो न सकूँगा और न तुमको सोने दूँगा, हे मन-बीने'/'रात आधी/खींचकर मेरी हथेली एक उँगली से लिखा था 'प्यार' तुमने'/जैसे मादक और प्यासे गीतों की प्रासंगिकता स्वतः स्पष्ट है।

यहाँ यह ध्यान देने की बात है कि विवशता और विषाद से भरी होने के बावजूद बच्चन की कविता में जीने की प्यास बहुत है। बच्चन की आरम्भिक कविताओं में जो विद्रोह, मस्ती, उमंग और लालसा प्राप्त होती है वह उनमें बराबर मिलती है—श्यामा जी की मृत्यु-सम्बन्धी दो-तीन कृतियों को छोड़कर। 'मधु' और 'मधुशाला' के बिम्ब बच्चन की कविताओं में आरम्भ से अन्त तक मिलते हैं। मधु, मधुशाला, सुराही, प्याला, हलाहल, साकी, सेज, प्यास, पपीहा, यौवन, होंठ, नयन, प्रतीक्षा, निमन्त्रण, चाँदनी रात, गन्ध आदि के बहुल प्रयोग प्रमाण हैं कि कवि की प्यास कभी तृप्त नही होती—

आसरा मत ऊपर का देख
सहारा मत नीचे का माँग
यही क्या कम तुझको वरदान
कि तेरे अन्तस्तल में राग -(हलाहल)

कवि की इस प्यास को मैं 'वासनामय' कहकर एक बहुत बड़े दार्शनिक उलझन में अपने को नहीं डालना चाहता—अधिक-से-अधिक मैं मनोविज्ञान के प्रकाश में उसकी अतृप्तियों को स्वीकार भर कर सकता हूँ। इस सन्दर्भ में चन्द्रगुप्त विद्यालंकार का कथन उद्धृत करना प्रासंगिक होगा—

"खिलनमर्ग में साढ़े ग्यारह हजार फुट की ऊँचाई पर मैंने एक चश्मा देखा है। सरदियों में इस चश्में पर बीसों फुट ऊँची और कठोर बरफ की परतें जम जाती हैं। आये साल इस चश्में पर से बड़े-बड़े एवेलान्श गुजर जाते हैं, पर यह चश्मा कभी एक क्षण के लिए बन्द नहीं हुआ, मन्द नहीं पड़ा। यह जीवनदायिनी जलधारा प्राणशक्ति के समान बरफ की चट्टानों को काटकर निरन्तर बहती रहती है। पत्थर की कठोर शिलाएँ उसे रोक नहीं पायीं तो बर्फ के अम्बार उसे कहाँ रोक सकेंगे। बच्चन भी ठीक उसी तरह निरन्तर रस का, काव्य का और माधुर्य का कभी रुक न सकनेवाला एक चश्मा है, जो अनुकूल या प्रतिकूल किसी भी तरह की परिस्थितियों में सूखता नहीं है।"[4] विद्यालंकार जी यदि अपनी बात सही ढंग से कहते तो बच्चन को 'निरन्तर रस का, काव्य का और माधुर्य का कभी रुक न सकने वाला चश्मा' न कहकर 'अतृप्ति का, प्यास का, कभी न भर सकने वाला सागर' कहते।

बच्चन की आरम्भिक रचनाएँ विशेषतः 'निशानिमन्त्रण' 'एकान्त संगीत' और 'आकुल अन्तर' अवश्य ही उनकी व्यक्तिगत परिस्थितियों की उपज है, पर उनकी परवर्ती रचनाओं—मुख्यतः 'बंगाल का काल' (1946), 'खादी के फूल' (1948), 'सूत की माला' (1948), 'बुद्ध और नाचघर' (1958) तथा 'दो चट्टानें' (1965) में बाह्य घटनाएँ ही मुख्य प्रेरक हैं। इन परवर्ती कृतियों में बंगाल का अकाल, गाँधी की मृत्यु, चीन का आक्रमण और नेहरू की मृत्यु जैसी ऐतिहासिक घटनाओं पर कवि की प्रतिक्रिया व्यक्त हुई है तथा बाढ़, भुखमरी , शोषण, दमन आदि स्वातन्त्र्योत्तर परिस्थितियों का चित्रण हुआ है। पर इन कृतियों में जो भाषा-शैथिल्य प्राप्त होता है वह अन्ततः कवि के अनुभूति-शैथिल्य का ही प्रमाण है और भाषा के आधार पर इन रचनाओं का अध्ययन करते हुए कहा जा सकता है कि कवि में परिवेश का बोध तीव्र नहीं है। अपने सारे रुमानी वातावरण के बावजूद 'मधुशाला', 'मधुबाला', 'मधुकलश', 'निशा निमन्त्रण', 'एकान्त संगीत', 'सतरंगिनी' और 'मिलन यामिनी' के गीतों में जो अनुभूति की तीव्रता और प्रामाणिकता लक्षित होती है तथा जो काव्यात्मक शक्ति प्राप्त होती है वह उपर्युक्त परवर्ती रचनाओं में नहीं मिलती। श्रीकान्त वर्मा की एक भिन्न सन्दर्भ की कविता में कहा जा सकता है—

मगर दूसरे के दुख को
अपना मानने की बहुत
कोशिश की, नहीं हुआ

'कटती प्रतिमाओं की आवाज' (1968) और 'उभरते प्रतिमानों के रूप' (1969) में सामयिक परिस्थितियाँ ही प्रमुख हैं, जिनमें कवि ने आज के युग का साक्षात्कार किया है। बच्चन की परवर्ती रचनाएँ काव्यात्मक दृष्टि से कमजोर हैं और उन्हें पढ़कर यह तो प्रमाणित हो ही जाता है कि यदि कवि अपना सब कुछ कविता में ही कहे तो कितने कमजोर ढंग से कहेगा। परवर्ती संकलनों की कई कविताएँ कविता इसीलिए हैं कि कविता-संकलन में संकलित हैं। सिसिफस और हनुमान जैसे महत्त्वपूर्ण प्रतीकों को लेकर भी बच्चन कोई बहुत विचारोत्तेजक कविता नहीं प्रस्तुत कर सके। 'कटती प्रतिमाओं की आवाज' और 'उभरते प्रतिमानों के रूप' का व्यंग्य कहा जाय तो अधिक उपयुक्त होगा। इन संकलनों में कवि ने पुरानी पीढ़ी की स्वार्थी और रूढ़िवादी प्रवृत्ति तथा नयी पीढ़ी के हवा में मूठी भाँजनेवाले विद्रोह पर तीखा व्यंग्य किया है। कुल मिलाकर इन संकलनों की कविताएँ पीढ़ियों के संघर्ष की कहानी कहती हैं। 'कटती प्रतिमाओं की आवाज' में तीन चौथाई कविताएँ पीढ़ियों के अन्तर्विरोध पर हैं। ऐसा लगता है कहीं-न-कहीं कवि के अन्तर्मन में अपनी पीढ़ी की होनेवाली उपेक्षा की कचोट है। इसलिए कुछ कविताओं में व्यंग्य से चुटकी लेने और मजाक उड़ाने का स्वर है। सन्तोष की बात है कि कवि स्वस्थ परम्पराओं का पोषक और रूढ़ियों का विरोधी है—इसीलिए वह नयी पीढ़ी के भी निकट है। इन कविताओं में सपाटबयानी तो है ही, पर कहीं-कहीं कविता उपदेशात्मक होकर रह गयी है।

समझो,
साहित्य बड़ा तब होता है
जब समाज बड़ा होता है
देश बड़ा होता है,
देश का इतिहास बड़ा होता है।
छोटे में इन्सान बड़ा होता है।[5]

बहरहाल, यह तो निस्संकोच कहा जा सकता है कि अपने अन्तिम कविता-संकलनों में बच्चन ने भाषा की रूढ़ियों को तोड़ा है और नयी पीढ़ी के संघर्षों के साथ अपने को जोड़ने का प्रयास किया है। यहाँ कम महत्त्वपूर्ण घटना नहीं है कि बच्चन के समकालीन कवि यश के चरमशिखर पर पहुँचकर जहाँ जीवन से पलायन कर दर्शन और अध्यात्म के क्षेत्र में प्रतिष्ठित हो गये, वहाँ बच्चन अब भी जीवन से ही कवित्व ग्रहण कर रहे हैं। मेरे विचार से बच्चन के परवर्ती काव्य की शक्ति भी यही है।

सन्दर्भः

1. क्या भूलूँ क्या याद करूँ, पृ० 9
2. पोएट्री ऐण्ड एक्सपीरियन्स, पृ० 95
3. हरिवंशराय 'बच्चन', पृ० 12
4. कटती प्रतिमाओं की आवाज, पृ० 66

●●●

नरत्व और नारीत्व का अनुपात

—रामधारी सिंह 'दिनकर'

कहाँ अर्ध-नारीश वीर वे,
अनल और मधु के मिश्रण ?
जिनमें नर का तेज प्रबल था,
भीतर था नारी का मन ?[1]

दिनकर (1908-1974 ई०) का काव्य अनल और मधु का या कहें कि नर के तेज और नारी के कोमल मन का मिश्रण है। 'अर्धनारीश्वर' दिनकर का प्रिय प्रतीक है। उनके साहित्य में इसका बार-बार प्रयोग हुआ है—कभी नरत्व और नारीत्व के समन्वय के अर्थ में, कभी डमरू और वीणा के समन्वय के अर्थ में, कभी ताण्डव और लास्य के समन्वय के अर्थ में, कभी वीर और श्रृंगार के समन्वय के अर्थ में और कभी बुद्धि और हृदय के समन्वय के अर्थ में—

गिर गया हतबुद्धि-सा थककर पुरुष दुर्जेय,
प्राण-से निकली अनामय नारि एक अमेय।
अर्धनारीश्वर अशोक महीप;
नर पराजित, नारि सजती है विजय का दीप।[2]

× × ×

एक हाथ में डमरू एक में वीणा मधुर उदार,
एक नयन में गरल, एक में संजीवन की धार।[3]

'कला के अर्धनारीश्वर' शीर्षक निबन्ध में रवीन्द्र और इकबाल की तुलना करते हुए दिनकर लिखते हैं—"एक अन्य रूप में देखने पर रवीन्द्र और इकबाल के बीच वही भेद झलकता है जो ताण्डव और लास्य में है। ताण्डव की उत्पत्ति शिव से हुई थी जब वे सती की मृत्यु से क्षुब्ध थे। लास्य का जन्म पार्वती से हुआ, जब वे प्रेम के कारण प्रसन्न थीं। ताण्डव की उत्पत्ति पहले हुई, लेकिन वह नीरस और शुष्क निकला, तभी पार्वती ने कृपा करके लास्य का आविष्कार किया। कहते हैं, पुरुष भी पहले बना था, किन्तु मानवता का पूरा चमत्कार उसमें नहीं निखर सका, तभी ब्रह्मा को लाचार होकर नारीमूर्ति की रचना करनी पड़ी। तब से सभ्यता का रथ नारी और नर, दोनों के सन्तुलन-योग से चलता रहा है। सत्य दोनों में से किसी एक के तिरस्कार में नहीं, प्रत्युत दोनों के समुचित सहयोग में है। जहाँ लास्य हो वहाँ ताण्डव भी रहेगा, जहाँ ताण्डव है वहाँ लास्य को भी स्थान मिलना चाहिए—

विश्वे जा किछु महान, सृष्टि-चिर-कल्याण कर,
अधेक तार करियाछे नारी, अर्धेक तार नर।[4]

-(नजरूल)

कहना न होगा कि दिनकर ने इस प्रकार का समन्वय अपने काव्य में भी करने का प्रयास किया है। वैसे तो दिनकर की प्रसिद्धि एक राष्ट्रीय भावना और वीर रस के कवि के रूप में है, पर वास्तव में देखा जाय तो प्रेम और मिलन के मधुर चित्र भी दिनकर के काव्य में कम नहीं है। कवि जहाँ अतीत गौरव का गान करता हैं वहाँ भी प्रेम और मिलन के मधुर स्मृति चित्र उभरते हैं। ये चित्र वीरता के चित्रों के साथ गुँथकर एक हो जाते हैं। 'इतिहास के आँसू' की नयी कविताएँ उदाहरण के लिए पढ़ी जा सकती हैं। जहाँ वीरता, देशभक्ति और ओज को व्यक्त करने वाली शब्दावली है वहीं 'बाँसुरी', 'चाँदनी', 'बीन', 'रागिनी', 'सुर' आदि शब्दों का भी बार-बार प्रयोग दिनकर की कविताओं में हुआ है। 'उर्वशी' और 'रसवन्ती' तो दिनकर की इस प्रवृत्ति के विशिष्ट उदाहरण हैं। 'रसवन्ती' के प्रकाशन के बाद कुछ लोगों ने दिनकर पर पलायनवादी होने का भी आरोप किया और इस संग्रह की कविताओं को उनकी संघर्षशील विद्रोही कविताओं के विरोध में रखकर देखा। पर ऐसे लोगों को यह ध्यान रखना चाहिए कि दिनकर केवल सामाजिक चेतना के कवि नहीं हैं। उनकी वैयक्तिक चेतना भी उतनी ही प्रबल है जितनी सामाजिक चेतना। ओज और पौरुष के साथ उनके काव्य में प्रेम की एक सरस धारा भी प्रवाहित मिलती है। यद्यपि पूरे साहस के साथ प्रेम का स्वच्छन्द चित्र उनके काव्य में नहीं मिलता फिर भी प्रेम उनकी काव्यचेतना की एक प्रमुख प्रवृत्ति रही हैं। 'उर्वशी' की श्रृंगारचेतना में आज की काम मूलक समस्याएँ प्रमुख हैं। नर-नारी -प्रेम, जो मानव-जीवन की सबसे बड़ी सच्चाई है, 'उर्वशी' का मुख्य कथ्य है। इस काव्य की भूमिका में कवि ने स्वयं स्वीकार किया है कि इसका मूल विषय काम या प्रेम है। निश्चय ही 'उर्वशी' की रचना करके कवि दिनकर ने अपने को पौरुष के साथ ही प्रेम के कवि के रूप में भी प्रतिष्ठित किया है।

'अर्धनारीश्वर' के आमुख में दिनकर लिखते हैं : "इस संग्रह में ऐसे भी निबन्ध हैं जो मनबहलाव में लिखे जाने के कारण कविता की चौहद्दी के पास पड़ते हैं और कुछ ऐसे भी हैं जिनमें बौद्धिक चिन्तन या विश्लेषण प्रधान हैं। इसलिए, मैंने इस संग्रह का नाम 'अर्धनारीश्वर' रखा है, यद्यपि इसमें अनुपाततः नरत्व अधिक है और नारीत्व कम है। किन्तु यही अनुपात मेरी कविता में भी रहा है...।"[5]

तात्पर्य यह कि दिनकर की कविता में, उन्हीं के शब्दों में, नारीत्व की अपेक्षा नरत्व अधिक है। दिनकर अपनी राष्ट्रीय भावनाप्रधान कविताओं के लिए विख्यात

हैं। उनकी आरम्भिक कविताओं में यह रंग बहुत गाढ़ा है। यहाँ राष्ट्रीयता और साहित्य का बुनियादी सवाल खड़ा किया जा सकता है और कहा जा सकता है कि राष्ट्रीयता का साहित्य से कोई सीधा सम्बन्ध नहीं होता। कवि अपनी अनुभूतियों की अभिव्यक्ति करता है, किसी राष्ट्र के लिए कविता नहीं लिखता। उसके सामने सच्चाई होती है, न्याय और समूची मानवता होती है। राष्ट्रीयता का संकीर्ण रूप किसी भी कवि को सच्चा और महान् कवि नहीं बना सकता। दिनकर की राष्ट्रीय भावना प्रधान कविताओं में भी कहीं-कहीं भावुकता, आवेश और बड़बोलापन स्पष्ट है–

पर्वतपति को आमूल डोलना होगा,
शंकर को ध्वंसक नयन खोलना होगा।
असि पर अशोक को मुण्ड तोलना होगा,
गौतम को जय-जयकार बोलना होगा।[6]

इस प्रकार की पंक्तियाँ भावुकता और आवेश की पंक्तियाँ हैं। ऐसी आवेशपूर्ण अभिव्यक्तियाँ दिनकर में कम नहीं हैं। पर दिनकर ने राष्ट्रीयता के संकीर्ण रूप से अपने को अलग रखा है। उन्होंने सत्य और न्याय का पक्ष लिया है, किसी राष्ट्र विशेष का नहीं। आत्मगौरव, वीरता और स्वाभिमान का उन्होंने समर्थन किया है तथा दासता का विरोध किया है–

दासत्व जहाँ है, वहीं स्तब्ध जीवन है
स्वातन्त्र्य निरन्तर समर, सनातन रण है।[7]

दिनकर की राष्ट्रीय कविताओं का एक बड़ा अंश अतीत के गौरवगान के रूप में है। कहा जा सकता है कि प्रसाद ने जो भूमिका अपने ऐतिहासिक नाटकों के द्वारा निभायी है वही दिनकर ने अपनी इन कविताओं के द्वारा। 'हिमालय', 'मगध महिमा', 'पाटलिपुत्र की गंगा', 'मिथिला', 'वैशाली', 'परशुराम की प्रतीक्षा' आदि प्रसिद्ध कविताओं में भारत के गौरवमय अतीत का चित्रण हुआ है। दिनकर के काव्य में 'खँडहर' और 'अतीत' जैसे शब्दों का बार-बार प्रयोग हुआ है। यह कवि के अतीत-प्रेम को सूचित करता है।

धूलों में जो चरण-चिन्ह हैं,
पत्थर पर जो लिखी कथा है।
मुझे ज्ञान है, इस खँडहर के
कण-कण में जो छिपी व्यथा है।[8]

कवि ने मिथिला, पाटलिपुत्र, वैशाली, नालन्दा जैसे ऐतिहासिक स्थानों और बुद्ध, चन्द्रगुप्त, समुद्रगुप्त तथा अशोक जैसे ऐतिहासिक महापुरुषों का आदर के साथ उल्लेख किया है। प्राचीन वैभव-चित्र कवि की पलकों में सपनों से घूमते हैं–

घूम रहा पलकों के भीतर,
स्वप्नों-सा गत विभव विराट?

आता है क्या याद मगध का,
सुरसरि ! यह अशोक सम्राट ?
× × ×
गूँज रहे तेरे इस तट पर,
गंगे ! गौतम के उपदेश;
ध्वनित हो रहे इन लहरों में,
देवि ! अहिंसा के सन्देश।[9]

प्राचीन भारतीय इतिहास कवि दिनकर की प्रेरणा का मुख्य स्रोत रहा है। महाभारत के प्रसंगों को आधार बनाकर कवि ने अनेक कविताओं और प्रबन्ध काव्यों तक की रचना की है। ऐतिहासिक पौराणिक प्रसंगों की ओर कवि दिनकर की गहरी रुझान उनकी अतीतोन्मुखी प्रवृत्ति का परिचय देती है। यह किसी कलाकार की एक घातक प्रवृत्ति भी हो सकती है पर दिनकर ने इससे अपने को बचाया है। अतीत के प्रति रुझान दिनकर का पलायन नहीं है। दरअसल वे अतीत में पहुँचकर वर्तमान को आलोकित करना चाहते हैं—वर्तमान को और भी दीप्त करना चाहते हैं।

न तो भूत का मित्र, न भावी का ही मैं स्रष्टा हूँ।
दोनों में चल रहा द्वन्द्व जो, मैं उसका द्रष्टा हूँ।।[10]

'उर्वशी' काव्य की समाप्ति पर पन्तजी को कविता में लिखे एक पत्र में दिनकर ने लिखा है—

कहने भर को प्राचीन कथा,
पर इस कविता की मर्म-व्यथा।
आज के विलोल हृदय की है,
सबकी सब इसी समय की है।।
जब भी अतीत में जाता हूँ,
मुरदों को नहीं जिलाता हूँ,
पीछे हटकर फेंकता बाण,
जिससे कम्पित हो वर्तमान।।[11]

दरअसल दिनकर वर्तमान के ही कवि हैं और अतीत की ओर जाने की प्रेरणा भी उन्हें वर्तमान से ही मिलती है। 'कुरुक्षेत्र' की युद्ध-समस्या या 'रश्मिरथी' में व्यक्त उपेक्षित मानवता की समस्या या 'उर्वशी' में चित्रित काम के सन्तुलन की समस्या आज की ही समस्याएँ हैं। अतीत तो एक बहाना मात्र है।

समसामयिक परिस्थितियों से दिनकर का कवि निरन्तर प्रभावित होता रहता है। उनकी अधिकांश कविताएँ तत्कालीन सामाजिक- राजनीतिक परिस्थितियों से प्रभावित होकर लिखी गयी हैं। एक ओर उन्होंने यदि देश-विदेश में घटनेवाली विभिन्न घटनाओं को आधार बनाकर कविताएँ लिखी हैं तो दूसरी ओर गाँधी, जयप्रकाश, पेस्तरनाक आदि प्रसिद्ध व्यक्तियों को भी लक्ष्य कर कविताएँ लिखी हैं। दिनकर के काव्य में जो क्रान्ति और आग है वह तत्कालीन जीवन में भी देखी जा सकती है। वह समय स्वातन्त्र्य आन्दोलनों का समय था। सारा देश अपनी स्वतन्त्रता के लिए जूझ रहा था—मुक्ति के लिए छटपटा रहा था। भारतीय देशभक्त स्वतन्त्रता की बलि-बेदी पर अपने प्राणों की आहुति दे रहे थे। एक ओर गाँधी का असहयोग और सविनय अवज्ञा आन्दोलन चल रहा था और दूसरी ओर देश के कुछ नेता, उग्र विद्रोह का समर्थन कर रहे थे। दिनकर की सहानुभूति इन्हीं विद्रोही राष्ट्रभक्तों के साथ थी। दिनकर की आरम्भिक कविताओं में यही स्वर प्रमुख है। 'रेणुका' और 'हुंकार' की कविताएँ इसी प्रकार की हैं। इनमें एक ओर माखनलाल चतुर्वेदी, रामनरेश त्रिपाठी और मैथिलीशरण गुप्त की राष्ट्रीयता का प्रभाव है तो दूसरी ओर छायावादी कवियों की भावुकता और कल्पनाशीलता का भी। आगे चलकर यह भावुकता कम हुई है। 'कुरुक्षेत्र' में कवि ने बुद्धि और हृदय के समन्वय की बात बार-बार की है—

यह प्रगति निस्सीम ! नर का यह अपूर्व विकास,
चरण-तल भूगोल ! मुट्ठी में निखिल आकाश।
किन्तु है, बढ़ता गया मस्तिष्क ही निःशेष,
छूटकर पीछे गया है रह हृदय का देश;
नर मनाता नित्य नूतन बुद्धि का त्योहार,
प्राण में करते दुखी हो देवता चीत्कार।।[12]

'कुरुक्षेत्र' में दिनकर ने एक सन्तुलित समन्वय-दर्शन प्रस्तुत करने का प्रयास किया है। ऐसा लगता है जैसे उसके समक्ष आज की पूरी मानवता और उसका भविष्य है—आज की मानवता जो अपनी ही कमजोरियों के कारण भीषण यन्त्रणा की स्थितियों से गुजर रही हैं। 'कुरुक्षेत्र' के मूल में कवि के ही अनुसार, युद्ध और शान्ति की समस्या है। युद्ध को सारी समस्याओं की जड़ समझकर कवि ने इस काव्य में युद्धों का विरोध किया है—

श्रेय होगा सुष्ठु-विकसित मनुज का वह काल,
जब नहीं होगी धरा नर के रुधिर से लाल।

श्रेय होगा धर्म का आलोक वह निर्बन्ध,
मनुज जोड़ेगा मनुज से जब उचित सम्बन्ध ।।13

किन्तु कवि के अनुसार शान्ति उसी समाज में सम्भव है जो न्याय और समता पर आधारित हो। जहाँ न्याय और समता नहीं है वहाँ शान्ति का महल सुदृढ़ नहीं रह सकता–

शान्ति नहीं तब तक जब तक,
सुख-भाग न नर का सम हो।
नहीं किसी को बहुत अधिक हो,
नहीं किसी को कम हो ।।[14]
वैषम्य घोर जब तक यह शेष रहेगा।
दुर्बल का दुर्बल ही यह देश रहेगा।।[15]

'रश्मिरथी' की रचना के पीछे न्याय और समता का यही मूल दर्शन कवि के मन में रहा है। इस काव्य की भूमिका में कवि ने अपने मन्तव्य को स्पष्ट किया है। कर्ण-चरित के बहाने दिनकर ने कुल और जाति के मिथ्याभिमान को तोड़कर व्यक्ति के निजी और मानवीय गुणों को पहचानने की कोशिश की है। यह दलित और उपेक्षित मानवता का समर्थन है–नयी और सच्ची मानवता का–

किसी वृन्त पर खिले विपिन में, पर नमस्य है फूल।
सुधी खोजते नहीं गुणों का आदि, शक्ति का मूल।।
× × ×
धँस जाये वह देश अतल में, गुण की जहाँ नहीं पहचान।
जाति-गोत्र के बल से ही आदर पाते हैं जहाँ सुजान।।[16]

इस प्रकार दिनकर के काव्य में सामाजिक चेतना और लोकमंगल प्राप्त होता है। इस सन्दर्भ में दिनकर पर गाँधी के मानववादी विचारों का प्रभाव लक्षित किया जा सकता है। पर यहाँ ध्यान देने की बात होगी कि दिनकर गाँधी की अहिंसा का एक सीमा तक ही समर्थन करते हैं। एक सीमा के आगे वे दैहिक बल का समर्थन करते हैं–

अच्छे लगते मार्क्स, प्रेम है अधिक, किन्तु गाँधी से,
प्रिय है शीतल पवन, प्रेरणा लेता हूँ आँधी से।
नहीं चाहता युद्ध लड़ाई, लेकिन अगर ठनेगी,
किसी तरह भी शान्तिवाद से मेरी नहीं बनेगी।।[17]

'परशुराम की प्रतीक्षा' में कवि ने अपने इस पक्ष का जोरदार शब्दों में और बहुत-कुछ आग्रह के साथ समर्थन किया है। यह आग्रह ही दिनकर के काव्य को

शुद्ध काव्य नहीं रहने देता। उनकी कविता सोद्देश्य कविता है। वे सोद्देश्य काव्य के समर्थक हैं। कला में 'सोद्देश्यता प्रश्न' शीर्षक निबन्ध में वे लिखते हैं– ''सोद्देश्य कला के खिलाफ सारे तर्कों से अवगत रहते हुए भी मुझे ऐसा लगता है कि कवि भी सामाजिक जीव है और निरुद्देश्य उसकी जीभ नहीं खुलनी चाहिए। सौन्दर्यसृजन की कला में असफल हो जाने पर कवि को पश्चाताप होना स्वाभाविक है; किन्तु चमत्कारपूर्ण सौन्दर्य के स्रष्टा को इस सूचना से सिर नीचा करने का कोई कारण नहीं दीखता कि अमुक समालोचक ने उसकी कृति में सोद्देश्यता का दोष निकाला है, विशेषतः उस समय, जब वह उद्देश्य सुन्दरता की झीनी चादर में आवृत हो।''[18] सोद्देश्य होना रचना की कमजोरी नहीं है। रचना का कोई-न-कोई प्रयोजन तो होता ही है, पर जब वह बहुत स्पष्ट होकर सीधा कथन का रास्ता पकड़ती है तो कला की दृष्टि से अवश्य ही कमजोर हो जाती है। दिनकर का अधिकांश काव्य कथन-काव्य है। उसमें सम्बोधनों की भरमार है–

चिंतकों ! चिन्ता की तलवार गढ़ो रे।
ऋषियों ! कृशानु उद्दीपक मन्त्र पढ़ो रे ।।
योगियों ! जगो, जीवन की ओर बढ़ो रे ।
बन्दूकों पर अपना आलोक मढ़ो रे।।[19]

ऐसा लगता है कि कविता में कवि भीतर की ओर नहीं, बाहर की ओर भागता है। वह उसे अपने अस्तित्व की अर्जित पूँजी बनाकर नहीं व्यक्त करता। आलोचक को दिनकर की कविता से यह शिकायत हो सकती है और यह सच भी है, पर इसके साथ यह भी सच है कि दिनकर के काव्य में कोई जटिलता या उलझाव नहीं है। वह अत्यन्त स्पष्ट और सहज बोधगम्य है। वस्तुतः दिनकर उलझे हुए अनुभवों और जटिल विचारों के कवि नहीं हैं। न एक संकीर्ण मतवाद के आग्रही हैं। इसीलिए उनके काव्य में एक स्पष्ट मानववादी स्वर शुरू से अन्त तक सुनायी पड़ता है। उनके अन्तिम कविता संग्रह 'हारे को हरिनाम' का मिजाज उनके पूर्ववर्ती संग्रहों से भिन्न है। इस संग्रह की अधिकांश कविताओं में पराजय, समर्पण और शान्ति का स्वर सुनायी नहीं पड़ता है। यह स्वर अवश्य ही दिनकर काव्य का सहज-स्वाभाविक स्वर नहीं है, पर इतना स्पष्ट है कि इस संग्रह की कविताएँ भी सहज बोधगम्य हैं। इनमें न किसी प्रकार की जटिलता है न कोई मतवादी आग्रह।

सन्दर्भ :

1. सामधेनी : पृष्ठ 37 ('अतीत के द्वार पर')
2. इतिहास के आँसू : पृष्ठ 59 ('कलिंग विजय')
3. अर्धनारीश्वर

4. अर्धनारीश्वर, पृष्ठ 285-286
5. अर्धनारीश्वर, आमुख
6. परशुराम की प्रतीक्षा, पृष्ठ 12
7. वही, पृष्ठ 21
8. इतिहास के आँसू, पृष्ठ 7
9. वही, पृष्ठ 37
10. कोयला और कवित्व, पृष्ठ 44
11. मृत्ति तिलक, पृष्ठ 58
12. कुरुक्षेत्र : छठा सर्ग
13. वही
14. कुरुक्षेत्र : छठा सर्ग, पृष्ठ 25
15. परशुराम की प्रतीक्षा, पृष्ठ 30
16. रश्मिरथी, पृष्ठ 1, 17
17. कोयला और कवित्व, पृष्ठ 43
18. मिट्टी की ओर, पृष्ठ 47
19. परशुराम की प्रतीक्षा, पृष्ठ 12

●●●

व्यक्तित्व और स्वातन्त्र्य की खोज

—सच्चिदानन्द हीरानन्द वात्स्यायन 'अज्ञेय'

अर्थ हमारा
जितना है, सागर में नहीं
हमारी मछली में है
सभी दिशा में सागर जिसको घेर रहा है।[1]

अज्ञेय (1911-1987 ई०) की कविता का अर्थ शायद उस मछली में ही है, जिसे सभी दिशाओं में सागर घेर रहा है। यह 'मछली' अज्ञेय की कविता का प्रिय प्रतीक है। 'मछली' अर्थात् अस्तित्व। मछली अर्थात् जिजीविषा। जल के बाहर निकाल ली गयी मछली—तड़पती, छटपटाती, ऐंठती और हाँफती। क्या चाहती है वह? जीना। मुक्ति। यह मुक्ति और जीने की लालसा या कहें स्वातन्त्र्य की खोज ही अज्ञेय के काव्य की सही जमीन है। अज्ञेय के पूरे कृतित्व में 'मुक्ति' शब्द का प्रयोग बहुत हुआ है। यह शब्द कवि-मन की मुक्ति-लालसा को व्यक्त करता है। क्योंकि स्वातन्त्र्य में ही व्यक्तित्व की सार्थकता भी सिद्ध होती है, अतः अज्ञेय के व्यक्तित्व की खोज का अर्थ भी स्वातन्त्र्य की ही खोज है। 'भग्नदूत' (1933 ई०) से लेकर 'क्योंकि मैं उसे जानता हूँ' (1970 ई०) तक अज्ञेय की काव्य-यात्रा इसी मुक्ति के लिए है—

अपनी हर साँस के साथ
पनपते इस विश्वास के साथ
कि हर दूसरे की हर साँस को
हम दिला सकेंगे और अधिक सहजता
अनाकुल उन्मुक्ति, और गहरा उल्लास।[2]

अज्ञेय का एक पुराना (सन् 1939-40 ई० के आस-पास का) प्रतीक है 'हारिल'। यह भी अस्तित्व का ही प्रतीक है जिसमें उड़ने की आकुलता है और जिसे दसों दिशाओं में आकाश घेर रहा है—

काँप न, यद्यपि दसो दिशा में
तुझे शून्य नभ घेर रहा है।[3]

ध्यान रखने की बात है कि मछली को सभी दिशाओं में 'सागर' घेरता है और 'हारिल' को 'शून्य नभ'। यह 'सागर' और 'शून्य नभ' क्या है? यह या तो अस्तित्व की इकाई को घेरता हुआ समाज है या फिर सामाजिक-नैतिक वर्जना। इस वर्जना के विरोध में ही अज्ञेय की कविता जन्मती और खड़ी होती है।

खोल दो सब वंचना के दुर्ग के ये रुद्ध सिंहद्वार।[4]

यहाँ प्रसंगवश यह कह देना चाहता हूँ कि अज्ञेय के प्रकृति प्रेम और क्षणवाद के मूल में भी इसी वर्जना से मुक्ति का प्रयास है। अज्ञेय की रचनाओं में शुरू से अब तक प्रकृति के प्रति सहज आकर्षण और उसके जीवन्त चित्र प्राप्त होते हैं—हरी घास, सागर तट, नदी तट, रेत, पत्ती, चिड़िया, कली, पपीहा, ललाती साँझ, चदरीली चाँदनी, काजलपुती रात, पूनो, इन्द्रधनु, छाया, पगडण्डी, लहर, झील, बदली, क्वार की बयार आदि। ये चित्र पन्त में भी प्राप्त होते हैं पर दोनों में अन्तर है। प्रकृति के प्रति अज्ञेय का लगाव रहस्यवादी लगाव नहीं है। यह लगाव मुक्त प्रकृति के साहचर्य में प्राप्त होने वाले ऐन्द्रिक सुख के कारण है। अज्ञेय प्रकृति की ओर इसलिए आकर्षित होते हैं कि वे प्रकृति के बीच मुक्त जीवन का सुख-वन्य सुख प्राप्त करना चाहते हैं। आदिम जीवन की गन्ध कवि-मन को आकर्षित करती है। यह नागर जीवन की भीड़-संस्कृति, कुण्ठा, यान्त्रिक दबाव और वणिक वृत्ति से अपनी निजता को समेटकर दूर भागने का प्रयास है। 'हरी घास पर क्षण भर' शीर्षक अपनी प्रसिद्ध कविता में अज्ञेय कहते हैं—

आओ तनिक बैठो
तनिक और सटकर, कि हमारे बीच स्नेह भर का
व्यवधान रहे, बस
नहीं दरारें सभ्य शिष्ट जीवन की।
× × ×
नहीं सुनें वह हम नगरी के नागरिकों से
जिनकी भाषा में
अतिशय चिकनाई है साबुन की[5]

अज्ञेय की कई कविताओं में नगर-सभ्यता पर व्यंग्य किया गया है। 'साँप' शीर्षक कविता में वे लिखते हैं—

साँप !
तुम सभ्य तो हुए नहीं
नगर में बसना भी तुम्हें नहीं आया।
एक बात पूछूँ—(उत्तर दोगे?)
तब कैसे सीखा डँसना—
विष कहाँ पाया?[6]

जैसा कि कहा जा चुका है, क्षण के प्रति जो आग्रह अज्ञेय में प्राप्त होता है वह जीने का ही आग्रह है—जिजीविषा है—क्षणवाद का कोई स्वतन्त्र दर्शन अज्ञेय में नहीं—

रोज सबेरे मैं थोड़ा-सा अतीत में जी लेता हूँ
क्योंकि रोज शाम को मैं थोड़ा सा भविष्य में मर जाता हूँ

क्षण का आग्रह मात्र इसलिए है कि कवि इस कुन्ठित सभ्यता के बीच क्षण-भर की छूट माँग लेना या ले लेना चाहता है–

एक क्षण भर और
रहने दो मुझे अभिभूत ।

इस क्षण के आग्रह के पीछे वर्तमान को भोगने की तीव्र लालसा है। अज्ञेय के ही शब्दों में, "क्षण का आग्रह क्षणिकता का आग्रह नहीं है, अनुभूति की प्राथमिकता का आग्रह है।"[7] अज्ञेय के लिए अनुभूति का क्षण, सर्जना का क्षण, प्यार का क्षण और समर्पण का क्षण ही सत्य है क्योंकि उसी में वे जीवित हैं–

साँस का पुतला हूँ मैं
जरा से बँधा हूँ और
मरण को दे दिया गया हूँ
पर एक जो प्यार है न, उसी के द्वारा
जीवनमुक्त मैं किया गया हूँ।[8]

यहाँ स्पष्ट कर देना आवश्यक है कि अज्ञेय की जीवनमुक्ति मुख्यतः रूढ़ सामाजिक नैतिकता से मुक्ति की ही बोधक है। भूमि के कम्पित उरोजों पर मेघों का झुकना, लाल गुलाब की तपती-पियासी पंखुड़ियों के होंठ, हरियाली का बादलों के चुम्बनों से खिल उठना, कली का शरद की धूप में नहाकर निखर उठना, मन्दिर के भग्नावशेष पर चंचुक्रीड़ा करते दो वन पारावत, नदी की जाँघ पर सोया अँधियारा और डाह-भरी चोर पैरों से उझककर झाँकती चाँदनी। छातियों के बीच घर की तलाश आदि–अज्ञेय के काव्य में प्रयुक्त यह शब्दावली यौन-वर्जनाओं के विरुद्ध यौन-मुक्ति की ही शब्दावली है। 'तारसप्तक' के अपने वक्तव्य में उन्होंने स्वयं यह स्वीकार किया है, "आधुनिक युग का साधारण व्यक्ति यौन-वर्जनाओं का पुंज है।" अज्ञेय के काव्य में जो एक दर्द और आत्म-पीड़न का स्वर मिलता है उसका सम्बन्ध भी इन्हीं यौन-वर्जनाओं से है।

'हारिल' और 'मछली' के ही समान अज्ञेय-काव्य के अन्य प्रिय प्रतीक हैं–'सागर', 'हरी घास' और 'धूप'। ये प्रतीक ही अज्ञेय के काव्य-दुर्ग की कुंजी हैं और इन सबका सम्बन्ध मन के एक ही कोने से है जिसकी चर्चा पहले कर चुका हूँ। 'धूप' स्वच्छता, खुलापन और उस गरमाहट का प्रतीक है जो आलिंगन में प्राप्त होता है। 'हरी घास' कवि के ही शब्दों में "अधुनातन मानव-मन की भावना की तरह। सदा बिछी है–हरी, न्यौतती।"[9] यह सहजता और मुक्ति का प्रतीक है। 'सागर' कवि के ही शब्दों में–

एक भव्यता का बोध है
एक तृप्ति है, अहं की तुष्टि है, विस्तार है :
विराट सौन्दर्य की पहचान है।[10]

तात्पर्य यह है कि अज्ञेय के ये सभी प्रिय प्रतीक मुक्ति और स्वातन्त्र्य से जुड़े हुए हैं तथा ये जिस अर्थ का बोध कराते हैं, वहीं अज्ञेय के लिए जीवन का भी अर्थ है—

क्योंकि यही सब तो है जीवन
गरमाई, मिठास, हरियाली, उजाला
गन्धवाही मुक्त खुलापन,
लोच, उल्लास, लहरिल प्रवाह,
और बोध भव्य
निर्व्यास निस्सीम का[11]

अज्ञेय में यदि कोई दुःखवाद है तो वह भी इसी मुक्ति के लिए है। क्योंकि—

और चाहे स्वयं सबको मुक्ति देना वह न जाने
किन्तु जिनको माजता है
उन्हें यह सीख देता है
कि सबको मुक्त रखें।

अज्ञेय को छायावादी भी कहा गया है और उनकी कविता में गैर-रोमान्टिक काव्य की सम्भावनाओं पर भी विचार किया गया है। वैसे अज्ञेय रोमानीपन से अपने को पृथक नहीं कर पाये हैं। उनकी प्रारम्भिक रचनाएँ विशेषतः 'भग्नदूत' (1933 ई०) और 'इत्यलम्' (1946 ई०) की रचनाएँ काफी रोमान्टिक हैं किन्तु अपनी परवर्ती रचनाओं जैसे 'हरी घास पर क्षण भर' (1949 ई०), 'इन्द्रधनु रौंदे हुए ये' (1957 ई०), 'अरी ओ करुणा प्रभामय' (1959 ई०) तथा 'आँगन के पार द्वार' (1961 ई०) आदि में उन्होंने रोमानीपन से अपने को बहुत-कुछ अलग किया हे। इलिएट की भाँति अज्ञेय भी यह स्वीकार करते हैं कि जितना ही बड़ा कलाकार होगा भोगनेवाले मन और रचनेवाली मनीषा का अन्तर भी उतना ही स्पष्ट होगा। कला में कवि की यह निर्वैक्तिकता और जीवन के प्रति उसकी निस्संगता उसे छायावादी बोध से अलग करती है। जीवन के प्रति कवि का भाव निस्संग समर्पण का भाव है। कवि के ही शब्दों में, "मेरे निकट जीवन के प्रति यह प्रेम एक निस्संग विस्मय का ही भाव है।...हम अपने भीतर पूरी तरह यह स्वीकार कर लें कि कभी भी यह समाप्त हो जा सकता है—यानी निस्संग हो जावें—और उतनी ही सम्पूर्णता से यह भी अनुभव करें कि वह समाप्त नहीं हुआ है चल रहा है—यानी विस्मय में डूब जावें, मेरे निकट जीवनानन्द का यही नुस्खा है"[12] यायावरी वृत्तिवाले शेखर को चीन की एक पुरानी कविता बड़ी अच्छी लगती है जिसका भावार्थ है, "व्यक्ति क्यों यह इच्छा लेकर अलसाया पड़ा रहे कि उसकी हड्डियाँ भी उसके पिता की हड्डियों के साथ ही समाधिस्थ हों? जहाँ भी कोई चला जाय, वहीं कोई शस्य श्यामला पहाड़ी मिल सकती है।[13] यही कारण है कि अज्ञेय के काव्य में यायावरी मुद्रा अधि :क है। वे चीजों में शरीक नहीं होते, तटस्थ द्रष्टा की तरह तुष्ट होकर रह जाते

हैं और इसे आलोचकों ने उनकी कविता की कमजोरी भी कहा है। बहरहाल अज्ञेय की कविताओं में कम-से-कम वह भावावेग और आसक्ति भाव नहीं प्राप्त होता जो छायावादी कविताओं का प्राण है। उनकी कविताओं में एक संयत और अनुशासित मनःस्थिति है और वे भावावेग से या अतीत के सम्मोहन से या यथार्थ के स्फीत चित्रण से भरसक बचने का प्रयास करते हैं—

याद कर सकें अनायास
और न मानें
हम अतीत के शरणार्थी।
× × ×
चलो, उठें अब
× × ×
और रहे बैठे तो
लोग कहेंगे
धुँधले में दुबके प्रेमी बैठे हैं।
वह हम हों भी
तो यह हरी घास ही जाने [14]

अज्ञेय की बौद्धिकता उन्हें छायावादी भावबोध से अलग करती है। "अपने ही पूछे हुए एक प्रश्न ने, अपनी ही कही हुई एक बात ने, शेखर के जीवन की गति बदल दी। उसने देखा—समझ लिया—कि कोई किसी का नहीं है यानी इतना नहीं है कि उसका स्वामी, निर्देशक, भाग्य विधायक बन सके। कोई ऐसा नहीं है जिस पर निर्भर किया जा सके, जिसे प्रत्येक बात में पूर्ण, अचूक माना जा सके। यदि किसी का कोई है, तो उसकी अपनी बुद्धि। मनुष्य को उसी के सहारे चलना है, उसी के सहारे जीना है।"[15] इसी बुद्धि के सहारे अज्ञेय सत्य की उपलब्धि के लिए कला के क्षेत्र में आते हैं। पर यहाँ वे केवल सत्य का नहीं वरन् 'रागदीप्त सत्य' का आग्रह करते हैं। इस सम्बन्ध में उनका कथन है, "रचना के क्षेत्र में गहनतम चिन्ता और क्या हो सकती है सिवा इसके कि जो रचूँ वह रागदीप्त सत्य हो—वह सम्पूर्ण सच हो, और जो सच है, उसका अधिक-से-अधिक उसकी पकड़ में आ जाये और उसमें रागदीप्त हो उठे। इसपर शंका हो सकती है कि सत्य तो दर्शन का क्षेत्र है, कला का क्षेत्र सुन्दर का ही है, और मैं उस बात का खण्डन नहीं करूँगा। कला भी ज्ञान का एक प्रकार या क्रिया है अर्थात् सत्य की उपलब्धि की एक साधना है, सुन्दर उसकी रागदीप्ति का उपकरण या साधना है।[16] इसमें कोई सन्देह नहीं कि छायावादोत्तर काल में विचार को कविता में प्रतिष्ठित करने का सबसे प्रथम प्रयत्न अज्ञेय का है। अपने कविबन्धु को सम्बोधित करते हुए वे लिखते हैं—

सुनो कवि ! भावनाएँ नहीं हैं सोता,
भावनाएँ खाद हैं केवल

जरा उनको दबा रखो
जरा-सा और पकने दो
ताने और तचने दो -(कवि, हुआ क्या फिर)[17]

अज्ञेय की कविताओं में भावना का यह पका हुआ रूप प्राप्त होता है। उनका चिन्तक रूप उनकी कविताओं में सर्वत्र उभरा हुआ है। यह चिन्तन ही कवि को दार्शनिक और रहस्यवादी व्यक्तित्व प्रदान करता है तथा उसे मितकथन के लिए बाध्य करता है। अज्ञेय की छोटी कविताओं के प्रसंग में यह बात याद रखने की है। शेखर तो खैर सूत्र ही बोलता है पर ऐसी सूक्तियाँ अज्ञेय की कविता में भी बहुत हैं। अज्ञेय अपने अनुभवों को रुक-रुककर सूक्तियों के रूप में सामान्यीकृत करते चलते हैं जो कहीं-कहीं उपदेशात्मक होकर उनकी कविता की कमजोरी बनती है। वैसे भी सूक्ति-कथन को कविता की कमजोरी ही माना जा सकता है। यहाँ यह कह देना उपयुक्त होगा कि अज्ञेय के काव्य में प्राकृतिक और मानवीय संसार के भी बड़े जीवन्त चित्र प्राप्त होते हैं, पर कभी-कभी जब कवि उन्हें किन्हीं सामान्यीकरणों या अमूर्तनों की ओर ले जाता है तो इन चित्रों का उल्लास और वैभव समाप्त हो जाता है और कवि का रचना-संसार जीवन का संसार न होकर सामान्यीकरणों का संसार हो जाता है। अज्ञेय की कविता चिन्तन को केन्द्र में रखकर खड़ी होती है। अतः प्रायः वह कथन-काव्य होती है। अज्ञेय उसे मात्र कथन होने से बचाते हैं पर सदा ऐसा नहीं कर पाते। अज्ञेय के परवर्ती काव्य में उनका बुद्धिवाद एक रहस्यवाद में परिणत होता है। उनका 'मौनवाद' इसी रहस्य की उपज है जिसे कवि ने 'असाध्य वीणा' और कई अन्य कविताओं में व्यक्त किया है। इस रहस्य के मूल में मानवीय जिज्ञासा है जिसे कवि मनुष्य की सबसे बड़ी शक्ति स्वीकार करता है। शेखर कहता है "असली तपस्या तो जिज्ञासा है क्योंकि वही सबसे बड़ी पीड़ा है।"[18] वैसे रहस्य की यह प्रवृत्ति अज्ञेय के काव्य में आरम्भ से ही मिलती है पर, परवर्ती संकलनों ('आँगन के पार द्वार' और बाद के संकलनों) में यह रहस्यवाद उनकी कविता की रूढ़ि के रूप में दिखाई देता है—

यों मैं
अपने रहस्य के साथ
रह गया
सन्नाटे से घिरा
अकेला
अप्रस्तुत
अपनी ही जिज्ञासा के सम्मुख निरस्त्र
निष्कवच
बध्य। -(निरस्त्र)[19]

अज्ञेय का चिन्तन कहीं-कहीं प्रार्थना का भी रूप लेता नजर आता है किन्तु उनका रहस्यवाद कोई धार्मिक रहस्यवाद नहीं है। वे तो ईश्वर के स्वीकृत रूप पर विश्वास भी नहीं करते–

इस गति के आगे है कोई दुर्दम शक्ति कहीं
जो जग की स्रष्ट है, मुझको तो ऐसा विश्वास नहीं। -(प्रार्थना)[20]

अज्ञेय का रहस्यवाद बहुत-कुछ वैज्ञानिक या बुद्धिवादी रहस्यवाद है। यह रहस्यवाद किसी दैवी शक्ति की खोज न करके आत्मरूप की ही खोज करता है–

मैं भी एक प्रवाह में हूँ
लेकिन मेरा रहस्यवाद ईश्वर की ओर उन्मुख नहीं है
मैं उस असीम शक्ति से
सम्बन्ध जोड़ना चाहता हूँ–
अभिभूत होना चाहता हूँ–
जो मेरे भीतर है।[21] -(रहस्यवाद)

यह मानवीय स्वतन्त्र अस्तित्व की प्रतिष्ठा या व्यक्ति-स्वातन्त्र्य की खोज अज्ञेय की कलासाधना की एक महत्त्वपूर्ण दिशा है। शेखर के जीवन-दर्शन को सूत्र रूप में वे 'स्वातन्त्र्य की खोज' का ही दर्शन मानते हैं (आत्मनेपद)। वे मानवीय शक्ति को ही सर्जक और अन्ततः पूज्य मानते हैं। उसी के प्रति नमित और अर्पित होते हैं–

भीड़ों में
जब-जब जिससे आँखें मिलती हैं
वह सहसा दिख जाता है
मानव
अंगारे-सा भगवान-सा
अकेला।[22]

'नदी के द्वीप' शीर्षक अपनी प्रसिद्ध कविता में अज्ञेय स्वीकार करते हैं कि हम नदी के द्वीप हैं। हम बहते नहीं हैं क्योंकि बहना रेत होना है और रेत बनकर सलिल को गँदला बनाना है, अनुपयोगी बनाना है।[23] इस मानवीय व्यक्तित्व के विकास के लिए अज्ञेय समाज को साधक ही मानते हैं बाधक नहीं और यह 'दीप अकेला' (बावरा अहेरी) जैसी कविताओं में इकाई को समाज से जोड़ने की भी बात करते हैं। मगर यह सही है कि वे इकाई की सत्ता समाज से पहले स्वीकार करते हैं। उनका विश्वास है कि व्यक्तित्व को समाज द्वारा बाधित नहीं होना चाहिए अन्यथा उसकी सर्जनात्मक शक्ति समाप्त हो जायेगी। इस प्रकार वे जीवन का अर्थ ढूँढ़ने के लिए व्यक्तित्व की खोज को अनिवार्य शर्त मानते हैं। "हर व्यक्ति एक अद्वितीय इकाई है और हर कोई जीवन का अन्तिम दर्शन अपने जीवन में पाता है, किसी की सीख में नहीं।"[24] अपने एक पढ़े हुए विदेशी उपन्यास का स्मरण करते हुए शशि कहती है, "किसी भी एक व्यक्ति को इतना प्यार नहीं

करना चाहिए कि जीवन में किसी दूसरे उद्देश्य की गुंजाइश न रह जाय—कि जीवन एक स्वतन्त्र ईकाई है और यदि वह बिल्कुल पराधीन हो जाय तो यह कला नहीं है क्योंकि कला के आदर्श से उतरकर है।''[25] इसी कारण अज्ञेय साम्यवादी दर्शन को अधूरा और पंगु मानते हैं तथा लोकतन्त्र को अधूरा मानते हुए भी उसे साम्यवाद की तुलना में श्रेष्ठ स्वीकार करते हैं।[26] वे अपने प्रति दायित्व को प्राथमिक मानते हैं और समाज के प्रति दायित्व को उसी से उत्पन्न।[27] उन्हीं के शब्दों में ''समता उसी समाज में होती है जो स्वतन्त्र हो और समाज वही स्वतन्त्र होता है जिसका अंग व्यक्ति स्वतन्त्र हो और अपने स्वातन्त्र्य के उपभोग के लिए ही सामाजिकता का वरण करता हो।''[28]

अच्छी कुण्ठारहित इकाई
साँचे ढले समाज से
अच्छा, अपना ठाठ फकीरी
मंगनी के सुख-साज से।[29]

अज्ञेय की कविताओं में इस व्यक्तित्व के खोज की बेचैनी प्रकट हुई है—

यों मत छोड़ दो मुझे, सागर
कहीं मुझे तोड़ दो, सागर
कहीं मुझे तोड़ दो।
मेरी दीठ को और मेरे हिये को,
मेरी वासना को और मेरे मन को
मेरे कर्म को और मेरे मर्म को
मरे चाहे को और मेरे जिये को
मुझको और मुझको और मुझको
कहीं मुझसे जोड़ दो।[30]

पुरानी पीढ़ी के द्वारा अज्ञेय को क्रान्तिकारी रचनाकार कहा गया है। यह सच भी है क्योंकि रचना और चिन्तन के क्षेत्र में अज्ञेय निश्चय ही घेरे के बाहर—और काफी दूर तक, गये हैं। पर अज्ञेय का यह विद्रोह काफी संयत और अनुशासित विद्रोह है। विद्रोह के प्रति उनकी एक सुलझी दृष्टि है। शेखर कहता है, ''किसी के विरुद्ध लड़ना पर्याप्त नहीं है, किसी के लिए लड़ना भी जरूरी है।[31] अज्ञेय प्रयोग और विद्रोह का आग्रह करते हुए भी परम्परा को स्वीकार करते हैं। अतीत उन्हें आलोक ही देता है, अन्धकार में नहीं ले जाता। शेखर सोचता है, 'अतीत से मेरी दृढ़ता घटती नहीं, बढ़ती है, क्योंकि जितना ही मैं उसे देखता हूँ, उतना ही मैं उसके भीतर की अनिवार्यता को पहचानता हूँ—जानता हूँ कि आज वह 'भूत' इसलिए है कि एक दिन वह भविष्य—अवश्यं भवितव्य—था...''[32] इस रूप में अज्ञेय भंजक विद्रोही नहीं हैं। यद्यपि 'इत्यलम्' में उन्होंने कहा है—

''मैं मरूँगा सुखी
मैंने जीवन की धज्जियाँ उड़ाई हैं। -(जन्मदिवस)[33]

पर वे कहीं भी जीवन की धज्जी नहीं उड़ाते। जैसा कि कहा जा चुका है, जीवप के प्रति अज्ञेय का भाव निस्संग समर्पण का भाव है—पूजा भाव है। उनकी कविताओं का मूल स्वर विनय, स्वीकार, शालीनता और कृतज्ञता का है। सर्जन उनकी दृष्टि में 'आँचल पसार' कर लेना है—

कहीं बड़े गहरे में
सभी स्वर हैं नियम,
सभी सर्जन केवल
आँचल पसारकर लेना।[34]

सातवें दशक के रचनाकारों ने अज्ञेय को इन्कार किया है। उन्हें रोमान्टिक, रहस्यवादी और परम्परावादी कहा है। इसमें कोई सन्देह नहीं कि अज्ञेय का नैतिक समर्थन साठोत्तरी पीढ़ी के साथ नहीं है और इसका सबसे बड़ा कारण है कि अज्ञेय के साथ अपने आभिजात्य संस्कार हैं जो उनकी सीमा निर्धारित करते हैं। अज्ञेय की कविता में वह विसंगति, विडम्बना, तनाव, छटपटाहट, आक्रोश, क्षोभ और उत्तेजना नहीं है जो साठोत्तर रचना की प्रमुख विशेषता है। इस सम्बन्ध में एक स्थल पर स्वयं अज्ञेय लिखते हैं, 'दुनिया में बहुत-कुछ बदलना चाहता हूँ, कुछ उखाड़-पछाड़ कर भी, पर जीवन के प्रति मेरा बुनियादी भाव आक्रोश का नहीं है।''[35] नयी पीढ़ी के मन में एक बात साफ रहनी चाहिए कि अज्ञेय उस रूप में नयी पीढ़ी के साथ कभी रहे भी नहीं। एक आभिजात्य और विशिष्टता उनमें शुरू से ही रही है। 'तारसप्तक' की कविताओं के तुलनात्मक विश्लेषण से यह बात स्पष्ट हो जायेगी।

अज्ञेय की रचना को लेकर श्लीलता-अश्लीलता का सवाल उठा है। एक रचनाकार के रूप में वे कला की समस्या ही प्रमुख मानते हैं—अन्य प्रश्नों को गौण। नैतिकता के प्रश्न को वे कला से सम्बद्ध नहीं करते। उन्हीं के शब्दों में, 'श्लील और अश्लील का प्रश्न तत्कालीन सामाजिक नैतिकता का प्रश्न है। साहित्य का प्रश्न वह नहीं है। उसी प्रश्न को जब सुन्दर-असुन्दर का प्रश्न बनाकर हम साहित्य की मर्यादा के भीतर लाते हैं, तब वास्तव में प्रश्न वही रहता ही नहीं, दूसरा ही हो जाता है।[36] नैतिकता की परीक्षा के लिए भी अज्ञेय व्यक्ति-स्वातन्त्र्य को प्रारम्भिक शर्त मानते हैं, ''मनुष्य की नैतिकता का क्या अर्थ है सिवा इसके कि वह अपने कर्म के लिए उत्तरदायी है? लेकिन जिस कर्म का उसने स्वेच्छा से वरण नहीं किया है—वह उसका कर्म कैसे है? इसलिए अगर हम मनुष्य की वरण की स्वतन्त्रता नहीं मानते, तो हम उसकी नैतिकता की सम्भावना भी नहीं मानते।''[37] नैतिकता के सम्बन्ध में अज्ञेय निषेध को नीति का मूल नहीं मानते। वे सहज वृत्ति को स्वीकार करते हैं—

जिधर से आ रही है लहर
अपना रुख

उधर को मोड़ दो
तरी अपनी
चिर असंशय
लहर पर छोड़ दो। -(ओ लहर)[38]

अज्ञेय का कहना है, "मुझमें साधारण होकर जीने का कोई आग्रह नहीं है, केवल सहज होना चाहता हूँ।"[39] पर इस स्वीकृति के बावजूद अज्ञेय की कविता में एक विशिष्टता की मुद्रा प्राप्त होती है, सहजता की नहीं। उनकी शालीनता में आत्मगौरव झलकता है। वे अपने को रचनाकार या सर्जक की विशिष्ट भूमिका में रखते हैं : आत्मदान की थीम उनकी कविताओं में बहुत है और परवर्ती संकलनों में जहाँ वे उपकार करने या दाता की मुद्रा में आते 'मैं' नहाँ उनका आत्मवैभव कविता की सीमा बनता है—

मैं डूबा नहीं, उमड़ा उतराया
फिर भीतर
दाता खिल आया।
हँसा, हँसकर तुम्हें बुलाया
तो यह स्मृति, यह श्रद्धा, यह हँसी
यह आहत, स्पर्श पूत भाव
यह मैं, यह तुम, यह खिलना,
यह ज्वार, यह प्लवन,
यह प्यार, यह अडूब उमड़ना—
सब तुम्हें दिया। -('भीतर जागा दाता')
जो भी पाया, दिया :
देखा, दिया :
आशाएँ, प्यार, अहंकार, विनतियाँ, बड़बोलियाँ
ईर्ष्याएँ, दर्द, भूलें, अकुलाहटें,
जो भोगा, दिया : जो नहीं भोगा, वह भी दिया;
जो सँजोया, दिया,
जो खोया, दिया। -(सागर मुद्रा : 6)

अज्ञेय का यह आत्मदान अहं और समर्पण के बीच का आत्मदान है। अहंवादी व्यक्तित्व किसी अन्य स्वतन्त्र व्यक्तित्व को स्वीकार नहीं करता है। पर अज्ञेय इस आत्मदान में शायद एक दूसरे स्तर पर 'पर' के माध्यम से निज की ही खोज करते हैं। उन्हीं के शब्दों में, "समर्पण है तो वह न बाँधता है, न अपने को बद्ध अनुभव करता है, केवल एक व्यापक कृतज्ञता मन में भर जाती है कि तुम हो, कि मैं हूँ।"[40]

भाषा के प्रति जितने सचेत अज्ञेय हैं उतना कोई ही कवि होगा।"[41] वे शब्द के सार्थक प्रयोग को अपने-आपमें एक सिद्धि मानते हैं।[42] वे शुरू से ही यह महसूस करते रहे हैं कि शब्दों को सही और नया अर्थ प्रदान करने में ही रचना की

संबसे बड़ी शक्ति निहित है।'ये उपमान मैले हो गये हैं' कहकर अज्ञेय ने इसी विचार को व्यक्त किया है। कहना न होगा कि उन्होंने अपनी कविताओं में नये बिम्बों और प्रतीकों की तो सृष्टि की ही है, पुराने बिम्बों और प्रतीकों को भी अपने अनुभव का नया अर्थ दिया है। इस सम्बन्ध में उनका कथन है, "कोई भी स्वस्थ काव्य-साहित्य प्रतीकों की, नये प्रतीकों की, सृष्टि करता है और जब वैसा करना बन्द कर देता है तब जड़ हो जाता है।"[43] अज्ञेय की कविताओं में जिस तद्‌भव शब्दावली का प्रचुर प्रयोग हुआ है, वह सीधे जीवन से ली गयी है इसीलिये वह अत्यन्त सजीव और अर्थपूर्ण है। उसमें जातीय संस्कारों और आदिम जीवन की गन्ध है। अज्ञेय की गद्य कृतियों, विशेषतः प्रथम दो उपन्यासों, में अवश्य ही संस्कृत और अंग्रेजी की शब्दावली का बाहुल्य है किन्तु उस शब्दावली में भी एक गहरा अनुशासन प्राप्त होता है और ऐसा लगता है जैसे लेखक अपनी गहन अनुभूतियों को अधिक-से-अधिक सार्थक शब्द देने के लिए सचेत है। यह सही है कि अज्ञेय की भाषा में इधर एक ठहराव है, जिसका सम्बन्ध उनकी विशिष्ट बौद्धिक दार्शनिक अनुभूति से है। पर अज्ञेय की कोशिश मितकथन की ही है। चिन्तन के एक छोर पर उन्हें एक सार्थक मौन ही अच्छा लगता है।[44]

मौन भी अभिव्यंजना है
जितना तुम्हारा सच है
उतना ही कहो।[45] -(जितना तुम्हारा सच है)

इस बात से इन्कार नहीं किया जा सकता कि अज्ञेय ने न केवल छायावादोत्तर साहित्य की विविध विधाओं को अपनी रचना से समृद्ध किया है वरन् 'तारसप्तक' और अगले दो सप्तकों की योजना तथा 'प्रतीक' (1947-51 ई०) के प्रकाशन द्वारा नये साहित्य को छायावाद और प्रगतिवाद से अलग एक नयी दिशा देने का प्रयास भी किया है। यद्यपि तारसप्तकों की योजना ने साहित्य का अहित भी कम नहीं किया है और उनके कारण कुछ बड़ी काव्य-प्रतिभाएँ दब गयी हैं तथा कुछ तृतीय श्रेणी की काव्य-प्रतिभाओं को अनावश्यक महत्त्व मिल गया है, पर कुल मिलाकर इन आयोजनों और स्वयं अपनी रचनाओं के द्वारा अज्ञेय ने हिन्दी साहित्य को नवीन रचनात्मक और वैचारिक धरातल की ओर मोड़ने का प्रयास किया है। यह बात याद रखने की है कि उस दौर में, जबकि छायावाद का पतन हो चुका था और कविता के गले पर प्रगतिवाद का फन्दा कड़ा होता जा रहा था, शायद अज्ञेय ने अकेले काव्य-मूल्यों के लिए लडाई लड़ी। कविता की भी एक संस्कृति होती है और उस संस्कृति के प्रति अज्ञेय में निष्ठा है, ध्वंस का भाव नहीं। यह सांस्कृतिक गरिमा आधुनिक कवियों में सबसे अधिक प्रसाद में या फिर अज्ञेय में ही है। और कहना न होगा कि यही उनकी कविता को एक खास संसार में सुरक्षित भी करती है।

निस्सन्देह अज्ञेय की कविता स्वातन्त्र्य की खोज में लिखी गयी कविता है... व्यक्ति-स्वातन्त्र्य की खोज में जिसकी व्याख्या उनकी अनेक गद्य कृतियों में की गयी है। इस सम्बन्ध में उनका अपना तर्कशास्त्र भी है। पर कविता का आलोचक यह जरूर कहेगा कि क्या कारण है अज्ञेय की कविता 'सागर' नहीं बन पाती, जिसके प्रति उनके मन में इतना अनुराग है?[46] आधुनिक साहित्य के पाठक को इस बात पर आश्चर्य होता है कि अज्ञेय जहाँ पुरानी पीढ़ी के बीच एक विद्रोही कवि के रूप में जाने जाते हैं वहीं युवा पीढ़ी के बीच उन्हें एक समझौतावादी कवि समझा जाने लगा है। क्या इस अन्तराल में ही कहीं कवि अज्ञेय का रहस्य नहीं छिपा है?

सन्दर्भ :

1. अरी ओ करुणा प्रभामय, पृष्ठ 168
2. कितनी नावों में कितनी बार, पृष्ठ 31
3. पूर्वा, पृ० 125
4. इत्यलग्, पृ० 189
5. हरी घास पर क्षण भर
6. इन्द्रधनुष रौंदे हुए ये, पृ० 29
7. आत्मनेपद, पृ0 169
8. आँगन के पार द्वार, पृ० 36
9. हरी घास पर क्षण भर
10. सागर मुद्रा, 7
11. इन्द्रधनु रौंदे हुए ये, पृ० 48
12. आत्मनेपद, पृ0 43-44
13. शेखर : एक जीवनी, भाग दो, पृ० 26
14. हरी घास पर क्षण भर
15. शेखर : एक जीवनी, पहला भाग, पृष्ठ 100
16. आत्मनेपद, पृ० 208
17. हरी घास पर क्षण भर
18. शेखर : एक जीवनी, भाग दो, पृ० 85
19. कितनी नावों में कितनी बार, पृ० 12
20. पूर्वा, पृ० 75
21. इत्यलम्
22. अरी ओ करुणा प्रभामय, पृ० 161
23. हरी घास पर क्षण भर

24. नदी के द्वीप, पृ० 330
25. शेखर : एक जीवनी, भाग दो, पृ० 238
26. आत्मनेपद, पृअ 197-98
27. वही, पृ० 204
28. एक बूँद सहसा उछली
29. अरी ओ करुणा प्रभामय, पृ० 16-17
30. सागर मुद्रा
31. शेखर : एक जीवनी, भाग दो, पृ० 244
32. वही, पृ० 103
33. इत्यलम्
34. आँगन के पार द्वार
35. आत्मनेपद, पृ० 187
36. वही, पृ० 78
37. एक बूँद सहसा उछली, पृ० 312-13
38. इन्द्रधनु रौंदे हुए ये
39. आत्मनेपद, पृ० 202
40. नदी के द्वीप, पृ० 20, 22
41. भवन्ती, पृ० 21
42. आत्मनेपद, पृ० 21
43. वही, पृ० 41
44. अरी ओ करुणा प्रभामय, पृ० 16, आलवाल, पृ० 11-12
45. इन्द्रधनु रौंदे हुए ये
46. भवन्ती, पृ० 109

●●●

परम्परा की स्वीकृति का काव्य

—नरेन्द्र शर्मा

कवि श्री नरेन्द्र शर्मा (1913 ई०) चालीस वर्षों की एक लम्बी काव्य-यात्रा पूरी कर चुके हैं। सन् 1934 में उनका पहला कविता-संग्रह 'शूल-फूल' प्रकाशित हुआ था। तब से लेकर अब तक उनके लगभग एक दर्जन काव्य-ग्रन्थ पाठकों के सम्मुख आ चुके हैं। चालीस वर्षों के इस लम्बे समय में हिन्दी-कविता की धारा कई दिशाओं में मुड़ी है। छायावाद, उत्तर छायावाद, प्रगतिवाद, प्रयोगवाद, नयी कविता और साठोत्तर कविता जैसे नामकरण उसकी नयी दिशाओं के ही बोधक हैं। नरेन्द्र शर्मा इस लम्बे हिन्दी-काव्य-विकास के साक्षी रहे हैं। उनकी कविता को आलोचकों ने उत्तर छायावाद और प्रगतिवाद के साथ रखकर देखा है। पर दरअसल उनकी कविता का मर्म किसी वाद के साथ जोड़कर नहीं समझा जा सकता । अनेक काव्यान्दोलनों से प्रभावित होते हुए भी नरेन्द्र की कविता की अपनी निश्चित दिशाएँ हैं और उनमें वह निरन्तर विकसित होते हुए अपनी पहचान बनाये हुए हैं।

नारी, प्रकृति, लोकमंगल, दर्शन और आध्यात्म के क्षितिजों को स्पर्श करती हुई नरेन्द्र की कविता पं० सुमित्रानन्दन पन्त की काव्य-संवेदना के सबसे अधिक निकट पड़ती है। नारी और प्रकृति के प्रति आकर्षण, लोक-मंगल का आग्रह तथा दर्शन और अध्यात्म की ओर जो झुकाव पन्त की कविताओं में मिलता है, वह नरेन्द्र शर्मा की कविताओं में भी है।

नारी-प्रेम कवि नरेन्द्र शर्मा के काव्य की एक प्रमुख प्रेरणा है। उनके गीतों में नारी-सौन्दर्य और उसके सुकुमार वैभव का चित्रण बहुत हुआ है। साथ ही प्रेमी मन की प्यास, निराशा, अवसाद, लालसा, उत्कण्ठा और मिलनेच्छा का भी। 'पलाशवन' और 'प्रवासी के गीत' के अधिकांश गीत इसके प्रमाण हैं। अल्मोड़े की युवती का यह खिला स्वस्थ रूप कितना निखरा हुआ है—

है खिली धूप, ज्यों खिला रूप
सुन्दर सुकुमार शरीर गौर !
घर निखर रहा, जैसे यौवन
हँसती दीवारें, द्वार पौर !
पहने सफेद कुर्ती ऊपर से
लाल-लाल सादी धोती
अल्मोड़े की युवती, प्रवाल
की सीपी में मंजुल मोती ।[1]

प्रिया के पास आते ही प्रेमी का सारा विषाद धुल जाता है। वह सोने के रंग की, सरसों के फूल-सी, दीपक की लौ-सी सुन्दर है। प्रेमी उसके साथ सारस की जोड़ी के समान उड़ जाना चाहता है।[2] 'प्रवासी के गीत' को कवि ने बेबसी और निराशा का गीत कहा है तथा इस क्षय और ह्रास का कारण बताते हुए उसने लिखा है : "इसका प्रधान कारण यही था कि बाहर-भीतर के असन्तोष के कारण कवि की प्रवृत्तियाँ उसके भीतर केन्द्रीभूत होती गयीं। आहत अहंकार ने उग्र रूप धारण कर लिया और कवि निराशा से चीत्कार कर उठा।"[3] प्रवासी के गीतों में चाहे जितनी निराशा हो, पर जिस समय वे लिखे गये थे, उनमें एक अजीब जादू था। 'आज के बिछुड़े न जाने कब मिलेंगे या 'चिर विरह की इस अमा में, मैं शमा बन जल रहा हूँ' जैसी पंक्तियाँ उस समय पाठकों की जबान पर होती थीं। नरेन्द्र शर्मा के आरम्भिक काव्य में नारी और प्रेम का जो लौकिक रूप है, वह उनके परवर्ती काव्य में थोड़ा परिवर्तित हुआ है और उसे उन्होंने एक अलौकिक ऐश्वर्य में बदल दिया है। 'द्रौपदी' काव्य में कवि ने द्रौपदी को जीवनी शक्ति के दिव्य प्रतीक रूप में ग्रहण किया है।

नारी के समान ही प्रकृति भी कवि के आकर्षण का एक प्रमुख केन्द्र रही है। 'पलाशवन' की कविताओं में कूर्मांचल का प्रकृति-सौन्दर्य साकार हुआ है। कवि ने कौसानी, रानीखेत आदि के सौन्दर्य पर अलग-अलग कविताएँ लिखी हैं। इस संग्रह की अनेक कविताओं में पलाश, चाँदनी, पर्वत, सरिता, निर्झर, घाटी, आकाश, पवन, नीम की मंजरित डाल आदि का निखरा हुआ रूप देखा जा सकता है–

यह खुला नभ, यह धुला नभ, खिल रही यह चाँदनी अनमोल
यह अमृत की वृष्टि, खिलती कुमुदनी-सी सृष्टि दृग-उर खोल।[4]

नारी और प्रकृति-सम्बन्धी कविताओं में कवि की रंग, गन्ध और स्पर्श-संवेदना का परिचय मिलता है। चम्पई चाँदनी, हरित-पीत, पल्लव-वन, चिनगी-सी कलियाँ, मखमली लाल शोले, नरम धूप, पाटल की लाल पंखुरियों-सी, पीला गुलाब, हल्दिया चाँद, रजत स्फार, रजत-स्वर्ण उपकूल, श्यामल घटा आदि अनेक प्रयोग इसके उदाहरण हैं।

नरेन्द्र शर्मा की कविता में जहाँ व्यक्तिवादी प्रवृत्तियाँ मिलती हैं, वहीं उनमें लोकमंगल के प्रति प्रबल आग्रह भी प्राप्त होता है। अपने एक इन्टरव्यू में वे कहते हैं, "हृदय मेरा प्रेम और सौन्दर्य को अर्पित रहा है और बुद्धि समाज की सेवा के लिए लालायित रही है।...व्यक्तिगत रूप में मेरा जो प्रेम है, वह भी समाज-सापेक्ष श्रेय पर सौ बार निछावर है।"[5] उनकी यह सामाजिक चेतना ही उन्हें आत्मकेन्द्रित व्यक्तिवादी कवियों से अलग करती है और उन्हें प्रगतिशील धारा के साथ जोड़ती है। 'प्यासा निर्झर' शीर्षक कविता में वे लिखते हैं–

अपने सिवा और भी कुछ है, जिस पर मैं निर्भर हूँ
मेरी प्यास हो न हो जग को, मैं प्यासा निर्झर हूँ।[6]

'अपने सिवा और भी कुछ है' की अनुभूति कवि को व्यक्तिगत सुख-दुःख से अलग शेष संसार से जोड़ती है—समाज और राष्ट्र की घटनाओं-दुर्घटनाओं पर सोचने के लिए प्रेरित करती है। 'हंसमाला' नामक काव्यकृति में कवि ने कई राष्ट्रीय-अन्तर्राष्ट्रीय घटनाओं पर तथा वीर सुभाष और गाँधी आदि पर कविताएँ लिखी हैं। 'रक्तचन्दन' नामक काव्य-कृति तो पूरी तरह महात्मा गाँधी की शहादत से प्रभावित होकर लिखी गयी है। 'प्यासा निर्झर' में उन्होंने चीनी हमले का विरोध करते हुए एक-दो कविताएँ लिखी हैं। इन कविताओं को एक संकीर्ण राष्ट्रीयता के अर्थ में नहीं, बल्कि एक व्यापक मानववादी सन्दर्भ में ग्रहण किया जाना चाहिए, क्योंकि इनमें वह अपने को व्यक्तियों या देश के साथ उच्चतर मानवीय मूल्यों के आधार पर जोड़ता है। स्व को पर से जोड़ने की चाह कवि की कथ्य-सम्बन्धी मान्यताओं को भी प्रभावित करती है। उसकी कविताएँ कथन प्रधान कविताएँ हो गयी हैं। वह अपनी बात बहुत स्पष्ट और सीधे कहता है—

पीछे करना अध्ययन, बन्धु, तुम औरों का,
हो सावधान, पहले अपना अध्ययन करो।[7]

यद्यपि नरेन्द्र शर्मा की कुछ कविताओं में संस्कृत के तत्सम और कठिन शब्दों का बहुत प्रयोग हुआ है, फिर भी यह उनका सहज रूप नहीं है। ऐसा प्रायः कुछ ही कविताओं में हुआ है। अधिकांश कविताओं में उनकी भाषा अत्यन्त सरल और उनका कथ्य अत्यन्त स्पष्ट है। 'प्यासा निर्झर' की भूमिका में कवि और पाठक के बीच बढ़ते हुए व्यवधान पर चिन्ता प्रकट करते हुए वे लिखते हैं, "कविता चाहे अरण्यरोदन हो, चाहे दिगन्त का अट्टहास, वह अकेले एक व्यक्ति की नहीं, सब की वाणी है। माध्यम के रूप में वह किसी को चुन लेती है, जैसे ऊर्जा-पुंज किसी अणुकुंज को। किन्तु क्या अन्ततः अणु-कुंज को ऊर्जा-पुंज बना देना ही कविता का उद्देश्य नहीं है?"[8] इसी बात को अपनी एक कविता में वे इस प्रकार कहते हैं—

मेरी कविता अन्न-प्राण-मन की हो वाणी
प्लावित करे धरा को, वह गंगा कल्याणी।[9]

इस सन्दर्भ में यह कह देना उपयुक्त होगा कि नरेन्द्र शर्मा का जो कवि व्यक्तित्व उनके गीतों में व्यक्त हुआ है, वह उनकी कविताओं में नहीं है। उनके गीतों में जो भावाकुलता और सहजता है, वह उनकी छन्दोबद्ध कविताओं में नहीं। उनके गीतों में एक सहज आकर्षण है, जो कविताओं के कथ्यात्मक सरलीकरणों में नष्ट हो गया है।

ऊपर कहा जा चुका है कि नरेन्द्र शर्मा की कविता सुमित्रानन्दन पन्त की काव्य-संवेदना के सबसे अधिक निकट पड़ती है। यह नैकट्य नरेन्द्र शर्मा की उन कविताओं में सबसे अधिक लक्षित होता है, जो दर्शन और अध्यात्म की जमीन पर

लिखी गयी कविताएँ हैं। 'हंसमाला' की प्रस्तावना में नरेन्द्र लिखते हैं : ''मुझे आज भौतिक चिन्तन एकांगी लगता है, जैसा कि वर्गवाद के सम्बन्ध में भी ऊपर कहा जा चुका है। हमें अपने जीवन-दर्शन को अधिक मानवी और व्यापक बनाना होगा, जिसमें भौतिक प्रसार तथा चेतना की गहराई, दोनों ही तत्व विद्यमान हों; जिसमें प्रगति-पक्ष की ओर से नवीन के निर्माण के हित तत्परता हो और परम्पराओं को समझने और अपनाने की सामर्थ्य और शक्ति भी।''[10] नरेन्द्र शर्मा की कविताओं में अध्यात्म के प्रति आकर्षण है और वे अध्यात्म के क्षेत्र को पराया नहीं मानते।[11] उनकी कविताओं में अज्ञात के प्रति जिज्ञासा है, रहस्य है, आत्मा-परमात्मा के सम्बन्धों का विश्लेषण है और एक तीसरे संसार की कल्पना है। इस प्रकार की शब्दावली उनकी कविताओं में बहुत है। आकाश पुरुष, चिर, अक्षर, मन्त्रशक्ति, चिरचेतन, ऊर्ध्वोन्मुख, स्वर्ण पुरुष, ज्योतिबिन्दु, चिद्विलास, निरपेक्ष निर्विकल्प, सीमा-असीम, क्षितिज पार, महाप्राण, नाभिकमल, नादविन्दु, माया, ओंकार नाद, निर्गुण-सगुण आदि शब्दों का बहुत प्रयोग उनकी कविताओं में है। यहाँ यह उल्लेख्य है कि 'धरा' और 'गगन', 'तिमिर' और 'ज्योति' तथा 'निद्रा' और 'जागृति' जैसे शब्दों का बार-बार प्रयोग नरेन्द्र शर्मा की कविताओं में हुआ है; 'धरा' और 'गगन' के पर्यायवाची तो उनकी कविताओं में बार-बार आते हैं, जैसे-धरती, वसुधा, मिट्टी, मृत्तिका, मृण्मयी, अम्बर, नभ, अन्तरिक्ष आदि। इस प्रकार के शब्द-प्रयोग कवि की परवर्ती कविताओं में अधिक मिलते हैं। इन शब्द-प्रयोगों पर गौर करने से पता चलता है कि कवि ने इनका प्रयोग दार्शनिक अर्थ में ही किया है। 'धरा' और 'गगन' का इतनी बार प्रयोग कवि के मन में विराट् के प्रति मोह सूचित करता है। वह विराट् सम्भवतः ईश्वर ही हो सकता है। अन्तर्मन में कवि अपने को धरती मानकर गगन के प्रति अपना समर्पण व्यक्त करता है। वह धरा को वर्तमान और गगन को भविष्य मानता है। धरा दुःखी है और गगन सुख देने वाला। धरा मनुष्य है और गगन ईश्वर। धरा यथार्थ है और गगन उसकी कल्पना—

धरातल से लपट उठती, गगन में आलोक है;
नये भव की मूर्ति उतरेगी गगन-आलोक से!

× × ×

अव्यक्त व्यक्त होने के हित, करता मिट्टी का आलिंगन !
था जो असीम निःसत्व, बँधा बन, सीमाओं में बन क्षण कण !

× × ×

गगन में तारक, अवनि पर दीप हँसते
गगन में ईश्वर, धरा पर मनुज नश्वर ![12]

'निद्रा' और 'जागृति' तथा 'तिमिर' (तम) और 'ज्योति' जैसे शब्दों का भी बेहद प्रयोग कवि ने किया है। इन शब्दों का वह एक सांकेतिक अर्थ भी लेता है।

ऐसा लगता है कि जैसे वह 'निद्रा' और 'तिमिर' से अज्ञान का अर्थ लेता है। धरती को तिमिरमय मानकर ज्योति की प्रार्थना करता है—

ज्योति की ऊर्जा-तरंगों में प्रवाहित प्राण;
ज्योति में ही एक दिन होंगे समाहित प्राण;

× × ×

जागृति नहीं अनिद्रा मेरी
नहीं गयी भव-निशा अँधेरी।
अन्धकार केन्द्रित धरती पर
देती रही ज्योति चक फेरी!
अन्तर्नयनों के आगे से
शिला न तम की हट पाती है।[13]

कवि की परवर्ती कविताओं में शब्दों से सांकेतिक और रहस्यात्मक अर्थ लेने की प्रवृत्ति इतनी अधिक है कि विशुद्ध आत्मीय क्षणों का वर्णन भी लोकोत्तर हो जाता है। कवि के मन पर एक अलौकिक संसार इस कदर हावी हो जाता है कि, वह अपनी विशुद्ध लौकिक अनुभूतियों को जानदार नहीं बना पाता। इसकी परिणति जहाँ एक प्रकार के समर्पण या प्रार्थना में होती है, वहाँ कवित्व बिल्कुल ही नष्ट हो जाता है और कवि एक आराधक-सा प्रतीत होने लगता है—

मेरी यों ही कट जायेगी, फट जायेंगे सब शाप-ताप!
जो सदा अकारण करुणामय, मेरे रक्षक हैं राम आप!

× × ×

मेरे लिए एक आशा है, कृपा ईश की सदा अकारण!
अपने किए न होगा कुछ भी, होगा ही पर क्लेश-निवारण!
माया भी ममता है प्रभु की, ज्योतिर्मय है माया का तम!

× × ×

गोद में मुझे उठा लो, देवि, तुम्हारा शिशु हूँ परम अबोध!
जगत कोलाहलमय आवर्त्त, क्षिप्रगति चलित चक्र अविरोध!
तुम्हारा वक्षस्थल सुविशाल कान्ति का लोक, शान्ति का धाम![14]

जीव, जीवन, जगत् और ईश्वर आदि के बारे में अपनी दार्शनिक मान्यताओं को कवि ने पुराने प्रचलित प्रतीकों के माध्यम से व्यक्त किया है। तार-झंकार, सार-असार, सिन्धु-विन्दु, सिन्धु-लहर, देह-देही, प्रकृति-पुरुष, शिवा-शिव आदि शब्दों के द्वारा उसने जीव और ईश्वर के सम्बन्धों को व्यक्त किया है। ऐसे प्रसंगों में जगह-जगह पुरानी दार्शनिक शब्दावली प्रयुक्त हुई है—

भेद गुण का ही नहीं, है अंश का भी;
पूर्ण तुम सर्वज्ञ, मैं फिर भी अधूरा।
स्रष्टा एक अनेक बना है, केन्द्र बना है वृत्त;
वेद वही, निर्वेद वही है वही ज्ञान-अज्ञान।[15]

ईश्वर को कवि ने 'बीज' कहा है, क्योंकि उसमें सारी सृष्टि छिपी हुई है। दुनिया को उसने 'नाटक की माया' कहा है, क्योंकि यह नश्वर है। इस प्रकार प्रचलित शब्दावली के द्वारा कवि ने पुरानी दार्शनिक मान्यताओं में अपनी आस्था व्यक्त की है। यह आस्था कवि को नियतिवादी बनाती है। नियतिवादी विचार उसकी कविताओं में बहुत हैं—आरम्भ से लेकर अब तक।

नियति-शासित हो विवश यों था हमारा संग छूटा,
सह प्रहार कगार-सा, वह मिलन का सुख-स्वप्न टूटा
विकल जल पर इदु के प्रतिबिम्ब-सा ही भाग्य फूटा
उड़ गये उडुरूप नभ में स्वप्न के समान सारे।[16]

× × ×

अवनि की तूँबी बनी है,
गगन के परदे लगे ;
प्राण का है तार, जिसमें,
नित्य नूतन स्वर जगे,
लिये बैठी गोद में यों,
नियति सृष्टि-सितार को।[17]

अपने ऊपर लगाये गये नियतिवादी होने के आरोप का स्पष्टीकरण करते हुए नरेन्द्र शर्मा कहते हैं, ''मेरा नियतिवाद यूनानी नियतिवाद नहीं है। नियति और प्रकृति मेरी दृष्टि में परम चैतन्य के प्रत्यक्ष और परोक्ष तन्त्र -मन्त्र हैं। इनसे मेरा विरोध क्यों हो? अपनी नियति और प्रकृति को जानना आत्म-साक्षात्कार का ही एक अंग है। मैं द्वैत और द्वन्द्व की भूमि से अद्वैत और द्वन्द्वातीत की ओर अग्रसर होते रहने के क्षणों में नियति के प्रति नतमस्तक होता हूँ। मेरे लिए यह पुरुषार्थ की पराजय नहीं है। व्यक्ति के रूप में जो पाना या करना चाहता हूँ, यदि राम उसे मेरे योग्य न मानें तो मैं नियति के सम्मुख सिर झुका दूँगा। नियति चाहे माया हो या वह नियामिका शक्ति हो, मैं उसे राम की आज्ञाकारिणी ही मानता हूँ।''[18]

नरेन्द्र शर्मा का काव्य परम्परा और परम्परागत चिन्तन को स्वीकारने वाला काव्य है। अपनी कविताओं में उन्होंने प्राचीन साहित्य, दर्शन, वेद और पुराणों के चिन्तन का उपयोग किया है। कविताओं के बीच-बीच में पुराणों और रामायण-महाभारत के अनेक प्रसंग आते हैं। मिथकों के प्रति आकर्षण है। 'द्रोपदी', 'उत्तरजय' और 'सुवर्णा' नामक काव्य-ग्रन्थों में उसने महाभारत के कथा-प्रसंग को प्रतीकात्मक अभिव्यक्ति दी है। 'द्रोपदी' में महाभारत के युद्ध की पूर्वपीठिका प्रस्तुत की गयी है। 'उत्तरजय' में युद्धोत्तर स्थिति और परिस्थिति का पद्य-रूपकानुरूप वर्णन है तथा 'सुवर्णा' में मध्य की स्थिति- परिस्थिति को प्रस्तुत किया गया है।[19]

इस प्रकार नरेन्द्र शर्मा का काव्य परम्परा की स्वीकृति का काव्य है। उनके कवि का मूल्यांकन करने के लिए भावुकता और बौद्धिकता, भौतिकता और आध्यात्मिकता, व्यक्तिवाद और सामाजिक मंगल, निराशा और आशा, नियतिवाद

और मानववाद–इन सबको समेटकर देखना होगा। उनकी कविता का इस प्रकार विश्लेषण करते हुए बहुत-सी ऐसी बातें मिलेंगी, जो उन्हें नये काव्य सन्दर्भ में फिट नहीं होने देंगी। उनकी कविताओं में दर्शन और अध्यात्म की पुरानी जमीन है, परम्परा की स्वीकृति है, एक तीसरी दुनिया का मोह है, नियतिवाद और भाग्यवाद है, भावुक रूमानी उद्‌गार हैं–इन सबका नयी मानसिकता के साथ मेल नहीं बैठता। नरेन्द्र शर्मा की कविताओं में तनाव नहीं, सरलीकरण है। वे कथ्यप्रधान कविताएँ हैं। उनमें आज के मानवीय संकट, कटु परिवेश और जटिल स्थितियों का तीखा चित्रण नहीं है। ये सब बातें भी उनकी कविताओं को नयी कविता के अनुभव-संसार से बाहर करती है। पर इन सबके बावजूद, उनकी कविता में जो आस्थापैरक मूल्यवादी दृष्टि है, जो सामाजिक मंगल की भावना है तथा जो संवेदनशील चित्रण की प्रवृत्ति है, वह रेखांकित करने योग्य है, क्योंकि यह उन्हें बासी नहीं होने देगी। नये काव्य को भी कहीं-न-कहीं इन चीजों की जरूरत पड़ेगी, यदि उसका कोई उद्‌देश्य है या वह कोई असर पैदा करना चाहता है।

सन्दर्भ :

1. पलाशवन, पृष्ठ 24
2. वही, पृष्ठ 2, 4, 5, 11
3. प्रवासी के गीत, वक्तव्य
4. पलाशवन, पृष्ठ 38
5. सृजन की मनोभूमि : डॉ0 रणवीर रांग्रा, पृष्ठ 138-39
6. प्यासा निर्झर, पृष्ठ 17
7. वही, पृष्ठ 100
8. प्यासा निर्झर, भूमिका, पृष्ठ 5, 7
9. वही, पृष्ठ 13
10. हंसमाला, प्रस्तावना
11. सृजन की मनोभूमि, पृष्ठ 139
12. प्यासा निर्झर, पृष्ठ 40, 50, 117
13. प्यासा निर्झर, पृष्ठ 24, 80
14. वही, पृष्ठ 95, 130, 240
15. वही, पृष्ठ 95, 130, 240
16. वही, पृष्ठ 108, 121
17. प्रवासी के गीत, पृष्ठ 37
18. प्यासा निर्झर, पृष्ठ 105
19. सृजन की मनोभूमि, पृष्ठ 140
20. सुवर्णा, निवेदन

●●●